古典文獻研究輯刊

三六編

潘美月・杜潔祥 主編

第 17 冊

《經解入門》箋注（上）

司馬朝軍、王文暉 著

國家圖書館出版品預行編目資料

《經解入門》箋注（上）／司馬朝軍、王文暉 著 -- 初版 --
新北市：花木蘭文化事業有限公司，2023〔民 112〕
目 4+166 面；19×26 公分
（古典文獻研究輯刊 三六編；第 17 冊）
ISBN 978-626-344-275-7（精裝）
1.CST：經學 2.CST：研究考訂
011.08   111022054

古典文獻研究輯刊
三六編　第十七冊　　　　　　ISBN：978-626-344-275-7

《經解入門》箋注（上）

作　　者　司馬朝軍、王文暉
主　　編　潘美月、杜潔祥
總 編 輯　杜潔祥
副總編輯　楊嘉樂
編輯主任　許郁翎
編　　輯　張雅淋、潘玟靜　美術編輯　陳逸婷
出　　版　花木蘭文化事業有限公司
發 行 人　高小娟
聯絡地址　235 新北市中和區中安街七二號十三樓
　　　　　電話：02-2923-1455 ／傳真：02-2923-1452
網　　址　http://www.huamulan.tw 信箱 service@huamulans.com
印　　刷　普羅文化出版廣告事業
初　　版　2023 年 3 月
定　　價　三六編 52 冊（精裝）新台幣 140,000 元　　版權所有・請勿翻印

《經解入門》箋注（上）

司馬朝軍、王文暉　著

作者簡介

　　司馬朝軍，祖籍湖北公安，生於湖南南縣。武漢大學管理學博士（古典文獻學方向，因學科點設在信息管理學院），復旦大學中國語言文學博士後，武漢大學珞珈特聘教授。現任上海社會科學院歷史研究所研究員。曾任教育部人文社會科學重點研究基地武漢大學中國傳統文化研究中心專職研究員、武漢大學四庫學研究中心主任、國學院專職教授、歷史學院兼職教授、信息管理學院專職教授，擔任經學、專門史、文獻學三個方向博士生導師。擔任大型文化工程項目《文瀾閣四庫全書》總編纂。著有「四庫學」系列著作，即《四庫全書總目研究》《四庫全書總目編纂考》《四庫全書總目精華錄》《四庫提要精選精注》《四庫全書與中國文化》。另外還有辨偽學系列、目錄學系列、文獻學系列、國學系列著作。

　　王文暉，文學博士，復旦大學中文系副教授。主要研究漢語史，側重文獻語言學與詞彙學。發表論著數十種，整理《群書治要》。

提　　要

　　《經解入門》是晚清書商剪輯而成的一部偽書，假江藩之名行世。經過司馬朝軍長達 18 年的不懈努力，徹底將它證偽。但其質量不容低估，因為它採擷顧炎武、朱彝尊、閻若璩、錢大昕、王念孫等巨匠的學術精華，條目清楚，文字簡明，內容充實，編排得當，是一部提綱挈領的經學教科書，至今仍然具有入門功用。

　　鑒於《經解入門》的價值，有必要對此書進行校注與探源。《經解入門箋注》對《經解入門》原書做了簡要的注釋；《經解入門探源》為辨偽專著，經過詳細比勘，一一注明抄襲來源。

　　《經解入門箋注》《經解入門探源》曾經被整合進入《經解入門整理與研究》，被同行專家許為「考據精湛，足稱定讞」。現在分開重新出版，可供文史愛好者選擇使用。

目

次

上 冊

敘 言 ………………………………………………………… 1

《經解入門》凡例 ………………………………………… 5

經解入門卷一 …………………………………………… 7

　　群經緣始第一 …………………………………………… 7

　　群經源流第二 ………………………………………… 12

　　群經辨異第三 ………………………………………… 17

　　群經辨偽第四 ………………………………………… 20

　　群經古文今文第五 …………………………………… 27

　　注家有得有失第六 …………………………………… 29

　　古書疑例第七 ………………………………………… 39

　　群經佚文第八 ………………………………………… 43

經解入門卷二 …………………………………………… 49

　　歷代經學興廢第九 …………………………………… 49

　　歷代石經源流第十 …………………………………… 63

　　歷代書籍制度第十一 ………………………………… 72

　　兩漢傳經諸儒第十二 ………………………………… 74

　　兩漢通經諸儒第十三 ………………………………… 85

經解入門卷三····················· 91
　南北經術流派第十四 ·············· 91
　漢、宋門戶異同第十五 ············ 103
　國朝治經諸儒第十六 ·············· 105
　近儒說經得失第十七 ·············· 142

下　冊

經解入門卷四····················· 167
　經與經相表裏第十八 ·············· 167
　經與緯相表裏第十九 ·············· 176
　經與子相表裏第二十 ·············· 183
　經與史相表裏第二十一 ············ 203
　說經必先識文字第二十二 ·········· 204
　說經必先通訓詁第二十三 ·········· 205
　說經必先明假借第二十四 ·········· 208
　說經必先知音韻第二十五 ·········· 210
　說經必先審句讀第二十六 ·········· 214
　說經必先明家法第二十七 ·········· 218

經解入門卷五····················· 223
　字學源流第二十八 ················ 223
　音韻源流第二十九 ················ 225
　古有六書第三十 ·················· 230
　古無四聲第三十一 ················ 233
　有目錄之學第三十二 ·············· 235
　有校勘之學第三十三 ·············· 237
　有訓詁之學第三十四 ·············· 239
　有考據之學第三十五 ·············· 242

經解入門卷六····················· 245
　解經不尚新奇第三十六 ············ 245
　解經不可虛造第三十七 ············ 249
　不可望文生訓第三十八 ············ 251
　不可妄詆古訓第三十九 ············ 251
　不可剽竊舊說第四十 ·············· 253

　　不可穿鑿無理第四十一‧‧‧‧‧‧‧‧‧‧‧‧‧‧‧‧‧‧‧‧‧‧‧‧‧‧　253

　　不可附會無據第四十二‧‧‧‧‧‧‧‧‧‧‧‧‧‧‧‧‧‧‧‧‧‧‧‧‧‧　255

　　不可有騎牆之見第四十三‧‧‧‧‧‧‧‧‧‧‧‧‧‧‧‧‧‧‧‧‧‧‧‧　256

　　不可作固執之談第四十四‧‧‧‧‧‧‧‧‧‧‧‧‧‧‧‧‧‧‧‧‧‧‧‧　257

　　門徑不可不清第四十五‧‧‧‧‧‧‧‧‧‧‧‧‧‧‧‧‧‧‧‧‧‧‧‧‧‧　258

　　體例不可不熟第四十六‧‧‧‧‧‧‧‧‧‧‧‧‧‧‧‧‧‧‧‧‧‧‧‧‧‧　259

經解入門卷七‧‧‧‧‧‧‧‧‧‧‧‧‧‧‧‧‧‧‧‧‧‧‧‧‧‧‧‧‧‧‧‧‧‧‧‧　263

　　不可增字解經第四十七‧‧‧‧‧‧‧‧‧‧‧‧‧‧‧‧‧‧‧‧‧‧‧‧‧‧　263

　　不可妄改經文第四十八‧‧‧‧‧‧‧‧‧‧‧‧‧‧‧‧‧‧‧‧‧‧‧‧‧‧　271

　　方音異同不可不曉第四十九‧‧‧‧‧‧‧‧‧‧‧‧‧‧‧‧‧‧‧‧‧‧　280

　　制度沿革不可不知第五十‧‧‧‧‧‧‧‧‧‧‧‧‧‧‧‧‧‧‧‧‧‧‧‧　283

　　平日讀書課程第五十一‧‧‧‧‧‧‧‧‧‧‧‧‧‧‧‧‧‧‧‧‧‧‧‧‧‧　285

　　科場解經程序第五十二‧‧‧‧‧‧‧‧‧‧‧‧‧‧‧‧‧‧‧‧‧‧‧‧‧‧　288

經解入門卷八（附選）‧‧‧‧‧‧‧‧‧‧‧‧‧‧‧‧‧‧‧‧‧‧‧‧‧‧‧‧　291

　　箕子明夷解‧‧‧‧‧‧‧‧‧‧‧‧‧‧‧‧‧‧‧‧‧‧‧‧‧‧‧‧‧‧‧‧‧‧‧‧　291

　　《易》「伐鬼方」解‧‧‧‧‧‧‧‧‧‧‧‧‧‧‧‧‧‧‧‧‧‧‧‧‧‧‧‧　293

　　《考工記》「五材」解‧‧‧‧‧‧‧‧‧‧‧‧‧‧‧‧‧‧‧‧‧‧‧‧‧‧　296

　　五霸考‧‧　298

　　周初洛邑宗廟考‧‧‧‧‧‧‧‧‧‧‧‧‧‧‧‧‧‧‧‧‧‧‧‧‧‧‧‧‧‧‧‧　300

　　深衣考‧‧　303

　　八卦方位辨‧‧‧‧‧‧‧‧‧‧‧‧‧‧‧‧‧‧‧‧‧‧‧‧‧‧‧‧‧‧‧‧‧‧‧‧　305

　　文王稱王辨‧‧‧‧‧‧‧‧‧‧‧‧‧‧‧‧‧‧‧‧‧‧‧‧‧‧‧‧‧‧‧‧‧‧‧‧　307

　　緯候不起於哀平辨‧‧‧‧‧‧‧‧‧‧‧‧‧‧‧‧‧‧‧‧‧‧‧‧‧‧‧‧‧‧　313

　　辟雍太學說‧‧‧‧‧‧‧‧‧‧‧‧‧‧‧‧‧‧‧‧‧‧‧‧‧‧‧‧‧‧‧‧‧‧‧‧　317

　　八蠟說‧‧　319

　　格物說‧‧　322

　　釋能‧‧　328

　　釋貫‧‧　330

　　釋祊‧‧　331

原　跋‧‧　335

敘　言

往者〔註1〕，余嘗語顧君千里〔註2〕曰：「治經〔註3〕不難，通經〔註4〕亦不難；雖然，道則高矣！美矣！不得其門而入，而欲登堂奧〔註5〕之府，窺室家之好〔註6〕，則束髮抱經，有皓首不究其旨者矣。即幸而得焉，而單詞隻義，百投而一中，出主入奴〔註7〕，始合終歧，又往往流於異端曲學〔註8〕，而不

〔註1〕　【往者】過去，從前。

〔註2〕　【顧廣圻】(1766～1835)，字千里，號澗蘋，又號鑒平，又號思適居士，又號無悶子，又號一元散人，元和（今江蘇蘇州）人。吳中自惠氏父子後，江聲繼之，後進翕然多好古窮經之士。廣圻讀惠氏書，盡通其義。經史、訓詁、天算、輿地靡不貫通，至於目錄之學，尤為專門。兼工校讎，被稱為「清代校勘學第一人」。按姚光《顧千里先生年譜跋》：「目錄之學為讀書之津梁，而校讎之學又書籍之藥石。」同時孫星衍、張敦仁、黃丕烈、胡克家延校宋本《說文》、《禮記》、《儀禮》、《國語》、《國策》、《文選》諸書，皆為之箚記，考定文字，有益後學。著有《顧千里集》二十四卷（中華書局王欣夫輯本）。事蹟詳見李慶《顧千里研究》（上海古籍出版社1989年版）。日本神田喜一郎原著、孫世偉譯《顧千里先生年譜》：「乾隆三十一年丙戌，先生生。道光十五年乙未，先生七十歲，二月十九日先生卒。」趙詒琛編《顧千里先生年譜》亦同。

〔註3〕　【治經】研究經學。《晉書・食貨志》：「天之所貴者人也，明之所求者學也，治經入官，則君子之道焉。」

〔註4〕　【通經】通曉經學。《後漢書・儒林傳序》：「東京學者猥眾，難以詳載，今但錄其能通經名家者，以為《儒林篇》。」

〔註5〕　【堂奧】廳堂和內室。奧，室的西南隅。此處喻深奧的義理。

〔註6〕　叔孫武叔語大夫於朝，曰：「子貢賢於仲尼。」子服景伯以告子貢。子貢曰：「譬之宮牆，賜之牆也及肩，窺見室家之好。夫子之牆數仞，不得其門而入，不見宗廟之美，百官之富。得其門者，或寡矣。夫子之云，不亦宜乎！」（《論語》卷十《子張第十九》）

〔註7〕　「出主入奴」，廣文本刊語云：「疑當作『入主出奴』。」

〔註8〕　【曲學】猶邪說。王陽明《傳習錄》卷中：「雖千經萬典，無不昭合，異端曲學，一勘盡破矣。」

自知，豈不悲哉！以吾子〔註9〕之才之學，其能提挈綱領〔註10〕，指究得失，約其文，詳其旨，作為一書，以為經訓之陳途，吾道之津逮乎？」千里諾之，而未有作也。

居無何〔註11〕，甘泉江君子屏〔註12〕出其所著《經解入門》以示余。余讀之，瞿然〔註13〕而起，曰：「是固吾疇曩〔註14〕所望於千里者，而今得之子。信乎海內博雅〔註15〕君子能以文章為來世誦法〔註16〕，捨此二三學友無屬也。而元之不揣其愚，思有撰述〔註17〕，以益後學，亦差幸胸臆之私，抑得此為不孤〔註18〕耳。」子屏得師承於研溪惠先生〔註19〕，博聞強記，於學無所不通，而研貫群經〔註20〕，根本兩漢，尤其所長。元少時與君同里同學，接其議

〔註9〕 【吾子】對對方的敬愛之稱。一般用於男子之間。

〔註10〕 【提挈綱領】即「提綱挈領」，比喻抓住事物的關鍵，或把問題扼要地提示出來。

〔註11〕 【無何】不多時；不久。

〔註12〕 【江君子屏】即江藩，子屏為其字。

〔註13〕 【瞿然】驚喜貌。

〔註14〕 【疇曩】往日；舊時。

〔註15〕 【博雅】謂學識淵博，品行端正。

〔註16〕 【誦法】稱頌並效法。

〔註17〕 【撰述】著述。

〔註18〕 【不孤】不孤單，不單獨。《論語·里仁》：「德不孤，必有鄰。」沈兼士《積微居小學金石論叢·序》：「今讀此編，深幸吾道之不孤。」

〔註19〕 【研溪惠先生】即惠棟（1697～1758），字定宇，號松崖，江蘇吳江人。自幼篤志向學，家多藏書，日夜講誦，自經史、諸子百家、稗官野乘及釋道二藏，靡不穿穴。棟於古書之真偽，了然若辨黑白。專心經術，尤邃於《易》。其撰《易漢學》八卷，掇拾孟喜、虞翻、荀爽緒論，以見大凡。其末篇附以己意，發明漢《易》之理。以辨正河圖洛書、先天太極之學。《易例》二卷，乃鎔鑄舊說以發明《易》之本例，實為棟論易諸家發凡。其撰《周易述》二十三卷，以荀爽、虞翻為主，而參以鄭康成、宋咸、干寶之說，約其旨為注，演其說為疏。書垂成而疾革，遂闕《革》至《未濟》十五卦及《序卦》、《雜卦》兩傳。撰《古文尚書考》二卷，辨鄭康成所傳之二十四篇為孔壁真古文，東晉晚出之二十五篇為偽。又撰《後漢書補注》二十四卷、《精華錄訓纂》二十四卷、《九曜齋筆記》、《松崖文鈔》諸書。嘉定錢大昕嘗論：「宋、元以來說經之書盈屋充棟，高者蔑古訓以誇心得，下者襲人言以為己有。獨惠氏世守古學，而棟所得尤精。擬諸前儒，當在何休、服虔之間，馬融、趙岐輩不及也。」於諸經熟洽貫串，謂詁訓古字古音，非經師不能辨，作《九經古義》二十二卷。今按：「子屏得師承於研溪惠先生」，不是直接拜惠棟為師，因為他們時代不相及，惠棟逝世兩年後江藩才出生。江藩四歲開始師從惠棟弟子余蕭客，可謂惠棟再傳弟子。

〔註20〕 【研貫群經】此種說法罕見。檢電子版《四庫全書》有「該貫群經」、「學貫群經」、「博貫群經」、「淹貫群經」等，卻沒有「研貫群經」。

論者垂三十年。曩居余廣州節院〔註21〕時，元嘗刻其所纂《國朝漢學師承記》八卷，昭代〔註22〕經學之淵源，與近儒之微言大義〔註23〕，賴以不墜。今又得此，子屏之於經學，其真可謂語大而不外，語小而不遺，俾學者淺深求之，而各得其致者矣。

　　是書之大旨，約分三端：首言群經之源流與經學之師承，端其本也；次言讀經之法與解經之體，審其業也；終言說經之弊與末學之失，防其惑也。學者得此而讀之，循其途，踐其跡，避其所短，求其所長，則可以不誤於趨向；優而遊之〔註24〕，擴而充之，則可以躋許、鄭〔註25〕之堂，抗孔、陸之席〔註26〕。子屏不自侈〔註27〕其業，以是為初學計也，顧豈僅為初學計哉！吾願後之學者，執此而終身焉可耳。

　　　　　　　　　　　　　　道光十二年歲次壬辰九月
　　　　　　　　　　　　　　協辦大學士兩廣總督阮元序

〔註21〕【節院】唐代節度使官衙的庭院。
〔註22〕【昭代】政治清明的時代。常用以稱頌本朝或當今時代。
〔註23〕【微言】精深微妙的言辭；大義，舊指有關《詩》、《書》、《禮》、《樂》諸經的要義。後用以指精微的語言中所包含的深奧意義。
〔註24〕【優而遊之】謂從容致力於某事。
〔註25〕指許慎、鄭玄，二人為漢學宗師。躋，升也。
〔註26〕指孔穎達、陸德明，均為唐代經學大家。抗席：並立，抗衡。
〔註27〕【自侈】自誇；自炫闊綽。

《經解入門》凡例

一、是編為初學治經起見，故類分各篇，以清眉目。其中語皆淺顯，使學者一覽而知。

一、是編專為治經者開其先路，故所列各書皆為於經有用之書，所舉各事皆為治經極要之事。此外，史學各家之說不敢濫入。

一、是編皆靠實〔註1〕立說，無一虛語，使學者知治經一道，入門便不可以憑空臆說。且所舉各條，俱鑒前人得失，裁酌〔註2〕盡善。由此而入，萬不致有歧途之悔。

一、今人名經學〔註3〕為漢學〔註4〕，蓋以秦火而後，漢始昌明〔註5〕其學，魏、晉以降，漸亦頹廢，而國朝則直追兩京〔註6〕，斯為極盛。故書中於漢人書及國朝人說經各書，皆詳述之。於唐以下之書從略，以精者罕也。

一、是編分卷八，分篇五十有二。本為初學治經苦無師傳而作。然即以此為

〔註1〕【靠實】切實；實在。《朱子語類》卷一三九：「作文字，須是靠實，說得有條理乃好，不可架空細巧。」

〔註2〕【裁酌】裁量斟酌。唐李渤《上封事表》：「以王道為尺，大中為刀，度時之宜，裁酌古今，引知蕩冤，驅末還本。」

〔註3〕【經學】以儒家經典為研究對象的學問。《漢書·兒寬傳》：「見上，語經學。上從之。」《漢書·儒林傳序》：「於是諸儒始得修其經學，講習大射鄉飲之禮。」

〔註4〕【漢學】漢代經學中注重訓詁考據之學。清代乾隆、嘉慶年間的學者崇尚其風，形成與「宋學」相對的「乾嘉學派」，也稱「漢學」。清代漢學治學嚴謹，對文字訓詁、古籍整理、輯佚辨偽、考據注釋等，有較大的貢獻。又稱「樸學」。

〔註5〕【昌明】謂發揚光大。

〔註6〕【兩京】借指兩漢。《陳書·儒林傳·沈不害》：「故東膠西序，事隆乎三代；環林璧水，業盛於兩京。」

師，則勝千里負笈〔註7〕者多矣。《孟子》曰：「夫道若大路然，豈難知哉？」〔註8〕此則經學之先路也。

一、說經家引用群籍書名，皆宜標明。其書多者，尤宜標明篇目。如引《易》則當云其卦，引《左傳》當云某公某年，引周秦諸子亦當云某子某篇，引漢以下各注則當云某某某書某篇注（又《周禮》六官缺《冬官》，漢人以《考工記》補入，引《考工記》不得稱《冬官》）之類，所以昭徵實。是編引各說亦然，學者不宜忽過〔註9〕。

一、治經首重家法。家法不明，即為俗學〔註10〕。故《漢書‧儒林傳》諸經師，必詳所出。其所出不明者，不錄。國朝諸老亦然。余所以有《漢學師承》之作，初學切宜確守〔註11〕。

一、說經，文法只求明白曉暢，說盡而止，篇幅長短皆所不論。不宜雕琢字句，及閒說空話。讀末卷所附各篇，自無不可三反〔註12〕矣。

江藩子屏氏識〔註13〕

〔註7〕 【負笈】背著書箱。指遊學外地。《後漢書‧李固傳》「常步行尋師」李賢注引三國吳謝承《後漢書》：「固改易姓名，杖策驅驢，負笈追師三輔，學『五經』，積十餘年。」

〔註8〕 《孟子‧告子下》。

〔註9〕 【忽過】忽略過去。

〔註10〕 【俗學】世俗流行之學。《莊子‧繕性》：「繕性於俗學，以求復其初；滑欲於俗思，以求致其明：謂之蔽蒙之民。」蘇軾《送人序》：「士之不能自成，其患在於俗學。俗學之患，枉人之材，窒人之耳目。」

〔註11〕 【確守】確實遵守。

〔註12〕 【三反】猶「舉一反三」。《論語‧述而》：「舉一隅，不以三隅反，則不復也。」後以「舉一反三」謂觸類旁通。

〔註13〕 「江藩子屏氏識」，此處乃假冒江藩之名，不足為憑。

經解入門卷一〔註1〕

群經緣始第一〔註2〕

  上古無「經」名〔一〕。《禮記》以「經解」名篇，實為「經」名所自始。其云：「孔子曰：『溫柔敦厚，《詩》教也；疏通知遠，《書》教也；廣博易良，《樂》教也；絜靜精微，《易》教也；恭儉莊敬，《禮》教也；屬辭比事，《春秋》教也。』」〔二〕〔註3〕案：即以《詩》、《書》、《易》〔註4〕、《禮》、《春秋》為經，尚無「五經」、「六經」諸名目。「六經」之名始見於《莊子·天運篇》：「孔子謂老聃曰：『吾治《詩》、《書》、《易》、《禮》、《樂》、《春秋》六經，以為（文）〔久〕。』」〔三〕又云：「孔子見聃不許，於是翻十二經以說老聃。」〔四〕

【注釋】

〔一〕清姜宸英《湛園集》卷四：古無「經」名也。「六經」之說見於《莊子》，自後戴聖記《禮》，遂有《經解》之篇。漢當秦滅經之後，諸儒掇拾於煨燼之餘，各相傳說，使聖人之道不泯於後世，而有宋諸大儒因得以尋流而溯源，厥功偉矣。鄭氏夾漈至謂「漢窮經而經亡」，不亦過歟！

  龔向農《群經通論》卷一《群經名義·一總釋經名》：《周易》曰：「雲雷屯，君子以經綸。」鄭玄注曰：「謂論撰《詩》、《書》、《禮》、《樂》施政事。」（陸

〔註1〕底本另起一行有「甘泉江藩纂」字樣，其他各卷同，今一概刪除。
〔註2〕原注：「附群經分合次第。」
〔註3〕關於此段之解說，可參考林慶彰先生主編《民國時期經學叢書》第二輯第1冊伍憲子《經學通論》，第5～9頁。
〔註4〕廣文本刊語云：「易」上疑脫「樂」字。

德明《周易釋文》）此經名所由昉……自儒學統一，學者乃尊嚴經名，而不敢僭。〔註5〕

伍憲子《經學通論》：今欲明經之訓，仍須於經傳求之。《尚書·酒誥》云：「經德秉哲。」《偽孔傳》釋以常德持智。《易·頤卦》爻辭云：「拂經於丘。」王弼注：「經，義也。丘所履之常也。」《左傳》云：「禮，天之經也。」《孝經》云：「孝，天之經也。」此皆作道之常解。故漢儒云：「經，常也。道義法制之不可易者，謂之經。」以此而訓釋六經之經，可謂的當矣。〔註6〕

〔二〕《禮記》第二十六篇《經解》。原文為：孔子曰：「入其國，其教可知也：其為人也，溫柔敦厚，《詩》教也；疏通知遠，《書》教也；廣博易良，《樂》教也；絜靜精微，《易》教也；恭儉莊敬，《禮》教也；屬辭比事，《春秋》教也。故《詩》之失，愚；《書》之失，誣；《樂》之失，奢；《易》之失，賊；《禮》之失，煩；《春秋》之失，亂。其為人也，溫柔敦厚而不愚，則深於《詩》者也；疏通知遠而不誣，則深於《書》者也。廣博易良而不奢，則深於《樂》者也；絜靜精微而不賊，則深於《易》者也；恭儉莊敬而不煩，則深於《禮》者也；屬辭比事而不亂，則深於《春秋》者也。」

〔三〕《莊子》外篇第十四即《天運》。原文為：孔子謂老聃曰：「丘治《詩》、《書》、《禮》、《樂》、《易》、《春秋》六經，自以為久矣，孰知其故矣；以奸者七十二君，論先王之道而明周、召之跡，一君無所鉤用。甚矣夫！人之難說也，道之難明邪？」老子曰：「幸矣，子之不遇治世之君也！夫六經，先王之陳跡也，豈其所以跡哉！今子之所言，猶跡也。夫跡，履之所出，而跡豈履哉！」

〔四〕《莊子》外篇第十三即《天道》。原文為：孔子西藏書於周室。子路謀曰：「由聞周之徵藏史有老聃者，免而歸居，夫子欲藏書，則試往因焉。」孔子曰：「善。」往見老聃，而老聃不許，於是翻十二經以說。老聃中其說，曰：「大謾，願聞其要。」孔子曰：「要在仁義。」老聃曰：「請問仁義，人之性邪？」孔子曰：「然。君子不仁則不成，不義而不生。仁義，真人之性也，又將奚為矣？」老聃曰：「請問，何謂仁義？」孔子曰：「中心物愷，兼愛無私，此仁義之情也。」

〔註5〕 見林慶彰先生主編《民國時期經學叢書》第二輯第1冊冀向農《群經通論》，第1～2頁。今按：此說前半較為牽強，經緯當為經之引申義。
〔註6〕 見林慶彰先生主編《民國時期經學叢書》第二輯第1冊伍憲子《經學通論》，第1～2頁。

　　至漢，則《樂經》亡，而「五經」僅存。徐氏〔註7〕《初學記》云：「古者以《易》、《書》、《詩》、《禮》、《樂》、《春秋》為六經。至秦焚書，《樂經》亡。今以《易》、《書》、《詩》、《禮》、《春秋》為五經。」〔註8〕

　　漢武帝建元五年，初置五經博士〔一〕。「五經」之名始於此，而其後則或離或合，各有不同。

【注釋】

〔一〕《漢書》卷十九：「博士，秦官，掌通古今，秩比六百石，員多至數十人。武帝建元五年，初置五經博士。宣帝黃龍元年，稍增員十二人。」《漢紀》卷十：「五年春正月己巳朔，日有食之，行半兩錢，罷三銖錢。初置五經博士。博士本秦官，掌通古今，員至數十人，漢置五經而已。」《通典》卷二十七：「國子博士，班固云：按六國時往往有博士，掌通古今。（又曰：博士，秦官，漢因之）漢博士多至數十人，冠兩梁。武帝建元五年，初置五經博士。宣帝、成帝之代，五經家法稍增置博士一人。」

　　《考古類編》〔一〕云：有稱「七經」〔二〕者，「五經」之外，兼《周禮》、《儀禮》也；有稱「九經」〔三〕者，「七經」之外，兼《孝經》、《論語》也；有稱「十經」〔四〕者，《易》、《詩》、《書》、「三禮」、《春秋左傳》、《公羊》、《穀梁》、《論語》、《孝經》是也〔註9〕；有稱「十二經」〔五〕者，「六經」「六緯」〔六〕是也；有稱「十三經」者，《易》、《書》、《詩》、「三禮」、《春秋左傳》、《公羊》、《穀梁》、《孝經》、《論語》、《孟子》、《爾雅》是也。

【注釋】

〔一〕《考古類編》十二卷，清柴紹炳撰。紹炳字虎臣，仁和人。陳子龍為登樓社，與陸圻、丁澎、毛先舒、孫治、張丹、吳百朋、沈謙、虞黃昊等齊名，世號「西泠十子」。事蹟見《清史稿·文苑傳》及杭世駿《道古堂全集》文集卷三十八《移志局理學名儒柴先生狀》。是書分三十三門，凡有關於典章制度者，皆摘其指要，貫串成篇。蓋為舉業後場設也。（《四庫全書總目》類書類存目三）柴

〔註7〕徐氏，即唐人徐堅。

〔註8〕唐徐堅《初學記》卷二十一·文部·經典第一。

〔註9〕此處實際上有「十一經」。另外一說，《經義考》卷二百四十六引楊士奇曰：「此書（何氏異孫《十一經問對》）為小學設。所謂十一經者，《書》、《詩》、《春秋》、《儀禮》、《周禮》、《禮記》、《論語》、《孝經》、《大學》、《中庸》、《孟子》，不及於《易》者，非小學所及也。」

紹炳（1616～1670）。朱彭壽《清代人物大事紀年》：「太祖天命元年丙辰（明神宗萬曆四十四年，公元 1616 年），生辰：柴紹炳生，字虎臣，號省軒、翼望山人。浙江仁和人。享年五十五。」博學善為文，西泠十子之一。著有《省軒文鈔》十卷、《省軒詩鈔》二十卷、《白石軒雜稿》八卷、《柴氏古韻通》八卷、《省過紀年錄》二卷、《通考輯略》等。

〔二〕七經：漢以來歷代封建王朝所推崇的七部儒家經典。七經名目，歷來說法不一。東漢《一字石經》作《易》、《詩》、《書》、《儀禮》、《春秋》、《公羊》、《論語》；《後漢書·張純傳》唐李賢注作《詩》、《書》、《禮》、《樂》、《易》、《春秋》、《論語》；宋劉敞《七經小傳》作《書》、《詩》、《周禮》、《儀禮》、《禮記》、《公羊》、《論語》；康熙《御纂七經》作《易》、《書》、《詩》、《春秋》、《周禮》、《儀禮》、《禮記》。

〔三〕九經：九部儒家經典。名目相傳不一。《漢書·藝文志》指《易》、《書》、《詩》、《禮》、《樂》、《春秋》、《論語》、《孝經》及小學。陸德明《經典釋文錄》指《易》、《書》、《詩》、《周禮》、《儀禮》、《禮記》、《春秋》、《孝經》、《論語》。《初學記》卷二一所引九經，與《經典釋文》略異，有《左傳》、《公羊》、《穀梁》，無《春秋》、《孝經》、《論語》。

〔四〕十經：十部儒家經典。《宋書·百官志上》：「國子祭酒一人，國子博士二人，國子助教十人。《周易》、《尚書》、《毛詩》、《禮記》、《周官》、《儀禮》、《春秋左氏傳》、《公羊》、《穀梁》各為一經，《論語》、《孝經》為一經，合十經。助教分掌。」或指五經五緯，即《詩》、《書》、《禮》、《易》、《春秋》五經及《詩緯》、《書緯》、《禮緯》、《易緯》、《春秋緯》五緯。

〔五〕十二經：唐文宗時在國子學立石，刻《易》、《詩》、《書》、《周禮》、《儀禮》、《禮記》、《左傳》、《公羊傳》、《穀梁傳》、《論語》、《孝經》、《爾雅》十二經。

〔六〕六緯：六種緯書。即《易緯》、《尚書緯》、《詩緯》、《禮緯》、《春秋緯》、《樂緯》。《漢書·李尋傳》：「太微四門，廣開大道，五經六緯，尊術顯士。」顏師古注：「孟康曰：『六緯，五經與《樂緯》也。』張晏曰：『六緯，五經就《孝經》緯也。』六緯者，五經之緯及《樂緯》也。孟說是也。」

《困學紀聞》云：「以《禮》、《樂》、《詩》、《書》、《易》、《春秋》為六藝，始見於太史公《滑稽列傳》（原注：孔子曰：「六藝於治一也。」）。或云七經（原注：後漢趙典〔一〕學孔子七經，蜀秦宓〔二〕謂文翁遣相如東受七經），或以『六經』、『六緯』為『十二經』〔三〕（原注：《莊子》天道紀數略十二經，一

說《易》上下經、十翼，一說《春秋》十二公經），或以『五經』、『五緯』為『十經』（原注：《南史・周續〔之〕〔四〕傳》），或云『九經』（原注：《釋文序錄》：《易》、《書》、《詩》、《周禮》、《儀禮》、《禮記》、《春秋》、《孝經》、《論語》，《唐・谷那律〔五〕傳》「九經庫」，始有「九經」之名）。」〔註10〕

【注釋】

〔一〕趙典，字仲經，蜀郡成都人也。博學經書，弟子自遠方至。《謝承書》曰：「典學孔子《七經》、《河圖》、《洛書》，內外藝術，靡不貫綜，受業者百有餘人。」（《後漢書》卷二七）

〔二〕秦宓，字子敕，廣漢綿竹人也。原話為：「蜀本無學士，文翁遣相如東受七經，還教吏民，於是蜀學比於齊、魯。故《地理志》曰：『文翁倡其教，相如為之師。』漢家得士，盛於其世；仲舒之徒，不達封禪，相如制其禮。夫能制禮造樂，移風易俗，非禮所秩有益於世者乎！」（《三國志》卷三八《蜀書》八）

〔三〕「十二經」，《經典釋文》云：「說者云：《詩》、《書》、《禮》、《樂》、《易》、《春秋》六經，又加六緯，合為十二經也。一說云：《易》上、下經並《十翼》為十二。又一云：《春秋》十二公經也。」

〔四〕周續之，字道祖，雁門廣武人也。其先過江，居豫章建昌縣。續之八歲喪母，哀戚過於成人，奉兄如事父。豫章太守范甯於郡立學，招集生徒，遠方至者甚眾。續之年十二，詣甯受業。居學數年，通「五經」、「五緯」，號曰「十經」，名冠同門，稱為顏子。（《南史》卷七五）

〔五〕谷那律，魏州昌樂人也。貞觀中，累補國子博士。黃門侍郎褚遂良稱為「九經庫」。《舊唐書》卷一八九、《新唐書》卷一九八均有傳。

《讀書記》〔一〕云：「自漢以來儒者相傳，但言『五經』，而唐時立之學（宮）〔官〕，則云『九經』者，『三禮』、『三傳』分而習之，故為『九經』也，其刻石國子學云『九經』，並《孝經》、《論語》、《爾雅》在內。本朝增以《孟子》，十三之名以立。」

【注釋】

〔一〕今按：此處《讀書記》為《日知錄》之訛誤。顧炎武《日知錄》卷十八「十三經注疏」條云：「自漢以來，儒者相傳，但言『五經』，而唐時立之學官，則云

〔註10〕見宋王應麟《困學紀聞》卷八。

　　『九經』者，『三禮』、『三傳』分而習之，故為九也。其刻石國子學，則云『九經』，並《孝經》、《論語》、《爾雅》。宋時程、朱諸大儒出，始取《禮記》中之《大學》、《中庸》，及進《孟子》以配《論語》，謂之『四書』。本朝因之，而『十三經』之名始立。」

　　其前後次第，《釋文序錄》云：「如《禮記·經解》之說，以《詩》為首；《七略》、《藝文志》所記，用《易》居前；阮孝緒《七錄》亦同此次；而王儉《七志》，《孝經》為初。原其後前，義各有（指）〔旨〕。」而陸氏《釋文》所次，則《周易》為先，次《尚書》，次《毛詩》，次「三禮」：《周禮》、《禮記》、《儀禮》，次《春秋》、《左氏》、《公羊》、《穀梁》，次《孝經》，次《論語》，次《爾雅》，共「十二經」。

　　本朝所定，則始《周易》，次《尚書》，次《毛詩》，次「三禮」，次《春秋》，次《孝經》，次《論語》，次《孟子》，次《爾雅》。至所行《四子書》〔一〕，則宋程、朱諸儒取《禮記》、《大學》、《中庸》二篇而配合之者也。所行「五經」，則用《易》、《書》、《詩》、《禮記》、《春秋》。所行「七經」，則「五經」之外，加《周禮》、《儀禮》而已。

【注釋】

〔一〕《四子書》：指《論語》、《大學》、《中庸》、《孟子》四部儒家的經典。此四書是孔子、曾子、子思、孟子的言行錄，故合稱「《四子書》」。清邵懿辰《儀宋堂後記》：「明太祖既一海內，與其佐劉基，以『《四子書》』章義試士。行之五百年不改，以至於今。」亦省作「四子」。《朱子語類》卷一〇五：「『四子』，『六經』之階梯；《近思錄》，『四子』之階梯。」

群經源流第二〔註11〕

　　凡習經而不知經之源流，是溯典而忘其祖〔一〕，烏呼可也！茲故依經之次而分敘之，俾學者知所宗焉。

【注釋】

〔一〕溯典而忘其祖：猶「數典忘祖」。春秋時晉大夫籍談出使周朝，周景王問談：晉國何以沒有貢物？談答以晉國從來沒有受到周王室器物的賞賜，所以無器物可獻。周王指出從晉的始祖唐叔開始，就不斷受到王室的賞賜，責備籍談

―――――――――――――――――――――――

〔註11〕原注：「與《兩漢傳經諸儒》參（考）〔看〕。」

身為晉國司典的後裔，竟不知道這些史實，說他是「數典而忘其祖」。事見《左傳‧昭公十五年》。後用以比喻忘本。現也用以比喻對祖國歷史的無知。

《易》之源，起於伏犧〔一〕，文王、周公、孔子因之。卦，伏犧之所畫也〔二〕；卦辭〔三〕，文王之所作也；爻辭〔四〕，周公之所作也；《十翼》，孔子之所作也。何謂《十翼》？《上彖》、《下彖》〔五〕、《上象》、《下象》〔六〕、《上繫》、《下繫》、《文言》、《說卦》、《序卦》、《雜卦》是也。文王、周公所作，古謂之《繫辭》，即為經；孔子所作，皆為傳。傳者，釋經之辭。班固云：「孔子晚而好《易》……而為之傳。」〔七〕傳即《十翼》也。

【注釋】

〔一〕伏犧，與神農、黃帝並為三皇。通常寫作「伏羲」。《別雅》：「虙戲、伏戲、宓戲、宓羲、庖犧、包犧、炮羲，伏羲也。」詳見聞一多所撰《伏羲考》。

〔二〕古者包犧氏之王天下也，仰則觀象於天，俯則觀法於地，觀鳥獸之文與地之宜。注：聖人之作《易》，無大不極，無微不究，大則取象天地，細則觀鳥獸之文與地之宜也，近取諸身，遠取諸物，於是始作八卦，以通神明之德，以類萬物之情。（《周易‧繫辭下》）

〔三〕卦辭：說明《易》六十四卦每卦要義的筮辭。即各卦卦形、卦名之後為卦辭。

〔四〕爻辭：指說明《易》六十四卦各爻象的文辭。如「初九：潛龍勿用。」「初九」是爻題；「潛龍勿用」就是《乾》卦初爻的爻辭。

〔五〕彖傳分《上彖》、《下彖》兩篇，內容為論斷六十四卦卦名、卦辭的意義。本自成篇，列於經後，今通行注疏本分列於六十四卦，凡卦內「《彖》曰」即是。與《象》、《文言》、《繫辭》、《說卦》、《序卦》、《雜卦》統稱為《易》之十翼。舊說為孔子撰述。今人考定謂非一人所作。參閱高亨《周易大傳今注》。

〔六〕象辭：《周易》解釋卦象與爻象之辭。

〔七〕《漢書‧儒林傳序》：「（孔子）晚而好《易》，讀之韋編三絕，而為之傳。」

陸氏《釋文‧序錄》云：自魯商瞿〔一〕子木受《易》於孔子，以授魯橋庇子庸，子庸授江東馯臂子弓，子弓授燕周醜子家，子家授東武孫虞子乘，子乘授齊田何子莊〔二〕。及秦焚書，《易》為卜筮〔三〕之書，獨不禁，故傳授不絕。其立學，漢初立《易》楊氏博士，宣帝時重立施、孟、梁丘之《易》，元帝又立京氏《易》。費、高二家不得立，民間傳之。後漢費氏興，高氏遂微。永嘉之亂，施氏、梁丘之《易》亡，孟、京、費之《易》人無傳者，惟鄭康成、王

輔嗣所注行於世,而王氏為世所重。唐以王注為主,其《繫辭》以下王不注,相承以韓康伯注續之。本朝因之,上下經王注,《繫辭》以下韓注,疏用孔穎達等正義。

【注釋】

〔一〕商瞿,字子木,春秋末年魯國人,孔子弟子。

〔二〕《漢書》云:「商瞿授東魯橋庇子庸,子庸授江東馯臂子弓,子弓授燕周醜子家,子家授東武孫虞子乘,子乘授何。」六代也。《仲尼弟子傳》作「瞿傳馯臂子弘,弘傳江東人矯子庸疵,疵傳燕人周子家豎,豎傳淳于人光子乘羽,羽傳齊人田子莊何」,與《漢書》不同。

〔三〕卜筮:古時預測吉凶,用龜甲稱卜,用蓍草稱筮,合稱卜筮。《禮記·曲禮上》:「龜為卜,筴為筮。卜筮者,先聖王之所以使民信時日、敬鬼神、畏法令也;所以使民決嫌疑,定猶與也。」

《書》之源與文字俱起,孔子刪為百篇。陸氏《釋文》云:《書》者,本王之號令,右史所記,孔子刪錄,斷自唐虞,下訖秦穆,典、謨、訓、誥、誓、命之文,凡百篇,而為之序。及秦禁學,孔子之末孫惠壁藏之〔一〕。然秦火之後,惟《書》簒亂尤甚。其立學,漢始立歐陽、夏侯《尚書》,宣帝復立大下夏侯博士,平帝欲立古文。永嘉之亂,諸家之書並滅亡,而《古文孔傳》始興,置博士,鄭氏亦置博士一人。唐時惟崇尚古書,馬、鄭、王注遂廢。本朝注疏本孔安國《傳》、孔穎達等《正義》,而偽亂之跡,詳《古今文》及《辨偽》諸篇。

【注釋】

〔一〕孔壁,孔子故宅的牆壁。據傳古文經出於壁中,故著稱。《漢書·魯恭王余傳》:「恭王初好宮室,壞孔子舊宅以廣其宮,聞鍾磬琴瑟之聲,遂不敢復壞。於其壁中得古文經傳。」

《詩》之源,起於中古。虞之《賡歌》、夏《五子之歌》〔一〕,即《三百篇》之權輿〔二〕。古詩本三千餘篇,孔子最先刪錄,既取周詩,上兼商頌,凡三百一十一篇,以授子夏,子夏遂作序焉。皆口以相傳,未有章句〔三〕。戰國時,幾為鄭、衛所亂。遭秦焚書〔四〕而得全者,亦以其人所諷誦〔五〕,而不專在竹帛之故。漢時傳有四家:曰魯,曰齊,曰韓,曰毛,詳見《傳經篇》。其立學,前漢惟魯、齊、韓三家。平帝時,《毛詩》始立。《齊詩》久亡,《魯詩》不過

江東，《韓詩》亦無傳者。唐惟《毛詩》、鄭《箋》立國學〔六〕。今注疏本遵用毛《傳》、鄭箋、孔穎達等《正義》。

【注釋】

〔一〕《尚書‧五子之歌序》：「太康失邦，昆弟五人，須於洛汭，作《五子之歌》。」孔安國曰：「太康五弟與其母待太康於洛水之北，怨其不反，故作歌。」《五子之歌》，《墨子》述其遺文，《周書》載其逸事，與內外傳所稱無殊。且孔氏逸書本有是篇。漢儒習聞其事，故韋昭注《國語》，王符撰《潛夫論》，皆依以為說。

〔二〕權輿：起始。

〔三〕章句：經學家解說經義的一種方式。亦泛指書籍注釋。

〔四〕秦焚書見《史記‧儒林列傳》：「及至秦焚書，書散亡益多。」

〔五〕諷誦：背誦。《周禮‧春官‧瞽蒙》：「諷誦詩，世奠繫。」鄭玄注：「諷誦詩，謂暗讀之不依詠也。」《漢書‧藝文志》：「孔子純取周詩，上採殷，下取魯，凡三百五篇。遭秦而全者，以其諷誦，不獨在竹帛故也。」

〔六〕國學：古代指國家設立的學校。

《禮》之源，起於伏犧。孔《疏》云：「自伏犧以後至黃帝，五禮始具。」〔註12〕「帝王質文，世有損益。周公【代】時轉浮而居攝，乃曲為之制，故曰經禮三百，威儀三千。周衰，諸侯始僭，皆去其籍，至孔子而已不具矣。返魯後，乃始刪定。後值戰國交爭，秦氏坑焚，禮經崩壞特甚。漢世所傳，僅存《周禮》、《儀禮》、《禮記》三書而已，然皆無全書。《周禮》本名《周官》，《冬官》獨闕，《考工》乃其後補。《儀禮》一名《士禮》，《喪服》一篇，子夏實先傳之。《禮記》戴德從子聖刪《大戴記》為四十六篇，舊又名《小戴記》。其《月令》、《明堂位》、《樂記》三篇，馬融所加也。《周禮》、《儀禮》皆周公作，而相為表裏。《禮記》則即以記為經。」〔註13〕其立學，漢初立高堂

〔註12〕《禮記注疏原目》唐孔穎達《禮記正義》：「自伏犧以後至黃帝，吉、凶、賓、軍、嘉五禮始具。」

〔註13〕陸德明《經典釋文‧序錄》：安上治民，莫善於禮。鄭子太叔云：夫禮，天之經，地之義，民之行也。左傳云：禮，所以經國家，定社稷，序民人，利後嗣者也。禮教之設，其源遠哉！帝王質文，世有損益，至於周公代時轉浮，周公居攝，曲為之制，故曰經禮三百，威儀三千。及周之衰，諸侯始僭，將逾法度，惡其害己，皆滅去其籍，自孔子時而不具矣。孔子反魯，乃始刪定。值戰國交爭，秦氏坑焚，惟故禮經崩壞為甚。

生〔註14〕禮博士，後又立大小戴、慶氏三家，新莽又立《周禮》，後漢「三禮」皆立博士，至唐則《曲臺記》亡，大戴無傳，學者惟鄭康成注《周禮》、《儀禮》、《禮記》並列，而《喪服》一篇別行。今注疏本合於《儀禮》，注皆用鄭，疏則《周禮》、《儀禮》皆唐賈公彥，《禮記》則孔穎達也。〔一〕

【注釋】

〔一〕陸氏德明《經典釋文・序錄》：漢興，有魯高堂生傳士禮十七篇，即今之《儀禮》也。而魯徐生善為容，孝文時為禮官大夫。景帝時，河間獻王好古，得古禮，獻之。或曰，河間獻王開獻書之路。時有李氏上《周官》五篇，失《冬官》一篇，乃購，千金不得，取《考工記》以補之。瑕丘蕭奮以禮至淮陽太守，授東海孟卿，卿授同郡后蒼及魯闊丘卿，其古禮經五十六篇，蒼傳十七篇，所餘三十九篇，宣付書館，名為《逸禮》。蒼說禮數萬言，號曰《后蒼曲臺記》。孝宣之世，蒼為最明。蒼授沛聞人通漢及梁戴德、戴聖、沛慶普，由是禮有大小戴、慶氏之學。

《春秋》本魯史記之名，錯舉四時〔註15〕而記〔註16〕之。昭二年，韓起聘魯，見《魯春秋》是也。古王者，左史記言，右史記事。言為《尚書》，事為《春秋》，而諸侯之國亦有之。惟《魯春秋》，則孔子手定之。公羊家說，則謂孔子得百十二國〔註17〕之寶書〔註18〕，乃修《春秋》。左丘明〔註19〕作傳。陸氏《釋文序錄》云：「孔子……作《春秋》……授弟子，弟子退有異言，邱明恐弟子各安其意，以失其真，故論本事而為傳。」而公羊高〔註20〕則受經子夏，穀梁赤〔註21〕則子夏門人，皆傳《春秋》（高，齊人，赤，魯人。麋信云，赤與秦孝公同時）。又有鄒氏、夾氏之傳，不行於世。公羊、穀梁皆傳經，左

〔註14〕高堂生：生卒年不詳，複姓高堂，名伯。西漢魯（山東新泰龍廷）人，專治古代禮制。《禮》經秦火，而書不傳。漢興，生傳《士禮》十七篇，即今本《儀禮》，為當時今文禮學最早傳授者。

〔註15〕孔穎達曰：「錯舉春秋，以明冬夏。」

〔註16〕「記」，廣文本刊語云：疑當作「名」。

〔註17〕廣文本刊語云：原本「百二十國」誤「百十二國」。百二十國，指東周春秋時分封的一百二十餘個國家。

〔註18〕【寶書】指周代的官修史書。《公羊傳經傳解詁・隱公第一》唐徐彥疏：「昔孔子受端門之命，制《春秋》之義，使子夏等十四人求周史記，得百二十國寶書……周史而言寶書者，寶者保也，以其可世世傳保以為戒，故云寶書。」

〔註19〕【左丘明】春秋時魯國史官，著《春秋左氏傳》。

〔註20〕【公羊高】戰國齊人，為《春秋公羊傳》作者。

〔註21〕【穀梁赤】戰國時魯國人，為《春秋穀梁傳》的作者。

氏則為記事之書而已。秦火之後，左氏傳最先出。其立學，公羊最先，穀梁次之，左氏最後（陸氏《序錄》云：「漢初立公羊，宣帝又立穀梁，平帝始立左氏。」）。唐則左氏行而二傳漸微。至宋胡氏《傳》出，而「三傳」皆束高閣矣。今注疏本：《左氏傳》，晉杜預注、孔氏《正義》；《公羊》，漢何休注、唐徐彥疏；《穀梁》，晉范寧注、唐楊士勳疏。

《孝經》者，陸氏《序錄》云：「孔子為弟子曾參說孝道，因明天子庶人五等之孝。」何休稱：「孔子曰『吾志在《春秋》，行在《孝經》』」是也。遭秦焚燼，而漢乃有古今二家之學。唐初猶行孔安國、鄭康成之注。明皇於先儒注中，採其允當者為注解，至天寶二年注成，頒行天下。今注疏本即用明皇注，宋邢昺疏。

《論語》者，孔子應答弟子及時人所言，或弟子相與言，而接聞於夫子之語也。當時弟子各有所說〔註22〕，夫子既終，微言已絕，弟子恐後生各生異見，而聖言永滅，故相與論撰，因輯時賢及古明王之語，合成一書，謂之《論語》。鄭康成謂仲弓、子夏等所撰定。漢世有《齊論語》、《魯論語》、《古論語》三家，而《魯論語》並有章句，列於學官。至魏，何晏乃為集解，正始中上之，後盛行於世。今注疏本注用何氏，疏用宋邢昺。

《孟子》七篇，古本列於諸子，自陳氏《書錄解題》始以《語》、《孟》入經類，而為之說曰：「韓文公稱，孔子傳之孟軻，軻死，不得其傳。天下學者盛曰孔、孟。」今國家設科，《語》、《孟》並重，而又列十三經之中。注疏本用漢趙岐注，宋孫奭疏。

《爾雅》興於中古，隆於漢代，其初不詳撰述名氏。陸氏《序錄》云：「《爾雅》者，所以訓釋『五經』，辨章同異，實九流之通路，百氏之指南……《釋詁》一篇，蓋周公所作。《釋言》以下或言仲尼所增，子夏所足，叔孫通所益，梁文所補。」古之注者十餘家。今注疏本用晉郭璞注，宋邢昺疏。

群經辨異第三

古者傳經多以口相授，故異者滋多。在漢白虎觀講五經同異〔一〕，後許慎〔二〕著《五經異義》〔三〕，鄭康成〔四〕有《駁異義》〔五〕，此即辨異之所始也。習經者當知其同，尤不可不辨其異。約舉異例，厥有數端：曰文異〔六〕，曰義異，曰篇異。

〔註22〕廣文本刊語云：「所說」疑當作「所記」。

【注釋】

〔一〕在漢白虎觀講五經同異：永平元年，下太常、將、大夫、博士、議郎、郎官及諸生、諸儒會白虎觀，講議「五經」同異，使五官中郎將魏應承制問，侍中淳于恭奏，帝親稱制臨決，如孝宣甘露石渠故事，作《白虎議奏》。（《後漢書》卷三）

〔二〕許慎，字叔重，汝南召陵（今河南郾城東）人。性淳篤，少博學經籍，馬融常推敬之。時人為之語曰：「五經無雙許叔重。」為郡功曹，舉孝廉，再遷除洨長。卒於家。初，慎以「五經」傳說臧否不同，於是撰為《五經異義》。又作《說文解字》十四篇，皆傳於世。事蹟見《後漢書》本傳。

〔三〕清陳壽祺撰《五經異義疏證》，收入《續修四庫全書》第 171 冊。

〔四〕鄭玄（127～200），字康成，北海高密（今屬山東）人。凡玄所注《周易》、《尚書》、《毛詩》、《儀禮》、《禮記》、《論語》、《孝經》、《尚書大傳》、《中候》、《乾象曆》，又著《天文七政論》、《魯禮禘祫義》、《六藝論》、《毛詩譜》、《駁許慎五經異義》、《答臨孝存周禮難》，凡百餘萬言。括囊大典，網羅眾家，刪裁繁蕪，刊改漏失，自是學者略知所歸。事蹟見《後漢書》卷六五。龔向農《群經通論》卷三：「兼用今古兩家而會通為一者，鄭玄是也。」

〔五〕《駁五經異義》一卷《補遺》一卷，漢鄭玄所駁許慎《五經異義》之文。考《後漢書·許慎傳》稱許慎以「五經」傳說臧否不同，於是撰為《五經異義》，傳於世，《鄭玄傳》載鄭玄所著百餘萬言，亦有駁許慎《五經異義》之名。《隋書·經籍志》有《五經異義》十卷，後漢太尉祭酒許慎撰，而不及鄭玄之駁議。《舊唐書·經籍志》：「《五經異義》十卷，許慎撰，鄭玄駁。」《新唐書·藝文志》並同。蓋鄭玄所駁之文，即附見於許慎原本之內，非別為一書，故史志所載亦互有詳略。《宋史·藝文志》遂無此書之名，則自唐以來久已失傳。晚清皮錫瑞撰《駁五經異義疏證》，已收入《續修四庫全書》第 171 冊。

〔六〕文異：文字相異。晉杜預《〈春秋〉序》：「或曰：《春秋》以錯文見義，若如所論，則經當有事同文異而無其義也，先儒所傳皆不其然。」清王引之《經傳釋詞》卷十：「下文『其所厚者薄，而其所薄者厚，未之有也』，與此文異義同。」

何謂文異？如《易》「體仁足以長人」〔一〕，京氏作「體信」；「聖人作而萬物睹」〔二〕，馬氏作「聖人起」；「君子以經綸天下」〔三〕，鄭氏作「經論」〔四〕；「射鮒」〔五〕，荀氏作「取鮒」；「其惟聖人乎」〔六〕，王氏作「愚人」；「明辨晢也」，陸績〔七〕作「明辨逝也」〔八〕；「利用侵伐」，王廙〔九〕作「寖伐」〔十〕；

「官有渝」,蜀本作「官有館」〔註23〕〔十一〕;「嫌於無陽」〔十二〕,李鼎祚作「兼於無陽」之類。推之《尚書》之今古文,《詩》之齊、魯、韓與毛四家,《周禮》、《儀禮》之古書、今本,《春秋》之左氏、公、穀「三傳」,《孝經》、《論語》、《孟子》、《爾雅》諸書之各本不同,而此外諸子、《史》、《漢》所引各經之略,又不可以枚舉,此文之異也(又如施、孟、梁丘三家之《易》,無「无咎悔亡」句,亦屬異文之例)。

【注釋】

〔一〕體仁足以長人:《經典釋文》卷二「體仁」條:「如字。京房、荀爽、董遇本作體信。」

〔二〕聖人作而萬物睹:《經典釋文》卷二「聖人作」條:「如字。鄭云起也,馬融作起。」

〔三〕君子以經綸天下:屯卦大象曰:「雲雷屯,君子以經綸。」廣文本刊語云:「天下」二字疑衍。

〔四〕經論:《經典釋文》卷二「經論」條:「音倫,鄭如字,謂論撰書禮樂施政事。黃穎云:經論,匡濟也,本亦作綸。」

〔五〕射鮒:《經典釋文》卷二「射」:「食亦反。注同。徐食夜反,鄭、王肅皆音亦云厭也。荀作取。」

〔六〕《經典釋文》卷二「其唯聖人乎」條:「王肅本作愚人。後結始作聖人。」

〔七〕陸績(187~219),字公紀,吳郡吳(今江蘇蘇州)人。雖有軍事,著述不廢,作《渾天圖》,注《易》釋《玄》,皆傳於世。預自知亡日,乃為辭曰:「有漢志士,吳郡陸績,幼敦《詩》、《書》,長玩《禮》、《易》,受命南征,遘疾遇厄,遭命不幸,嗚呼悲隔!」又曰:「從今已去,六十年之外,車同軌,書同文,恨不及見也。」年三十二卒。事蹟見《三國志》卷五七。

〔八〕《經典釋文》卷二大有卦「晢」條:「章舌反。王廙作晰,同音。徐李之世反,又作晢字。鄭本作遰,云讀如明星晢晢。陸本作逝。虞作折。」

〔九〕王廙(274~322),字世將,丞相王導從弟。少能屬文,多所通涉,工書畫,善音樂、射御、博弈、雜伎。事蹟見《晉書》卷七六。

〔十〕《經典釋文》卷二謙卦「用侵」條:「王廙作寖。」

〔十一〕《經典釋文》卷二隨卦「官有」條:「蜀才作『館有』。」

〔註23〕廣文本刊語云:「官有館」疑當作「館有渝」。

〔十二〕毛奇齡《仲氏易》卷四:「陰動則不知有陽,若不言龍戰,則幾於無陽矣,故
　　　　特以戰歸龍焉。荀氏以嫌作兼,謂陰兼陽,故稱龍,則當言兼於陽,不當言兼
　　　　於無陽矣。鄭玄以嫌作慊,謂快於無陽,又作溓,溓,雜也,謂陰蛇氣雜似龍,
　　　　皆非正義。」

　　何謂義異?即如「周易」二字,《易緯》云:「因代以名周。」則以周為周
家之周。鄭康成云:「《周易》者,《易》道周普,無所不備。」〔註24〕則以周
為周遍。〔一〕緯書云:「日月為易。」〔二〕鄭康成云:「易一名而含三義,簡易
一,變易二,不易三。」〔三〕虞翻云:「字從日下月。」〔四〕所說不同,即其例。
而經中一篇一章一句一字之異者,尤不可以縷述,此義之異也。

【注釋】

　〔一〕《經典釋文》卷二:「周,代名也。周,至也,遍也,備也。今名書,義取周
　　　　普。」

　〔二〕惠棟《九經古義》卷一《周易古義》引《說文》曰:「秘書說:『日月為易,象
　　　　陰陽也。』」

　〔三〕《周易注疏·卷首》:鄭玄依此義,作《易贊》及《易論》,云:《易》一名而含
　　　　三義,易簡一也,變易二也,不易三也。

　〔四〕《經典釋文》卷二:「易,盈隻反。此經名也。虞翻注《參同契》云:『字從日
　　　　下月。』」

　　何謂篇異?如《尚書》伏生所傳今文二十九篇,孔安國所傳多二十五篇;
《孝經》十八篇,古文別有《閨門》一篇,總為二十二篇;《論語齊論》別有
《問王》、《知道》二篇,為二十二篇,《古論語》凡二十一篇;《爾雅》一云十
九篇,一云二十篇之類,此篇之異也。

　　知其所異,而考其所通,是在學者之善會其微也。

群經辨偽第四　附辨諸子之偽

　　秦火而後,群經散亡,而偽者始出,其尤甚者,莫若《尚書》之古文。古
書凡百篇,秦燔後,伏生僅口誦二十九篇,曰「今文尚書」。魯恭王壞孔子宅,
於壁中得科斗文書,孔安國較伏生所誦,增多二十五篇,曰《古文尚書》。其
所增多,蓋即於篇目中,一合計之,一分計之,非別有多篇也。安國書本自為

〔註24〕宋王應麟編《周易鄭康成注》。

傳，值武帝末，巫蠱事〔一〕起，不得奏，藏，乃遂散佚。東晉豫章內史〔二〕梅頤所上《古文尚書》，有《大禹謨》、《五子之歌》、《胤征》、《仲虺之誥》、《湯誥》、《伊訓》、《太甲上》、《太甲中》、《太甲下》、《咸有一德》、《說命上》、《說命中》、《說命下》、《泰誓上》、《泰誓中》、《泰誓下》、《武成》、《旅獒》、《微子之命》、《蔡仲之命》、《周官》、《君陳》、《畢命》、《君牙》、《冏命》二十五篇，皆偽書也。其《舜典》本亡，則分《堯典》之半為一篇。《益稷》本無，則分《皋陶謨》之後為一篇。而作偽之人，或謂王肅，實即梅頤。疑之者始於宋吳才老、朱子諸儒。近今諸大儒且群起而攻之，抉其偽跡，使無遁形。而其偽者，說經諸家直置不道，此例之最嚴。而河中〔註25〕之《偽泰誓》，張霸之《百兩篇》，漢已不行，固無容議。若乃《金縢》諸篇，則信無可疑者也。

【注釋】

〔一〕巫蠱事：指巫蠱之禍。《漢書·武帝紀》：「諸邑公主、陽石公主皆坐巫蠱死。」晉潘岳《西征賦》：「弔戾園於湖邑，諒遭世之巫蠱。」

〔二〕內史：官名。西漢初，諸侯王國置內史，掌民政。歷代沿置，隋始廢。錢大昕《十駕齋養新錄》卷六：「漢制，諸侯王國以相治民事，若郡之有太守也。晉則以內史行太守事，國除為郡，則復稱太守，然二名往往混淆，史家亦互稱之。」

《尚書》而外，《易》於秦火獨全，得不偽。而《子夏易傳》〔一〕、《關朗易傳》〔二〕皆偽託不足據。《詩》不偽，而《小序》亦有疑者，然經學家則猶尊信。

【注釋】

〔一〕《子夏易傳》，舊本題卜子夏撰。說《易》之家，最古者莫若是書。其偽中生偽，至一至再而未已者，亦莫若是書。《唐會要》載開元七年詔：「《子夏易傳》，近無習者，令儒官詳定。」劉知幾議曰：「《漢志》、《易》有十三家，而無子夏作傳者。至梁阮氏《七錄》，始有《子夏易》六卷，或云韓嬰作，或云丁寬作。然據《漢書》，《韓易》十二篇，《丁易》八篇，求其符合，事殊璩刺，必欲行用，深以為疑。」司馬貞議亦曰「案劉向《七略》有《子夏易傳》，但此書不行已久，今所存多失真本。荀勖《中經簿》云：《子夏傳》四卷，或云丁寬。是先達疑非子夏矣。又《隋書·經籍志》云：《子夏傳》殘闕，梁六卷，今二卷。知其書錯繆多矣。又王儉《七志》引劉向《七略》云：《易傳》子夏，

韓氏嬰也。今題不稱韓氏而載薛虞記，其質粗略，旨趣非遠，無益後學。」云云。是唐以前所謂《子夏傳》已為偽本。晁說之《傳易堂記》又稱：「今號為《子夏傳》者，乃唐張弧之《易》。」是唐時又一偽本並行。故宋《國史志》以假託《子夏易傳》與真《子夏易傳》兩列其目，而《崇文總目》亦稱此書篇第略依王氏，決非卜子夏之文也。朱彝尊《經義考》證以陸德明《經典釋文》、李鼎祚《周易集解》、王應麟《困學紀聞》所引皆今本所無。德明、鼎祚猶曰在張弧以前，應麟乃南宋末人，何以當日所見與今本又異？然則今本又出偽託，不但非子夏書，亦並非張弧書。（《四庫全書總目》卷一）

【附錄】

清惠棟《九經古義》卷二：唐時有蘇州司戶郭京撰《周易舉正》三卷，家無是書。據洪氏《隨筆》所載二十餘則，皆因王輔嗣、韓康伯之注，謬加增損。今以李氏所錄漢《易》考之，乃知其妄。如云《屯》六二象曰：「即鹿無虞何？以從禽也。」今本脫何字。案：從本古縱字，故鄭康成、黃穎皆音於用反（古蹤字作縱，見《隸釋》）不容闌入何字，其妄一也。《師》六五：「田有禽，利執之，无咎。」元本之字行書，向下引腳，稍類言字，轉寫相仍，故誤作言。觀注義亦全不作言字釋。案：虞翻曰：「田為二，陽稱禽，震為言五失位，變之正艮為執，故利執，言无咎」。荀爽曰：「田獵也，謂二帥師禽五之利，度二之命，執行其言，故无咎。」以言為之，信注而不信經，其妄二也。《比》九五象曰：「失前禽，捨逆以順也。」今本誤倒其句。案虞翻曰：「背上六，故捨逆，據三陰，故取順，不及初，故失前禽。二句各有取義。」以失前禽為捨逆取順，其妄三也。《賁》：「亨，不利有攸往。」今本「不」字誤作「小」。案鄭康成曰：卦互體坎艮，艮止於上，坎險止於下，夾震在中，故不利大行，小有所之則可矣。虞翻曰：「小謂五，五失正動得位，體離以剛文柔，故小利有攸往。」改「小利」為「不利」，其妄四也。剛柔交錯，天文也。文明以止，人文也。注云：剛柔交錯而成文焉，天之文也。今本脫剛柔交錯一句。案：此四字是王氏釋天文也一句之義，非經文也。虞翻注謂五利變之正成巽體，離艮為星離日坎月巽為高，五天位，離為文明，日月星辰高麗於上，故稱天之文。玩虞義，全無以剛柔交錯為天文之意，其妄五也。《蹇》九三：「往蹇來正。」今本作「來反」。案虞翻曰：「應正歷險，故往蹇反身，據二，故來反，二在下，故云反。」改「反」為「正」，其妄六也。《困》初六象曰：「入於幽谷，不明也。」今本「谷」下多「幽」字。案荀爽曰：「為陰所掩，故不明。」刪去「幽」字，其妄七也。《鼎·彖》：「聖人亨，以享上帝，以養聖賢。」注云：「聖人用之，上以享上帝，而下以養聖賢。」今本正文多「而大亨」三字，故注文亦誤增「而大亨」三字。案虞翻曰：「大亨謂天地養萬物，聖人養賢以及萬民。」此正釋大亨之義，以為誤增，其妄八也。《豐》九四象：「遇其夷主，吉，志行也。」今文脫「志」字。案虞翻曰：「動體明夷，震為行，故曰吉行。」

若云志行，不容不注，其妄九也。《小過》六五象曰：「密雲不雨，已止也。」注：陽已止下故也，今本正文作已上，故注亦誤作陽，已上故止也。案：虞翻曰：「謂三坎水已之上，上六故已上也。」鄭本作「尚」。「尚」與「上」通，「上」與長、亢協。改為「止」，其妄十也。《雜卦》：「蒙稚而著。」今本「稚」誤作「雜」。案：虞翻曰：「蒙二陽在陰位，故雜初雜而交。」故著改「雜」為「稚」，其妄十一也。京云：曾得王輔嗣、韓康伯手寫注定傳授真本，今所舉正皆謬悠荒唐若此，不待閱全書而知其贗矣。中惟「履霜陰始凝也」，「君子以居賢德善風俗」，一見《魏文帝紀注》，一見王肅《易》，前人固已言之，又《姤》九四「包失魚」，因王注《震·象》「出可以守宗廟社稷」，上添「不喪匕鬯」四字，《中孚·象》豚魚信及也，《小過·象》柔得中，是以可小事也，《既濟》「亨小，小者亨也」，皆望文為義，亦無足取。《繫辭》二多譽，四多懼，注云：「懼，近也」，尤為誕妄。京創為是書，後儒晁昭德、鄭漁仲之輩多有信而從之者，不可以不辨。《隋·經籍志》有卜子夏《周易傳》二卷，殘缺，梁有六卷。《七略》云：「漢興，韓嬰傳。」《中經簿錄》云丁寬所作。張璠云：「或馯臂子弓所作，薛虞記。」今所傳《子夏易傳》十一卷，以《釋文》及李氏《集解》校之，無一字相合者。案其文又淺近。或曰唐人張弧偽作，非也。此書與郭氏《易舉正》皆宋人偽撰，託之子夏、郭京者。唐時漢《易》尚存，子夏書雖殘缺，李鼎祚猶及採之，宋以來經典散亡，無可考證，故令二偽書傳於世，遺誤至今。有志於經學者，急須辭而闢之。

〔二〕《關朗易傳》，一作《關氏易傳》，一卷，舊本題北魏關朗撰。關朗字子明，河東人。是書《隋志》、《唐志》皆不著錄。晁公武《讀書志》謂李淑《邯鄲圖書志》始有之。《中興書目》亦載其名，云「阮逸詮次刊正」。陳師道《後山談叢》、何薳《春渚紀聞》及邵博《聞見後錄》皆云，阮逸嘗以偽撰之稿示蘇洵，則出自逸手，更無疑義。逸與李淑同為神宗時人，故李氏書目始有也。《吳萊集》有此書後序，乃據《文中子》之說力辨其真。文士好奇，未之深考耳。

《春秋》「三傳」無偽，而「三禮」則惟《儀禮》〔一〕獨完。《周禮》五官云出周末，《考工》一記，明是補亡。《禮記》之作，或謂俗儒，其中謬者不可不察。馬融所益，不過三篇，其非古書，早有議者，淆亂難信莫甚。明堂古樂久亡，安有《樂記》？《月令》之託周公〔二〕，實出《呂覽》。《王制》雖言殷制，半是漢儀。《祭法》取《國語》，錯亂無稽。《中庸》本秦人，言猶近理。《儒行》非孔子之言〔三〕，《緇衣》為公孫尼子之筆〔四〕。此禮之大略也。

【注釋】

〔一〕《儀禮》：清江永《群經補義》卷四：「說者謂周末文勝，今未見其然。如《儀禮》諸篇，皆是周初製作，委曲繁重，非周末也。」

〔二〕《月令》之託周公，實出《呂覽》：此說甚為顛倒。清江永《群經補義》卷三：
「《月令》本是周時之書，《汲冢周書》存其目，末篇有序，呂不韋因之，作十
二月紀，雜入秦時官名、制度，而秦實未嘗用也（如唐之《六典》）。」

〔三〕《儒行》非孔子之言：《山堂考索》續集卷九經籍門記《儒行》：《儒行》非孔子
之言也。蓋戰國時豪士所以高世之節耳。考一篇之內，雖時與聖人合，其稱說
多過其施於父子兄弟夫婦，若家若國，若天下粹美之道，則無見矣。聖人之行
如斯而已乎？或謂哀公輕儒孔子有為而言也。曰多自誇大，以授其君，豈所
謂孔子哉？」

〔四〕《緇衣》公孫尼子之筆：清徐文靖《管城碩記》卷十三：「《緇衣》，劉獻云公孫
尼子之所作也。孔氏疏云：按鄭《目錄》曰：名曰緇衣，善其好賢者厚也。」

錢大昕《潛研堂集》文集卷八《答問五》：問：「《緇衣》一篇，其文大似《論
語》。其云『教之以德，齊之以禮，則民有格心』；『教之以政，齊之以刑，則
民有遯心』；『下之事上也，不從其所令，從其所行』；『謹於言而慎於行』；『生
則不可奪志』；『多聞，質而守之；多志，質而親之』；『南人有言曰：「人而無
恒，不可以為卜筮。」古之遺言與』；『《易》曰：不恒其德，或承之羞。』皆
與《論語》同。劉瓛以為公孫尼子所作。公孫氏殆七十子之徒，故得聞孔子之
緒言歟？」曰：「愚嘗讀《舊唐書》載沈約之言云：『《中庸》、《表記》、《坊記》、
《緇衣》皆取子思子，其詞純粹平易，非子思子不能作也。』鄭康成注《論
語》『不可以作巫醫』，云巫醫不能治無常之人也，其注不占而已句，云『《易》
所以占吉凶，無常之人，《易》所不占』也。皆依《緇衣》為說，以經解經，
信而有徵。衛瓘云：『無恒之人，不可以為巫醫。巫醫則疑誤人也。』此朱注
所本，然於下文不占之義終難通矣。」

明金澌《讀禮日知》卷下：「《緇衣》一篇，多依仿聖賢之言而為之修飾，間有
文理不足處，學者擇其可而從之可也。」

清翁方綱《禮記附記》卷八：「陸氏《釋文序錄》云：『《緇衣》是公孫尼子所
製。《漢書·藝文志·儒家》：《公孫尼子》二十八篇，注云：七十子之弟子。』
《緇衣》一篇每段『子曰』一條，則引詩書以證之。惟下之事上，禹立三年一
段，兩引子言，下乃引詩書以證之，又下之事上言有物一段，兩引子言，下引
詩書證之，篇首為上易事好賢如緇衣，亦是兩引子言，而下引大雅證之，此蓋
兩引子言同在一節，故以《緇衣》名篇，不應分作二節也。即以刑不煩、刑不
試語義一類，亦可見爾。」

若乃《孝經》、《論語》本無可疑，《爾雅》一經大都參雜〔一〕。惟在學者善為擇焉。

【注釋】

〔一〕《爾雅》一經大都參雜：清王鳴盛《蛾術編》卷八「爾雅撰人」條：《爾雅》或云周公作，或云子夏作。今按：「『如切如磋』，道學也。『如琢如磨』，自修也。『瑟兮僩兮』，恂慄也。『赫兮喧兮』威儀也。『有斐君子，終不可諼兮』，道盛德至善，民之不能忘也。」此《大學》釋《詩》之文，而《詩》則衛人所以美武公也，其文見於《爾雅》，武公在厲王之世，去周公遠甚。今按諸詩皆作於周公後遠甚，則謂《爾雅》為周公、孔子、子夏合作，當矣。

【附錄】

清江永《群經補義》卷四：「《孟子》之書當是孟子自作，非門人所記。門人無過於樂正子，其能記是書乎？」唐晏《兩漢三國學案》卷十「孟子」：「孟子之書，其初未列於經，然在兩漢卻亦未以子書視之。漢人奏疏往往引用，《鹽鐵論》引之，且與六經並列。其所以未名為經者，以漢人於孔子手定者始名為經也，故陸氏《經典釋文》亦未入《孟子》。直至北宋，《孟子》始廁『十三經』。然王充《論衡‧問孔》之後，即繼之以《刺孟》，知漢代固已孔、孟並稱矣。」

清朱彝尊《經義考》卷二百三十一：朱子曰：「《孟子》七篇，觀其筆勢，如鎔鑄而成，知非綴緝所就也。」又曰：「《孟子》疑自著之書，故首尾文字一體。」董銖曰：「《史記》謂《孟子》之書孟子自作，趙岐謂其徒所記。今觀七篇，文字筆勢如此，決是一手所成，非《魯論》比也。然其問有如云孟子道性善，言必稱堯、舜，亦恐是其徒所記，孟子或曾略加刪定也。」何異孫曰：「《孟子》是軻自作之書。」

清曾國藩《曾文正公詩文集》文集卷二《孟子要略敘跋》：「孟子之書，自漢、唐以來不列於學官，陸氏《經典釋文》亦不之及，而司馬光、晁說之之倫更相疑詆。至二程子始表章之，而朱子遂定為『四書』。既薈萃諸家之說為《孟子精義》，又採其尤者，為《集注》七卷，又剖晰異同，為《或問》十四卷，用力亦已勤矣。」

清徐旭旦《世經堂初集》卷十八《書萬子從祀議後》：「太史公曰：『孟子述唐虞三代之德，所如不合，退而與萬章之徒作《孟子》七篇。』韓子曰：『孟子之書非其自著，其徒萬章、公孫丑相與記其所言云耳。』然則孔子之道，孟子傳之；孟子之道，萬章之徒相與發明之。至今學者尚知宗孔氏，崇仁義，貴王賤霸，而謂孟子之功不在禹下，萬子之功又烏可泯哉？」

清姚範《援鶉堂筆記》卷四十二：「『孟軻之書非軻自著，軻既沒，其徒萬章、公孫丑相與記軻所言焉耳。』余按：昌黎以孟子之書為萬章、公孫丑之所記，本屬無據，故第二書云：『傳

者猶稱孟子，豈可以弟子所記而據為其師之文乎？」以此知公殆取給一時耳。」

清姚振宗《隋書・經籍志考證》卷二十四：「晁氏袁本《讀書志》：『《孟子》十四卷，魯孟軻撰，漢趙岐注。自為章旨，析十四篇。』案：此書韓愈以為弟子所會集，非軻自作。今考於軻之書，則知愈之言非妄發也。其書載孟子所見諸侯皆稱謚，如齊宣王、梁惠王、梁襄王、滕定公、滕文公、魯平公是也。夫死然後有謚。軻著書時，所見諸侯不應皆死，且惠王元年至平公之卒凡七十七年，孟子見惠王，王目之曰：『叟必已老矣。』決不見平公之卒也。故予以愈言為然。陳氏《書錄解題》曰：『前志《孟子》本列於儒家。』然趙岐固嘗以為則象《論語》矣。自韓文公稱孔子傳之孟軻，軻死，不得其傳，天下學者咸曰孔、孟。孟子之書固非荀、楊以降所可同日語也。今國家設科取士，《語》、《孟》並列為經，而程氏諸儒訓解二書，常相表裏，故今合為一類，曰語孟類。」

經既難信，外此何言？緯書云偽，識者不疑。《家語》之言實出王肅〔一〕。旁及諸子，猶有是非。《管子》述身後之事〔二〕，附益何疑？《陰符》非黃帝之遺〔三〕，庭堅始發。《老子》、《關尹》，半屬虛造。《列子》〔四〕、《文中》〔五〕，間得其真。《鬼谷》偽書〔六〕，猶有辨者。《叢子》所陳，子雍謬託〔七〕。

【注釋】

〔一〕《孔子家語》之言實出王肅：現在王承略教授等人已提出不同意見。

〔二〕《管子》述身後之事：《管子》究為何人所作，自古以來眾說紛紜，有的說是管仲本人所著，有的說是戰國以及秦漢時好事者為之，甚至有的說是魏、晉以後的偽作。《管子》舊本題為「戰國管仲著」。管仲是春秋初期時人，而題作戰國，由此可見此書不是管仲所作。而且，書中常有「管子曰」、「管子云」或「桓公謂管子曰」等話，不像作者的口氣。更可疑的是，書中多處提及到管仲病危及其身後多年的事，例如《形勢解》篇中有「古者三王五伯，皆人主之利天下者也」的話。「五伯」乃自齊桓公起直至吳王夫差與越王句踐止，前後共歷經了兩百餘年才形成的。管仲之時，哪有「五伯」？又如《小稱》篇中有「毛嬙西施，天下之美人也」之句，考西施、毛嬙皆越國之美人，一為范蠡之妾，一為句踐之姬，皆管仲身後之事。

〔三〕鮑本《漢志》有《陰符經》。《索隱》云：「《陰符》是太公兵法。」

〔四〕關於《列子》的真偽問題，歷來爭論不已，迄今尚未定案。

〔五〕關於文中子其人其書，可參見李小成《文中子考論》（上海古籍出版社，2008年）。

〔六〕《鬼谷子》並非偽書，參見許富宏《鬼谷子研究》（上海古籍出版社，2008年）。

〔七〕《孔叢子》所陳是否「子雍謬託」，今人也有不同看法。參見孫少華《孔叢子研究》（中國社會科學出版社，2011 年）。清江永《群經補義》卷四：「孟子言予私淑諸人，人謂子思之徒，是孟子與子思年不相接也。《孔叢子》有孟子、子思問答，不足信。」

今舉其隅，惟貴三反。辨偽之事，近人最詳。即《四庫提要》已具大略〔一〕。姚際恒《古今偽書考》〔二〕，亦簡便可讀。〔三〕

【注釋】

〔一〕詳見司馬朝軍《四庫全書總目研究》之附錄（社會科學文獻出版社，2004 年）。

〔二〕詳見司馬朝軍《文獻辨偽學研究》（武漢大學出版社，2008 年）。

〔三〕徐敬修《經學常識》第四章《治經之方法》第二節《今後吾人治經之方法》之第一條：「至其方法，則如上節所述以外，吾人所尤當注意者，則約有數端：一、當知經書之真偽。不知書之真偽，最易走入迷途；所以研究經學，必先知書之為真為偽：如《尚書》五十八篇中，三十三篇為今文，自漢時流傳至今；其二十五篇，則晉梅賾所假造者。其他如《子貢詩傳》，則出明豐坊之手，如孔安國《尚書傳》，《鄭注孝經》，《孟子》孫奭《疏》，均為偽書，學者不可不知也。」（《民國時期經學叢書》第一輯第四冊，第 162 頁）徐敬修，民國間人，生平不詳，曾為蘇州文學社團星社社員，與范煙橋等相交遊。著有《國學常識》，分為《小學常識》、《音韻常識》、《經學常識》、《理學常識》、《史學常識》、《子學常識》、《文學常識》、《詩學常識》、《詞學常識》、《說部常識》十種。今考，《經學常識》一書實則抄襲成書。舉此備參。

群經古文今文第五

古文、今文者何？在漢，以科斗〔一〕、篆文為古，隸書為今〔二〕；在唐，以漢之隸書為古，以其時之楷書為今。蓋自唐一變，古文之存僅矣。鄭樵云：「《易》、《詩》、《書》、《春秋》皆古文。」陸氏《序錄》云：「魯恭王壞孔子宅，得古文《尚書》、《禮記》〔註26〕、《孟子》、《老子》之屬。」

【注釋】

〔一〕科斗：指科斗文字。

〔二〕漢代稱當時通行的隸書為今文，以別於籀書的古文。

〔註26〕廣文本刊語云：《釋文序錄》「禮記」作「禮」，無「記」字。

《漢書‧十三王傳》稱：「獻王所得【書】，皆古文先秦舊書〔註27〕：《周官》、《尚書》、【《禮》】、《禮記》〔註28〕、《孟子》、《老子》之屬。」夫漢得古文在後，而諸儒所傳今文在前。

《易》惟費氏習古文（費直，字長翁，東萊人，為單父令），施、孟、梁丘諸家皆今文。成帝時，劉向以中古文《易經》較諸家，或脫去「无咎悔亡」，惟費氏經與古文同。是費氏治古文，而諸家皆今文也。

《尚書》以伏生所習為今文，孔安國所習為古文。文帝時，伏生以二十九篇授掌故晁錯，今文也。安國於孔壁得之，寫以隸古，增多二十五篇，古文也。

《詩》有壁中科斗，即古文。而壁中未出之前，漢所誦習皆為今文。武進臧氏琳云：「《毛詩》為古文，魯、齊、韓為今文。古文多假借，故毛公作《訓詁傳》以正字釋之，若今文，則經直作正字，如《毛詩‧芄蘭》：『能不我甲。』《傳》云：『甲，狎。』《韓詩》即作狎字（見《釋文》）。《毛詩‧鴛鴦》：『摧之秣之。』《傳》云：『摧，莝也。』《韓詩》即作莝之類，是今文皆以訓詁代經也。」〔註29〕

《禮》則《周禮》古文多奇字，鄭康成所云故書者是今文，即康成所據本也。王氏《困學紀聞》則云：「《周禮》劉向未校之前為古文，校後為今文。」〔註30〕《儀禮》古文，即淹中古經，今文即高堂生所傳。賈公彥云：「《漢書》：魯人高堂生為漢博士，傳《儀禮》十七篇，是今文也。至武帝末，魯恭王壞孔子宅，得亡《儀禮》五十六篇，其字皆以篆書，是為古文。」〔註31〕蓋即淹中古經也。《禮記》古文，即康成《六藝論》云「記百三十一篇，河間獻王所得者。」今文即小戴所傳也。陸氏《序錄》云：「鄭玄本治《小戴禮》，後以古經校之，取其於義長者、順者為鄭氏學。」是也。

〔註27〕顏師古曰：先秦猶言秦先，謂未焚書之前。
〔註28〕顏師古曰：禮者，禮經也；禮記者，諸儒記禮之說也。
〔註29〕臧琳《經義雜記》卷二一「詩古文今文」條。
〔註30〕《困學紀聞》卷四：《周禮》，劉向未校之前有古文，校後為今文，古今不同。鄭據今文注，故云「故書」。朱子曰：八法、八則、三易、三兆之類，各有書。屬民讀法，其法不可知，如戰之陳，其陳法不可見矣。
〔註31〕《儀禮注疏》卷一：秦燔滅典籍，漢興，求錄遺文之後，有古文、今文。《漢書》云：魯人高堂生為漢博士，傳《儀禮》十七篇，是今文也。至武帝之末，魯恭王壞孔子宅，得亡《儀禮》五十六篇，其字皆以篆書，是為古文也。古文十七篇，與高堂生所傳者同，而字多不同，其餘三十九篇絕無師說，秘在於館，鄭注禮之時以今古二字並之，若從今文，不從古文。

《春秋》則以左氏所傳為古文，公、穀所傳為今文。許君《五經異義》，於左氏稱《古春秋左氏說》，於公、穀則稱《今春秋公羊說》、《今春秋穀梁說》也。

《孝經》古文，即別有《閨門》一章，馬融、鄭康成為之注者，唐時已不傳。今文，即今本《五經異義》所稱《今孝經說》是也。

《論語》以孔安國、馬融所傳分兩子張者為古文，齊、魯兩家為今文。

《孟子》亦以獻王所得為古文，以趙岐所注者為今文。或云趙氏注《孟子》未見古文所傳本，且〔註32〕中多俗字，則為今文無疑。

《爾雅》後人羼亂，《釋詁篇》當有古文。《漢書‧十三王傳》稱孔壁所得《孟子》、《老子》之屬，則《爾雅》安〔註33〕必不在其內，特增益者多，則其文有不足辨者耳。

注家有得有失第六

經非注不明，故治經必須研求古注。云注家者，舉凡釋經之書，若傳、若箋、若疏而賅言之也。然注家之得失不知，則胸中之去取無據，平日無所致力，臨時無所折衷。茲就古注之見存者，稍分優劣，以定趨向。〔一〕

【注釋】

〔一〕徐敬修《經學常識》第四章《治經之方法》第一節《古人治經之方法》：「當知體例。何謂體例？曰注，曰疏。注之屬：有傳，有記，有箋，有注，有詁訓，有解詁，有章句，有章指，有集解；疏之屬：有義疏，有正義。大抵注不破經，疏不破注；注或迂曲，疏必繁稱博引以明之。」（《民國時期經學叢書》第一輯第四冊，第156頁）

《周易》注疏本王、韓二注，空言說理，失漢家法。孔《疏》依注敷衍，毫無足據。〔一〕外如馬、鄭逸注，及唐李氏鼎祚《集解》〔二〕中所採者，皆有師傳。王肅說經，好與鄭難〔三〕，皆不免於支離。惟言《易》則本諸父朗，多同鄭說，其不同者亦與馬融相合，則非難鄭可知。康成言《易》皆有本，言爻辰則就嫌穿鑿。虞翻五世傳《孟氏易》，長於通變，其納甲則大為無理，且好議鄭學，是其短也。自唐而下，多近王輔嗣一派，言漢學者，不取居多。

〔註32〕廣文本刊語云：「且」疑「其」之訛。
〔註33〕廣文本刊語云：「安」疑「未」之訛。

【注釋】

〔一〕《周易正義》十卷，魏王弼、晉韓康伯注，唐孔穎達疏。《易》本卜筮之書，故末派寖流於讖緯，王弼乘其極敝而攻之，遂能排棄漢儒，自標新學。至穎達等奉詔作疏，始專崇王注，而眾說皆廢。是雖弼所未注者，亦委曲旁引以就之。然疏家之體主於詮解注文，不欲有所出入，故皇侃《禮疏》或乖鄭義，穎達至斥為「狐不首丘，葉不歸根」，其墨守專門，固通例然也。至於詮釋文句，多用空言，不能如諸經正義根據典籍，源委粲然，則由王注掃棄舊文，無古義之可引，亦非考證之疏矣。（《文淵閣四庫全書》卷首提要）

〔二〕《周易集解》十七卷，唐李鼎祚撰。鼎祚《唐書》無傳，始末未詳，惟據序末結銜，知其官為秘書省著作郎。

〔三〕清盧文弨《龍城劄記》卷一《王肅解經故與鄭康成異》：王肅不好鄭氏學。人之所見不同，亦何害？乃必有意與鄭乖異，甚且不憚改經，改古人相傳之故訓，以伸其所獨見，前人固已有覺之者。近武進臧玉林著《經義雜記》，摘辨尤多。其玄孫鏞堂從予學，為予校《毛詩釋文》，多本其祖之說，而其自為說，別白是非，亦甚明確。《陳風·衡門》：「泌之洋洋，可以樂饑。」毛《傳》有「樂道忘饑」之語。鄭《箋》作「療饑」，謂經文必本是「療」字，故鄭不云樂當為療。《正義》云定本作「樂饑」，知孔穎達本所載經文亦必是「療饑」矣。唐石經初刻樂，後覺其誤，而改為療。又證之《文選》王元長《永明十一年策秀才文》注，日本足利古本皆是「療饑」，《韓詩外傳》二引詩「可以療饑」，「療」與「燎」一也。《正義》引王肅、孫毓皆云可以樂道忘饑。是傳中樂道忘饑，乃肅所私撰，而孫毓從之樂饑二字，本相連成文，今乃截樂字為樂道，截饑字為忘饑，毛公必不如是之支離也。又《豳風·東山》「勿士行枚」，經文本作行，毛音衡，橫之於口中也。鄭就行字讀為銜，義亦與毛無異。今箋則云初無行陳銜枚之事，行讀為杭，亦肅所改。《釋文》於經但云鄭音衡，於箋始音戶剛反，則鄭本不讀行為杭明甚。行枚二字亦相連，今又破行為行陳，枚為銜枚，與樂道忘饑語極相似，甚不可通，乃以之誣毛、鄭，不亦異乎！

《尚書》孔安國傳，真偽錯亂，《辨偽篇》〔一〕所舉二十五篇之傳，則枚氏作也。治《尚書》者固所不取。孔氏《正義》不知其偽，從而附之，其失孰甚。〔二〕就其所引，則較《易》疏為富。此外，伏生《大傳》〔三〕，鄭、王之佚注，皆如散珠可寶。司馬遷從安國問故，而《史記》多古文家說，賈逵、范甯、杜預諸人，亦得《書》傳。其他注之於《書》者，皆（是）〔足〕援據。所行《蔡

傳》〔四〕，則取宋人之說為多。

【注釋】

〔一〕《辨偽篇》，指《群經辨偽》，為本書之第四篇。

〔二〕《尚書注疏》十九卷，漢孔安國傳，唐孔穎達疏。漢初惟傳伏生《今文尚書》
二十八篇，後安國得壁中書，較多於伏生所傳，又其字體與漢隸異，是為古
文。永嘉之亂，古文中絕。晉梅賾乃上《古文尚書》四十五篇，並安國所作傳
識者疑之。穎達作《正義》，專主安國，翻疑康成等所見古文為偽書，何也？
晁公武謂其因梁費甝疏廣之，蓋六朝諸家《尚書》義疏世多不傳，惟是書猶存
其崖略云。（《文淵閣四庫全書》卷首提要）

〔三〕按《漢書·藝文志》，伏生所傳經二十九卷，傳四十一篇。《隋志》作《尚書大
傳》三卷，鄭康成序謂章句之外別撰大義。自明代以來，僅留《大傳》，殘本
脫略漫漶，殆不可讀之。其注乃鄭康成作，今殘本尚題其名。新舊《唐書》並
作伏生注《大傳》，蓋史文之誤也。（《尚書大傳》文淵閣卷首提要）

〔四〕《書集傳》六卷，宋蔡沈撰。沈字仲默，號九峰，建陽人。元定之子也。事蹟
附載《宋史》元定傳。慶元己未，朱子屬沈作《書傳》，至嘉定己巳書成。其
疏通證明，較為簡易，且淵源有自，大體終醇。

【附錄】

清盧文弨《龍城劄記》卷一「《偽尚書古文》不可廢」：《尚書》偽古文東晉時始出，宋元
以來疑者眾矣，近世諸儒攻之尤不遺餘力。然雖知其偽，而不可去也。善乎白田王氏之言曰：
「東晉所上之書，疑為王肅、束晳、皇甫謐輩所擬作。其時未經永嘉之亂，古書多在，採撮綴
緝，無一字無所本，特其文氣緩弱，又辭意不相連屬，時事不相對，值有以識其非真，而古聖
賢之格言大訓往往在焉，有斷斷不可以廢者。至於姚方興之二十八字，昔人已明言其偽，直當
黜之無疑。」案：此為持平之論。後人可不必更置喙矣。王氏名懋竑，字予中，寶應人，進
士，由教授特召授翰林院編修。其文已梓者僅九卷，考證經史，極明確，聞所著尚多，惜無由
盡見之。

《詩》惟毛公獨得古義，三家異同，足資考訂。鄭玄箋《詩》，實以宗毛
為主，即下己意，亦有識別。人以鄭好易毛議之，則孔《疏》莫辭其咎，何
也？鄭君申毛之處，《疏》有未達，即以鄭為異，則《疏》之咎也。王肅述毛
意在難鄭，往往大背毛意，毛《傳》所引仲梁子、孟仲子、高子之類，則引師
說解經，並非別出異義。荀子說《詩》，本得《詩》傳，其義較精，三家、孫

毓〔一〕、陸璣〔二〕得失相參，元朗《釋文》、《音義》盡善。其最古者：《爾雅》所釋，《左氏》所引，《論語》、《孟子》之所述。至唐以後，惟王應麟〔三〕《詩地理考》〔四〕為可。朱子之廢《詩序》，則其誤有不待言。

【注釋】

〔一〕孫毓，字休朗，西晉北海平昌（今山東諸城西北）人，官至長沙太守，撰《毛詩異同評》十卷。

〔二〕陸璣，字元恪，三國吳郡（今江蘇蘇州）人。吳太子中庶子，烏程令。著有《草本鳥獸魚蟲疏》二卷。

〔三〕王應麟（1223～1296），字伯厚，號厚齋，鄞縣（今浙江寧波）人。九歲通六經，淳祐元年舉進士。初，應麟登第，言曰：「今之事舉子業者，沽名譽，得則一切委棄，制度典故漫不省，非國家所望於通儒。」於是閉門發憤，誓以博學宏辭科自見，假館閣書讀之。寶祐四年中是科。官至禮部尚書兼給事中。著有《深寧集》、《困學紀聞》、《玉海》等。事蹟見《宋史》本傳。

〔四〕《詩地理考》六卷，宋王應麟撰。其書全錄鄭氏《詩譜》，又旁採《爾雅》、《說文》、地志、水經以及先儒之言，凡涉於詩中川谷地名者薈萃成編，然皆兼採諸書，案而不斷，故得失往往並存。

「三禮」惟康成為折衷，故禮學先儒即稱「鄭學」，譏其改字，議其引緯，皆不知者之談。公彥二疏，不及《禮記正義》之詳覈，《儀禮疏》則不在孔下。杜子春〔一〕、鄭司農〔二〕、鄭大夫〔三〕、盧植〔四〕、射慈〔五〕、馬融〔六〕諸儒之散見於注疏者，雖存異義，亦多有合於鄭。王肅之說，則本以難鄭。郊祀〔七〕、朝廟〔八〕諸議，皆為後世之制。自唐而下，惟宋衛湜《禮記集說》〔九〕為長。祥道《禮書》〔十〕、陳澔《集說》〔十一〕，其原本漢儒者則得，其依據宋人者則失。蓋《禮》不能以宋儒之臆度而得也。

【注釋】

〔一〕杜子春（約前30～約58），河南緱氏（今河南偃師南）人。西漢末向劉歆學習《周禮》，東漢儒者鄭眾、賈逵並從受業。自此，《周禮》之學始傳。按：鍾襄《考古錄》卷三「緱氏」條云：「《隋書·經籍志》謂河南緱氏及杜子春受業於劉歆。襄按：誤分緱氏、杜子春為二人，不知杜子春乃河南緱氏人也。緱氏，縣名，見《郡國志》，今《通志》《通考》並相沿不改，未免貽誤後學。」

〔二〕鄭司農，即鄭眾（？～83），字仲師，河南開封人。鄭興子。幼從父受《左氏

春秋》，明《三統曆》，作《春秋難記條例》，兼通《易》、《詩》，知名於世。永平初闢司空府，以明經給事中，再遷越騎司馬，復留給事中。是時北匈奴遣使求和親，八年顯宗遣眾持節使匈奴，眾至北庭，虜欲令拜，眾不為屈。及歸，召眾為軍司馬，使與虎賁中郎將馬廖擊車師，至敦煌拜為中郎將，遷武威太守。漢章帝建初六年（81）為大司農。事蹟見《後漢書》卷六十六、孫星衍所撰《鄭司農年譜》。

〔三〕鄭大夫，即鄭興，字少贛，河南開封人。東漢初學者。少學《公羊春秋》，晚善《左氏傳》。王莽天鳳中（14～19），從劉歆講正大義，歆美興才，使撰條例、章句、訓詁及校《三統曆》。更始立，以司直李松行丞相事先入長安，松以興為長史。好古學，尤明《左氏》、《周官》，長於曆數。自杜林、桓譚、衛宏之屬莫不斟酌焉。世言左氏者多祖興，而賈逵自傳其父業，故有鄭賈之學。事蹟見《後漢書》卷六十六。

〔四〕盧植（？～190），字子幹，涿郡（今屬河北）人。少與鄭玄俱事馬融，能通古今學，好研精而不守章句。性剛毅有大節，常懷濟世志，不好辭賦。作《尚書章句》、《三禮解詁》。建安中，曹操北討柳城，過涿郡，告守令曰：「故北中郎將盧植，名著海內，學為儒宗，士之楷模，國之楨幹也。」事蹟見《後漢書》本傳。

〔五〕《喪服變除圖》五卷，吳齊王傅射慈撰。

〔六〕馬融（79～166），字季長，扶風茂陵（今陝西興平東北）人。從京兆摯恂遊學，博通經籍。四年，拜為校書郎中，詣東觀典校秘書。嘗欲訓《左氏春秋》，及見賈逵、鄭眾注，乃曰：「賈君精而不博，鄭君博而不精。既精既博，吾何加焉！」但著《三傳異同說》，注《孝經》、《論語》、《詩》、《易》、「三禮」、《尚書》、《列女傳》、《老子》、《淮南子》、《離騷》。事蹟見《後漢書》本傳。

〔七〕郊祀：古代於郊外祭祀天地，南郊祭天，北郊祭地。郊謂大祀，祀為群祀。《漢書‧郊祀志下》：「帝王之事莫大乎承天之序，承天之序莫重於郊祀……祭天於南郊，就陽之義也；瘞地於北郊，即陰之象也。」

〔八〕朝廟：祭奠於宗廟。

〔九〕《禮記集說》一百六十卷，宋衛湜撰。湜字正叔，吳郡人。其書始作於開禧、嘉定間。首尾閱三十餘載，故採摭群言，最為賅博，去取亦最為精審。自鄭注而下，所取凡一百四十四家，其他書之涉於《禮記》者所採錄不在此數焉，亦可云禮家之淵海矣。（《四庫全書總目》卷二十一）

〔十〕《禮書》一百五十卷，宋陳祥道撰。祥道字用之，福州人。官至秘書省正字。其中多掊擊鄭學……蓋祥道與陸佃皆王安石客。安石說經，既創造新義，務異先儒，故祥道與佃亦皆排斥舊說。然宗其大致，則貫通經傳，縷析條分，前圖後說，考訂詳悉。公武亦稱其書甚精博，鷹亦稱其禮學通博，一時少及，則其書固甚為當世所推重，不以安石之故廢之矣。

〔十一〕《禮記集說》十卷，元陳澔撰。澔字可大，都昌人。宋亡不仕，教授鄉里，學者稱雲莊先生。其書衍繹舊聞，附以己見，欲以坦明之說取便初學，而於度數品節擇焉不精，語焉不詳，後人病之。

　　《春秋公羊》　何（邱）〔劭〕公〔一〕深得大義，確守師說，以為謬誕者非是。徐疏則微嫌冗沓〔二〕。《穀梁》：范注亦慎且密〔三〕，楊〔疏〕則與徐不相高下〔四〕。《左氏》：杜注名為《集解》，實則多棄古說〔五〕。賈逵、服虔之注間存《正義》，則孔氏之功多也〔六〕。至其迴護杜注，疏例當然，不可以此為責。杜預《釋例》則頗有功左氏〔七〕。而自唐而下，其掊擊「三傳」、妄立己意者，皆可以得罪《春秋》論。《春秋》之義固具於《公》、《穀》，《春秋》之事固具於《左氏》，而束「三傳」於高閣，可乎哉？

【注釋】

〔一〕何劭公，即何休（129～182），字劭公，任城樊（今山東曲阜）人。為人質樸訥口，而雅有心思，精研六經，世儒無及者。以列卿子詔拜郎中。進退必以禮，太傅陳蕃辟之，與參政事，蕃敗，休坐廢錮，乃作《春秋公羊解詁》，但釋傳而不釋經，與杜注異例。又注訓《孝經》、《論語》。休善曆算，與其師博士羊弼追述李育意，以難二傳，作《公羊墨守》、《左氏膏肓》、《穀梁廢疾》。黨禁解，又辟司徒，乃拜議郎，屢陳忠言，再遷諫議大夫。

〔二〕徐彥，不知時代，一說當屬北朝學者，參見趙伯雄《春秋學史》第四章（山東教育出版社，2004 年版）。徐彥疏中多自設問答，文繁語複。

〔三〕晉范寧《集解》，《晉書》本傳稱寧此書為世所重，既而徐邈復為之注，世亦稱之。今考書中乃多引邈注，未詳其故。

〔四〕唐楊士勳，始末不可考。孔穎達《左傳正義序》稱與故四門博士楊士勳參定，則亦貞觀中人。其書不及穎達書之眩洽，然諸儒言《左傳》者多，言《公》、《穀》者少，既乏憑藉之資，又《左傳》成於眾手，此書出於一人，復鮮佐助之力，詳略殊觀，固其宜也。

〔五〕《春秋左氏傳注疏》六十卷，晉杜預注。《左氏傳》出於漢初，而立於學官最

晚，其於釋經則義略而事詳，預為經傳集解，世稱左氏功臣，而清儒多有非議。惠棟《春秋左傳補注自序》云：「棟曾王父樸庵先生幼通《左氏春秋》，至耄不衰常。因杜氏之未備者，作《補注》一卷，傳序相授，於今四世矣。竊謂《春秋》三《傳》，左氏先著竹帛，名為古學，故所載古文為多。晉、宋以來，鄭、賈之學漸微，而服、杜盛行。及孔穎達奉敕為《春秋正義》，又專為杜氏一家之學。值五代之亂，服氏遂亡。嘗見鄭康成之《周禮》、韋宏嗣之《國語》純採先儒之說，末乃下以己意，令讀者可以考得失而審異同。自杜元凱為《春秋集解》，雖根本前修，而不著其說，又其持論間與諸儒相違。於是樂遜《序義》、劉炫《規過》之書出焉。棟少習是書，長聞庭訓，每謂杜氏解經，頗多違誤。因刺取經傳，附以先世遺聞，廣為《補注》六卷，用以博異說，袪俗議，宗韋、鄭之遺，前修不掩，效樂、劉之意，有失必規，其中於古今文之同異者，尤悉焉。」馬宗槤《春秋左傳補注自序》亦云：「賈、服之注《左傳》，猶康成之注六藝，精確不可移易矣。其地名有京相璠為之注釋，酈道元《水經注》引之，於三家說融洽貫通，《左傳》學思過半矣。元凱《集解》於漢、晉諸儒解未能擇善而從，其地理又未能揆度遠近，妄為影附，此劉光伯《規過》之書所由作也。東吳惠先生棟遵四代之家學，廣搜賈、服、京君之注，援引秦、漢子書為證，繼先儒之絕學，為左氏之功臣。余服膺廿載，於惠君《補注》間有遺漏，復妄參末議焉。效子慎之作解詁，家法是守；鄙沖遠之為疏證，曲說鮮通。」

〔六〕唐孔穎達疏。其後沈文阿、蘇寬、劉炫皆據杜說，沈氏義例粗可，蘇氏惟攻賈服，劉氏好規杜失。穎達參取沈、劉之說，兩義俱違，則斷以己意，務引經稽傳，以曲暢《集解》之旨，蓋又杜氏之功臣也。

〔七〕《春秋釋例》十五卷，晉杜預撰。是書以經之條貫必出於傳，傳之義例總歸於凡。《左傳》稱凡者五十，其別四十有九，皆周公之垂法、史書之舊章，仲尼因而修之，以成一經之通體，諸稱書、不書、先書、故書、不言、不稱書曰之類，皆所以起新舊，發大義，謂之變例，亦有舊史所不書，適合仲尼之意者，仲尼即以為義。非互相比較，則褒貶不明，故別集諸例及地名、譜第、曆數相與為部，先列經傳數條，以包通其餘，而傳所述之凡繫焉，更以己意申之，名曰《釋例》。《春秋》以《左傳》為根本，《左傳》以杜解為門徑；《集解》又以是書為羽翼。緣是以求筆削之旨，亦可云考古之津梁，窮經之淵藪矣。（《四庫全書總目》卷二十六）

《孝經》　玄宗注遵用今文，而古文後乃漸微，是其罪也〔一〕。邢疏〔二〕無足長短，所遺鄭小同注，古義存焉。司馬光之《指解》〔三〕，朱子之《刊誤》〔四〕，竊不取也。

【注釋】

〔一〕《孝經》有今文、古文二本：今文稱鄭玄注，其說傳自荀昶，而《鄭志》不載其名；古文稱孔安國注，其書出自劉炫，而《隋書》已言其偽。至唐開元七年三月，詔令群儒質定，右庶子劉知幾主古文，立十二驗以駁鄭；國子祭酒司馬貞主今文，摘《閨門章》文句凡鄙、《庶人章》割製舊文，妄加子曰字及注中脫衣就功諸語以駁孔，其文具載《唐會要》中。厥後今文行而古文廢。

〔二〕邢昺《孝經注疏序》：「《孝經》者，百行之宗，五教之要。自昔孔子述作，垂範將來，奧旨微言，已備解乎注疏，尚以辭高旨遠，後學難盡討論，今特剪截元疏，旁引諸書，分義錯經，會合歸趣，一依講說，次第解釋，號之為講義也。」

〔三〕《古文孝經指解》一卷，宋司馬光撰，范祖禹又續為之說。《宋中興藝文志》曰：「自唐明皇時排毀古文，以閨門一章為鄙俗，而古文遂廢。至司馬光始取古文為《指解》。」又范祖禹《進孝經說劄子》曰：「仁宗朝司馬光在館閣為《古文指解》表上之。臣妄以所見，又為之說。」光所解及祖禹所說讀者，觀其宏旨，以求天經地義之原足矣，其今文古文之爭，直謂賢者之過可也。（《四庫全書總目》卷三十二）

〔四〕《孝經刊誤》一卷，宋朱子撰，書成於淳熙十三年，朱子年五十七，主管華州雲臺觀時作也。取《古文孝經》，分為經一章傳十四章，刪舊文二百二十三字。（《四庫全書總目》卷三十二）

【附錄】

清馮景《解春集詩文鈔》文鈔卷十《讀孝經》：何休述孔子曰：「吾志在《春秋》，行在《孝經》。」（此本《鉤命決》之文）而汪端明以為此書多出後人附會，朱子亦作《孝經刊誤》，蓋以其書非復孔氏之舊也。善乎歸震川之言曰：宋、元大儒卓然獨見，其所去者是矣，而所存者又未必純乎孔氏之舊也，則莫若俱存之。夫《孝經》十八章，河間顏芝所藏芝子貞之所出也，而《古文孝經》多《閨門》一章，則孔氏壁中所藏魯三老之所獻也，正宜並存以待學者之自擇，則真偽不可掩，奈何卒以顏本為定也。唐開元中，史官劉知幾議宜行孔傳，廢鄭注，證其非康成者十有二，司馬貞等排之，卒行鄭學。後明皇自注，元行沖造疏，頒於天下，遂以十八章為定，今《石臺孝經》是也。則《古孝經》之廢自此始矣。桓譚《新論》云：《古孝經》千八百七

十二字，今異者四百餘字，唯是《閨門》一章，既出孔壁古文，流傳漢魏，未之有改。司馬貞獨以為隋劉炫偽作而黜之，豈非有見於唐朝閨門不肅而為國諱邪？所謂逢君之惡，其罪大者也。於是乎馬嵬之禍不旋踵。王安石謂《春秋》斷爛朝報，不列學官，而宋遂北轅。嗚呼，唐則閨門之教廢，宋則復讎之義亡也。小人侮聖人之言，而禍及家國，悲夫！惟司馬君實確信古文，以謂《孝經》、《尚書》俱出壁中，今人皆知《尚書》之真，而疑《孝經》之偽，何異信膾可啖，而疑炙之不可食也。顧吾所望於學者，豈徒誦讀云爾哉？

　　《論語》：何注本集安國、包咸、馬、鄭、王諸家之成〔一〕，間參己意，而古意猶備。邢氏之疏〔二〕則尚不如皇侃之善。退之《筆解》〔三〕，偽託無疑，祥道《全解》〔四〕，駁雜奚似？

【注釋】

〔一〕《論語注疏》二十卷，魏何晏集解。

〔二〕宋邢昺疏。昺初擢九經及第，咸平二年始置翰林侍講學士，以昺為之，受詔與杜鎬、舒雅等校定群經義疏。蓋唐人止為五經疏而不及《孝經》、《論語》，至是始成之。晏所採孔安國而下凡若干家，皆古訓。昺復因皇侃所採諸儒之說為之疏，於章句、訓詁、名器、事物之際詳矣。朱子《集注》出，義理更為精深，亦實始基於此。自謂凡見於注疏者不復更詳是也。（文淵閣四庫本《論語注疏》卷首提要）

〔三〕《論語筆解》二卷，舊本題唐韓愈、李翱同撰。中間所注以「韓曰」、「李曰」為別。（《四庫全書總目》卷三十五）《全唐文》卷六百二十二許勃《論語筆解序》：「昌黎文公著《筆解論語》一十卷，其間翱曰者，蓋李習之同與切磨，世所傳率多訛舛，始愈筆大義，則示翱，翱從而交相明辨，非獨韓製此書也。噫，齊魯之門人所記善言既有同異，漢魏學者注集繁闊，罕造其精，今觀韓、李二學勤拳淵微，可謂窺聖人之堂奧矣，豈章句之技所可究極其旨哉？予繕校舊本數家，得其純粹，欲以廣傳，故序以發之。」清方成珪《韓集箋正》卷首云：「今所傳《論語筆解》出後人偽託。愚按：世傳《筆解》止二卷，晁氏（當作趙氏——引者）《讀書附志》云：今本『李曰』原本實作『翱曰』，或即習之所編次，而附以己說與？」清程大中《四書逸箋》卷二「宰予晝寢」條云：「《論語筆解》一卷，託名昌黎，文義甚粗淺。晝寢章讀寢為寢室之寢，晝，胡卦反，言宰予繪畫寢室，故夫子歎其不可雕，不可杇。考梁武帝解此章已是如此，不始於《筆解》也。」

〔四〕《論語全解》十卷，宋陳祥道撰。祥道字用之，福州人。元祐中為太常博士、

秘書省正字。李廌《師友談》記載其本末甚詳。祥道長於「三禮」之學,所作《禮書》,世多稱其精博,故詮釋《論語》,亦於禮制最為明晰。惟其學術本宗信王氏,故往往雜據莊子之說以作證佐,殊非解經之體,然其間徵引詳覈,可取者多,固不容以一眚掩也。(《四庫全書總目》卷三十五)

《孟子》　趙注可稱完善〔一〕,孫奭之疏則陋甚也〔二〕。

【注釋】

〔一〕趙注,即《孟子正義》,十四卷,漢趙岐注。岐字邠卿,京兆長陵人。遭黨錮十餘歲,中平元年徵拜儀郎,舉燉煌太守,後遷太僕,終太常。事蹟見《後漢書》本傳。是注即岐避難北海時在孫賓家夾柱中所作。漢儒注經多明訓詁名物,惟此注箋釋文句,乃似後世之口義,與古學稍殊。(《四庫全書總目》卷三十五)

〔二〕孫奭之疏,舊本題宋孫奭撰《孟子疏》。孫奭字宗古,博平人。太宗端拱中九經及第。仁宗時官至兵部侍郎、龍圖閣學士。事蹟見《宋史》本傳。其疏雖亦稱奭作,而《朱子語錄》則謂邵武士人假託,蔡季通識其人。今考《宋史·邢昺傳》,稱昺於咸平二年受詔,與杜鎬、舒雅、孫奭、李慕清、崔偓佺等校定《周禮》、《儀禮》、《公羊》、《穀梁》、《春秋傳》、《孝經》、《論語》、《爾雅義疏》,不云有《孟子正義》。《涑水紀聞》載奭所定著,有《論語》、《孝經》、《爾雅正義》,亦不云有《孟子正義》,其不出奭手確然可信。其疏皆敷衍語氣,如鄉塾講章,故《朱子語錄》謂其全不似疏體,不曾解出名物制度,只繞纏趙岐之說。至岐注好用古事為比,疏多不得其根據。至於單豹養其內而虎食其外,事出《莊子》,亦不能舉,則弇陋太甚。(《四庫全書總目》卷三十五)

《爾雅》　郭注去古未遠,其所不知,善在能闕〔一〕。疏亦就範,間採樊、李諸家,尤為有得〔二〕。鄭樵之注〔三〕,無足算也。

【注釋】

〔一〕《爾雅注疏》十一卷,晉郭璞注。治《爾雅》者,自犍為文學而下共十餘家,璞薈萃為注,陸德明謂其洽聞強識,為世所重,自是以後為解義者甚多,《釋文》而外,傳者甚少。(文淵閣四庫本《爾雅注疏》卷首提要)

〔二〕宋邢昺等疏。晁公武曰:舊有孫炎、高璉疏,以其淺略,命昺等別著此書。其後若陸佃之《埤雅》、羅願之《爾雅翼》,又因邢疏而廣之者也。(文淵閣四庫本《爾雅注疏》卷首提要)

〔三〕《爾雅鄭注》，一作《爾雅注》，三卷，宋鄭樵撰。樵字漁仲，莆田人。居夾漈
　　山中，因以為號。又自稱西溪逸民。紹興間，入為樞密院編修。樵以博洽傲睨
　　一時，遂至肆作聰明，詆諆毛、鄭，其《詩辨妄》一書，開數百年杜撰說經之
　　捷徑，為通儒之所深非。惟作是書，乃通其所可通，闕其所不可通，文似簡
　　略，而絕無穿鑿附會之失，於說《爾雅》家為善本。中間駁正舊文，如後序中
　　所列饘糊、訊言、襧袍、衰齫四條，毾毾、丁丁、嚶嚶二條，注中所列《釋
　　詁》臺朕陽之予為我賚畀卜之予為與一條，閿閿、嚖嚖當入《釋訓》一條，《釋
　　親》據《左傳》辨正娣姒一條，《釋天》謂景風句上脫文一條，星名脫實沈鶉
　　首鶉尾三次一條，《釋水》天子造舟一條，《釋魚》鯉鱣一條，《釋蟲》食根蟊
　　一條，蝮虺首大如臂一條，皆極精確。惟魚謂之丁一條，務牽引假借，以就其
　　《六書略》之說，據涷雨二字，謂《爾雅》作於《離騷》後。又堅執作《爾雅》
　　者江南人，凡郭璞所云蜀語、河中語者，悉駁辨之，是則偏僻之過，習氣猶未
　　盡除，別白觀之可矣。（《四庫全書總目》卷四十）

　　外此，總釋群經，班氏之《白虎通義》〔一〕，揚子之《方言》，許氏之《說
文解字》、《五經異義》，《鄭志》，陸氏之《釋文》，古義咸在，精覈靡遺。

【注釋】

〔一〕《白虎通義》二卷，漢班固撰。宣帝博徵群儒，論定「五經」於石渠閣，方今
　　天下少事，學者得成其業，而章句之徒破壞大體，宜如石渠故事，永為世
　　則，於是詔諸儒於白虎觀，論考同異焉，會終坐事繫獄，博士趙博、校書郎班
　　固、賈逵等以終深曉《春秋》學，多異聞，表請之。（《四庫全書總目》卷一百
　　十八）

　　若乃智者百密，不無一疏，愚者千慮，必有一得。諸家之善，未必無疵。
其不純者，融有得當，則在善學者之詳審焉。

古書疑例第七

　　讀書求信也，而求信必自求疑始。古書之疑不可不明，即古書之例不可不
審。今為約舉可疑之例如左〔註34〕：

　　1. 古書有倒句例。

　　【注釋】「其唯聖人乎！公天下之身，公天下之物，其唯至人矣！」按：「其唯聖人乎」當

〔註34〕文中阿拉伯數字編號為筆者所加。

連下讀之，乃倒句也。「其唯聖人乎，公天下之身，公天下之物，其唯至人矣！」蓋既歎其聖，又許以至也。《易・乾卦・文言》：「其唯聖人乎！知進退存亡而不失其正者，其唯聖人乎！」句法正同。（《列子集釋》卷第七）

2. 有倒序例。

3. 有錯綜成文例。

【注釋】參伍以變，錯綜其數，通其變，遂成天下之文。（《周易・繫辭上》）

4. 有參互見文例。

5. 有上下文異字同義例。

【注釋】夫至人者，相與交食乎地而交樂乎天。俞云：「《徐无鬼篇》曰：『吾與之邀樂於天，吾與之邀食於地。』與此文異義同。（《莊子集解》卷六）人之遊也，觀其所見；我之遊也，觀其所變。」〔注〕世德堂本作「觀之所變」。注「惟觀」藏本、世德堂本作「惟睹」。俞樾曰：之即其也。《呂氏春秋・音初篇》：「之子是必大吉。」高誘訓之為其是也。《孟子・公孫丑篇》：「皆悅而願為之氓矣。」《周官》載師注引作「皆悅而願為其民矣」，是之其同義。上言「觀其所見」，下言「觀之所變」，文異義同。古書多有此例。作「其」者，乃不達古書義例而改之。（《列子集釋》卷第四）知幻化之不異生死也，始可與學幻矣。〔注〕注篇目已詳其義。盧文弨曰：注「注」下藏本有「見」字。王重民曰：與猶以也，說見《釋詞》。謂始可以學幻也。《御覽》七百五十二引作「始可學夫幻矣」，文異義同。（《列子集釋》卷三）

6. 有上下文同字異義例。

7. 有兩事連類並稱例。

【注釋】收粟米、布帛、錢金。舊本「收」誤「牧」，又脫帛字，王云『牧』字義不可通，『牧』當為『收』字之誤也，收粟米即承上文令民自占五種數而言，布帛錢金，則連類而及之耳。（《墨子閒詁》卷十五）

8. 有兩事傳疑並存例。

【注釋】《春秋》之義，信以傳信，疑以傳疑。（《春秋穀梁傳・桓公》）

9. 有兩語似平實側例。

10. 有兩句似異實同例。

11. 有以重言釋一言例。

12. 有以一字作兩讀例。

13. 有語急例。

14. 有語緩例。

15. 有倒文就韻例。

16. 有變文協韻例。

17. 有蒙上文而省例。

18. 有探下文而省例。

19. 有因彼見此例。

20. 有因此見彼例。

21. 有一人之辭自加「曰」字例。

22. 有兩人之辭反省「曰」字例。

23. 有文具於前而略於後例。

24. 有文沒於前而見於後例。

25. 古人行文不避重複，不可以重複而疑古書。

26. 傳述每有異同，不可以其異同而疑古人。

27. 引書每有所增損，不可以其增損而疑古人。

28. 稱謂與今人不同，不可據今以疑古。

29. 古書稱名常有寄寓，不可以假而疑真。

30. 古有以雙聲疊韻代本字，不可以其代而妄改。

31. 古有以讀若字代本字，不可以其代而疑歧。

32. 古有以大名冠小名，

33. 復有以小名代大名，不可以執一論也。

34. 古有美惡而同詞，

35. 又有以高下而相形，

36. 復有以反言而見意，不可以偏見拘也。

37. 若乃有以敘論並行者，皆以為敘則失矣。

38. 有以實字活用者，皆以為實則失矣。

39. 有以語詞迭用者，誤易焉則失矣。

40. 有以語詞複用者，誤改焉則失矣。

41. 有於句中用虛字者，倒易之則失矣。

42. 有於上下文變換虛字者，妄疑為誤則失矣。

43. 有反言而省「乎」，增之則失。

44. 有助語則用「不」字，刪之則失。

45. 古書「邪」、「也」通用，

46.「雖」、「唯」通用，分之則失。

47. 古書發端之詞不同，

48. 連及之詞不同，泥之則失。

49. 又有衍之一例——有因兩字義同而衍，

50. 有因兩字形同而衍，

51. 有涉上下文而衍，

52. 有涉注文而衍。

53. 有衍即有誤——有因誤衍而誤刪者。

54. 有因誤衍而誤倒者。

55. 有因誤衍而誤改者。

56. 有因誤衍而誤讀者，此因衍而誤者也。

57. 又有一字而誤為兩字者。

58. 有重文作二畫而致誤者。

59. 有重文不省而致誤者。

60. 有因注文而誤者。

61. 有因闕文而誤者。

62. 有因闕文作空圍而誤者。

63. 有本無闕文而誤加空圍者。

64. 有上下兩句而倒誤〔註35〕者。

65. 有上下兩字而互誤者。

66. 有兩字平列而誤易者。

67. 有兩句相因而誤倒者。

68. 有字以兩句相連而誤疊者。

69. 有文以兩句相連而誤脫者。

70. 有因誤奪而誤補者。

71. 有因誤字而誤改者。

72. 有因誤補而誤刪者。

73. 有因誤刪而誤增者。

74. 有不識古字而誤改者。

75. 有不達古義而誤解者。

〔註35〕廣文本刊語云：「倒誤」疑當作「誤倒」。

76. 有兩字一義而兩解者。

77. 有兩字對文而誤解者。

78. 有兩字平列而誤倒者。

79. 有兩文誤複而誤刪者。

80. 有據他書誤改者。

81. 有據他書誤解者。

82. 有分章錯誤者。

83. 有分篇錯誤者。

以上各條，王伯申〔一〕嘗為我略言之，其《經義述聞・通說中》間亦說及。余因推廣其說，以示有志於經者。〔二〕

【注釋】

〔一〕王引之（1766～1834），字伯申，號曼卿，江蘇高郵人。王念孫之子。嘉慶四年（1799）進士，授編修。引之因推廣庭訓，成《經義述聞》十五卷、《經傳釋辭》十卷。論者謂有清經術獨絕千古，高郵王氏一家之學，三世相承，與長洲惠氏相埒。

〔二〕此段係模擬江藩口氣，其實是偽造的。王引之何時何地對江藩「略言之」？何以沒有留下任何證據？

群經〔註36〕佚文第八

凡累代典制〔一〕，積久必多散佚，經何獨不然。況祖龍〔二〕一炬，為古今經籍之一大厄。賴漢儒出而講明之，經乃不墜。其所已佚，散存各書，或為前人所引，或為後人所述，一句一字，皆可借訂本經，辨別同異，誠習經各者所宜博考而旁搜也。茲為約舉數端。

【注釋】

〔一〕典制：典章制度。

〔二〕祖龍，指秦始皇。《史記》卷六《秦始皇本紀》云：「今年祖龍死。」

《易》有逸象〔一〕，後漢荀爽〔二〕所得共三十有二，如「坎為狐」之類。又前人或以《鹽鐵論》「初登於天，後入於地」〔三〕、陸賈《新書》「天出善道，聖人得之」〔四〕之類為《易》逸文，疑當出於《易緯》也。《易緯》九篇，康成

〔註36〕「群經」，本書目錄作「古經」。

作注，後乃散逸，在漢皆行，故各書所引，或出其中。又有《尚書》、《詩》、《春秋》、《孝經》、《論語》諸緯書皆逸。或謂「緯書乃哀、平時人偽託」，非也。

【注釋】

〔一〕逸象：指《周易》未收錄的象辭。唐李鼎祚《〈周易集解〉序》：「刊輔嗣（王弼）之野文，補康成（鄭玄）之逸象。」清人臧琳《經義雜記‧易逸象注》：宋朱震子發撰《周易集傳》十一卷，今本題為《漢上易傳》，其《說卦傳》有曰：秦漢之際，《易》亡《說卦》。孝宣帝時，河內女子發屋得《說卦》古文。至後漢荀爽《集解》，又得八卦逸象三十有一。《集解》坎為狐，《子夏傳》曰：「坎稱小狐。」孟喜曰：「坎，穴也，狐穴居。」王肅曰：「坎為水，為險，為隱伏。物之在險、穴居隱伏、往來水間者，狐也。」子夏時坎為狐，孟喜、王肅止隨傳解釋，不見全書，蓋秦漢之際亡之矣。案：荀爽九家逸象具陸氏《釋文》，坎後有八，六為狐，兌後有二，一為常，陸氏引舊注云：「常，西方神也。」餘不詳。唐李氏《集解》於《未濟》「小狐汔濟」引虞翻曰「艮為小狐」，又曰「艮為尾」。狐，獸之長尾者也。引干寶曰「坎為狐」，又曰「狐，野獸之妖者」。而無子夏、孟喜、王肅之言。據朱氏此條，則宋時猶存古義也。然九家中有馬、鄭、虞翻，無子夏、孟喜、王肅。（見《續修四庫全書》第 172 冊，第 66 頁）

〔二〕荀爽（128～190），字慈明，東漢潁陰（今河南許昌市）人。漢桓帝延熹九年（166），太常趙典舉荀爽至孝，拜郎中，對策上奏見解後，棄官離去。為了躲避黨錮之禍，他隱遁漢水濱達十餘年，專以著述為事，著有《禮》、《易傳》、《詩傳》等。事蹟見《後漢書》卷六十二《荀韓鍾陳列傳》。

〔三〕文學曰：「君子多聞闕疑，述而不作，聖達而謀大，睿智而事寡。是以功成而不墮，名立而不頓。小人智淺而謀大，羸弱而任重，故中道而廢，蘇秦、商鞅是也。無先王之法，非聖人之道，而因於己，故亡。《易》曰：『小人處盛位，雖高必崩。不盈其道，不恒其德，而能以善終身，未之有也。是以初登於天，後入於地。』禹之治水也，民知其利，莫不勸其功。商鞅之立法，民知其害，莫不畏其刑。故夏后功立而王，商鞅法行而亡。商鞅有獨智之慮，世乏獨見之證。文學不足與權當世，亦無負累蒙殃也。」（《鹽鐵論》卷第五《遵道》第二十三）

〔四〕聖人承天之明，正日月之行，錄星辰之度，因天地之利，等高下之宜，設山川之便，平四海，分九州，同好惡，一風俗。《易》曰：「天垂象，見吉凶，聖人

則之；天出善道，聖人得之。」（《新語·明誠第十一》）王利器《新語校注》卷下云：「由前引《繫辭》之文，則《新語》與《易》不合；由後引《郊特牲》之文，則『天垂象』云云，實為天下之公言，故《繫辭》、《禮記》相率而從同也。然此實不足以說明陸氏引《易》之本柢；蓋漢人引經說，習慣率稱本經也。」

《尚書》則有逸篇、逸句：其逸篇之見於序者可不論，他書所引如《左傳》有《伯禽之命》〔一〕、《唐誥》〔二〕；《大傳》〔三〕有《掩誥》之篇，又有《逸周書》七十一篇，今尚可考。其逸句，如「民可近也，而不可上也」，見《國語》〔四〕；「恃德者昌，恃力者亡」，見《史記》〔五〕之類皆是。

【注釋】

〔一〕昔武王克商，成王定之。選建明德，以藩屏周，故周公相王室以尹天下……因商奄之民，命以伯禽，而封於少皞之虛。（《春秋左氏傳·定公》）顧炎武《左傳杜解補正》卷下引孫寶侗曰：「於書當有《伯禽之命》，而今逸之。」

〔二〕命以唐誥，而封於夏虛。注：《唐誥》，誥命篇名也。（《春秋左氏傳注疏》卷五十四）

〔三〕《大傳》即《尚書大傳》。《四庫全書總目》卷十二《尚書大傳提要》：「《九共》、《帝告》、《歸禾》、《掩誥》，皆逸書，而此書亦皆有傳。蓋伏生畢世業書，不容二十八篇之外全不記憶，特舉其有完篇者傳於世，其零章斷句，則偶然附記於傳中，亦事理所有，固不足以為異矣。」《經義考》卷七十三朱彝尊按云：「伯禽、唐誥，王伯厚云：皆策命篇名。《大傳》之序有《掩誥》，《史記·殷本紀》有《太戊》一篇，《孟子》注云逸書，俱不入百篇之目，是則書名尚多，其篇目偶逸者與？」

〔四〕襄公曰：「人有言曰：『兵在其頸。』其郤至之謂乎！君子不自稱也，非以讓也，惡其蓋人也。夫人性，陵上者也，不可蓋也。求蓋人，其抑下滋甚，故聖人貴讓。且諺曰：『獸惡其網，民惡其上。』《書》曰：『民可近也，而不可上也。』」注云：「《書》，《逸書》。」（《國語》卷第二《周語》中）

〔五〕《書》曰：「恃德者昌，恃力者亡。」《史記索隱》曰：「此是《周書》之言，孔子所刪之餘。」（《史記》卷六八）朱右曾《逸周書逸文十一》亦收此句。

《詩》亦有逸篇逸句，其逸篇如《貍首》〔一〕見於「三禮」，《采齊》〔二〕見於《周官》之類；逸句如《論語》「素以為絢」〔三〕、「唐棣之華」〔四〕及《孟子》「畜君何尤」〔五〕之類皆是。

【注釋】

〔一〕《禮記》曰：「原壤之母死，孔子助之沐椁。原壤登木而歌曰：『狸首之班然，執女手不卷然。』從者曰：『子未可以已乎？』夫子曰：『親者無失其為親，故者無失其為故。』」（《後漢書》卷四三注引）

〔二〕《周禮》樂師云：「趨以采齊。」而《夏官》復有齊右之官，是采齊為行車之音也。蓋航為大舟，沖為行軍之高車，此言大舟不必恃櫓棹之用，兵車不必合采薺之音也。故或以「大器不周於小」為問，即言大器於小者有所不備也。采薺單稱為薺，與《周禮》鍾師「齊夏」一律。（《法言義疏》附錄二劉師培《法言補釋》）

〔三〕馬融曰：「倩，笑貌。盼，動目貌。絢，文貌。此上二句在《衛風·碩人》之二章，其下一句逸詩。」（《史記》卷六七注引）

〔四〕「唐棣之華，偏其反而。豈不爾思？室是遠而。」（《論語》卷五《子罕第九》引）

〔五〕其詩曰：「畜君何尤？」畜君者，好君也。（《孟子》卷二《梁惠王下》）于省吾云：「按『蓄』『畜』通用，古籍習見，不煩舉證。『畜』『好』古音同隸幽部，乃音訓字也。」（《晏子春秋集釋》卷第一注引）

《周禮》本逸《冬官》。

《儀禮》逸三十九篇〔一〕，陸氏《序錄》云：「古經五十六篇，后蒼傳十七篇，所餘三十九篇，遂為《逸禮》。」

【注釋】

〔一〕及魯恭王壞孔子宅，欲以為宮，而得古文於壞壁之中，《逸禮》有三十九。（《漢書》卷三六）

《禮記》亦有逸篇。《困學紀聞》云：「《春秋正義》引《辨名記》，《白虎通》引《別名記》，辨、別音義俱同，蓋即《禮記》逸篇。」

《孝經》古文之《閨門篇》，《論語》之《問王》、《知道》二篇〔一〕，其逸固久，而《說文》王部「璠」、「瑈」二字下所引《逸論語》，殆其逸句，漢時已僅存矣。

【注釋】

〔一〕《論語》古二十一篇。《齊》二十二篇。多《問王》、《知道》。如淳曰：「《問王》、《知道》，皆篇名也。」（《漢書》卷三〇）

　　《孟子》有「孟子曰諸侯有王」之語，見《大行人》「諸侯之王事」注〔一〕，今本無之，姜仁英以為逸篇。

【注釋】

〔一〕《周禮注疏》卷三十七鄭玄注：「王事，以王之事來也。詩云：『莫敢不來王。』孟子曰：『諸侯有王。』」

　　《爾雅》本後人增續〔一〕，其逸亦無可考。

【注釋】

〔一〕清朱彝尊《經義考》卷二百三十七：揚雄曰：「孔子門徒游、夏之儔所記，以解釋六藝者也。」郭威曰：「《爾雅》，周公所制，而文有張仲孝友。張仲，宣王時人，非周公之制明矣。」張揖曰：「昔在周公，纘述唐虞，宗翼文武，克定四海，勤相成王，六年制禮，以導天下，著《爾雅》一篇，以釋其義。今俗所傳三篇，或言仲尼所增，或言子夏所益，或言叔孫通所補，或言沛郡梁文所考，皆解家所說，先師口傳，疑莫能明也。」歐陽修曰：「《爾雅》非聖人之書，不能無失，考其文理，乃是秦漢之間學《詩》者纂集說《詩》博士解詁。」葉夢得曰：「《爾雅》訓釋最為近古。世言周公作，妄矣。其言多是《詩》類中語，而取毛氏說為正。予意此但漢人所作耳。」朱翼曰：「《爾雅》非周公書也。郭璞序云：『興於中古，隆於漢氏。』未嘗指為周公，蓋是漢儒所作，亦非中古也。」楊士奇曰：「《爾雅》古小學書，初無深義。世謂周公作，非也。」

　　總之，各經之逸，而散見者，固當採輯；然亦不可舉其逸而附會之，如以《易緯》為《易》文之誤也。

經解入門卷二

歷代經學興廢第九

　　先王經國之制，井田與學校相維。里有序，鄉有庠〔一〕。八歲入小學，學六甲〔二〕、五方〔三〕、書計〔四〕之事，始知室家長幼之節。十五入大學〔五〕，學先聖禮樂，而知朝廷君臣之禮。此三代學術之隆也。

【注釋】

〔一〕庠者，養也；校者，教也；序者，射也。夏曰校，殷曰序，周曰庠，學則三代共之，皆所以明人倫也。人倫明於上，小民親於下。有王者起，必來取法，是為王者師也。（《孟子·滕文公上》）在野曰廬，在邑曰里。五家為鄰，五鄰為里，四里為族，五族為黨，五黨為州，五州為鄉。鄉，萬二千五百戶也。鄰長位下士，自此以上，稍登一級，至鄉而為卿也。於是里有序而鄉有庠。序以明教，庠則行禮而視化焉。（《漢書》卷二四上）

〔二〕六甲：用天干地支相配計算時日，其中有甲子、甲戌、甲申、甲午、甲辰、甲寅，故稱。《漢書·食貨志上》：「八歲入小學，學六甲五方書計之事，始知室家長幼之節。」王先謙《漢書補注》引顧炎武曰：「六甲者，四時六十甲子之類。」又引周壽昌曰：「猶言學數干支也。」

〔三〕五方：東、南、西、北和中央。亦泛指各方。

〔四〕書計：文字與籌算。六藝中六書九數之學。

〔五〕大學：太學。《禮記·王制》：「小學在公宮南之左，大學在郊。」《大戴禮記·保傅》：「束髮而就大學，學大藝焉，履大節焉。」盧辯注：「大學，王宮之東者。束髮，謂成童。」《漢書·禮樂志》：「古之王者莫不以教化為大務，立大

－49－

學以教於國，設庠序以化於邑。」

秦併天下，燔《詩》、《書》，殺術士〔一〕，經學廢矣。然士隱山澤岩壁之間者，抱遺經，傳口說，不絕於世，漢興乃出。言《易》，淄川田生；言《書》，濟南伏生；言《詩》，於魯則申培公〔二〕，於齊則轅固生〔三〕，於燕則韓太傅〔四〕；言《禮》，魯高堂生；言《春秋》，於齊則胡毋生，於趙則董仲舒。〔五〕自茲以後，專門之學興，教授〔六〕之儒起。六經五典〔七〕，各信師承，嗣守〔八〕章句，期乎勿失。西都儒士〔九〕，開橫舍〔十〕，延學徒，誦先王之書，被儒者〔十一〕之服，彬彬然有洙泗〔十二〕之風，斯經學之隆也。〔十三〕

【注釋】

〔一〕術士：《史記·淮南衡山列傳》：「昔秦絕聖人之道，殺術士，燔《詩》、《書》，棄禮義，尚詐力，任刑罰，轉負海之粟致之西河。」漢王符《潛夫論·賢難》：「故德薄者，惡聞美行；政亂者，惡聞治言。此亡秦之所以誅偶語而坑術士也。」焦竑《焦氏筆乘》續集卷三「秦不絕儒學」條引鄭樵曰：「秦時未嘗廢儒，而始皇所坑者，蓋一時議論不合者耳。」（中華書局，2008年版，第327頁）黃焯先生也認為術士並非儒生。

〔二〕申培公：姓申名培，亦稱申公，「公」乃尊稱，西漢時魯（郡治在今山東曲阜一帶）人，其生卒年月已難詳考，約當在公元前三至二世紀之間。西漢初期儒家學者，經學家，西漢今文《詩》學中「魯詩學」之開創者。武帝封為太中大夫。後因崇尚黃老之學的竇太后之干預，王臧、趙綰下獄死，申培公病免歸，數年後卒。事蹟見《漢書·楚元傳》及《漢書·儒林傳》。

〔三〕轅固生：西漢齊（今桓臺縣田莊鎮轅固村）人，早年是清河王劉乘的太傅，景帝時為《詩經》博士。轅固是西漢《詩經》的《齊詩》詩派。史料記載轅固生曾與黃生在景帝面前爭論「湯武非受命」的問題，最後被漢景帝所制止。竇太后好《老子》，轅固生說這是「此是家人言耳」，竇太后聽後大怒，將轅固投入豬圈裏去與豬搏鬥。景帝暗中給轅固生一把利刃，轅固生才把豬刺死。事蹟見《漢書·儒林傳》。

〔四〕韓太傅：即韓嬰。顏師古曰：「名嬰也。」

〔五〕漢興，言《易》自淄川田生；言《書》自濟南伏生；言《詩》，於魯則申培公，於齊則轅固生，燕則韓太傅；言《禮》，則魯高堂生；言《春秋》，於齊則胡毋生，於趙則董仲舒。及竇太后崩，武安君田蚡為丞相，黜黃老、刑名百家之言，延文學儒者以百數，而公孫弘以治《春秋》為丞相封侯，天下學士靡然鄉

風矣。(《漢書》卷八八)

〔六〕教授：學官名。宋代除宗學、律學、醫學、武學等置教授傳授學業外，各路的
州、縣學均置教授，掌管學校課試等事，位居提督學事司之下。元代諸路散府
及中州學校和明清的府學亦置教授。

〔七〕五典：指《詩》、《書》、《易》、《禮》、《春秋》五經。泛指古代典籍。

〔八〕嗣守：繼承遵守。

〔九〕儒士：崇奉儒家學說的人。漢以後亦泛稱讀書人。

〔十〕橫舍：學舍。橫，通「黌」。《後漢書·朱浮傳》：「宮室未飾，干戈未休，而先
建太學，進立橫舍。」李賢注：「橫，學也。或作『黌』。義亦同。」

〔十一〕儒者：尊崇儒學、通習儒家經書的人。漢以後泛指一般讀書人。

〔十二〕洙泗：洙水和泗水。古時二水自今山東省泗水縣北合流而下，至曲阜北，又分
為二水，洙水在北，泗水在南。春秋時屬魯國地。孔子在洙泗之間聚徒講學。
《禮記·檀弓上》：「吾與女事夫子於洙泗之間。」後因以「洙泗」代稱孔子及
儒家。

〔十三〕此段檃栝自《南齊書·劉瓛傳》：「儒風在世，立人之正道；聖哲微言，百代之
通訓。洙泗既往，義乖七十；稷下橫論，屈服千人。自後專門之學興，命氏之
儒起，石渠朋黨之事，白虎同異之說，六經五典，各信師言，嗣守章句，期乎
勿失。西京儒士，莫有獨擅。」

【附錄】

明費元祿《甲秀園集》卷二十五《五經白文序》：經，心學也。無文也，而以為文者。聖
人扶持世教，提挈人心，而懼夫後世之遺忘散失，筆之於書，使後之作者因文見道焉爾。蓋其
用在天地，互古互今，與江河日月相為終始，即荒唐謬悠之士，奉若蓍龜，不敢有所牴牾，非
苟為尊也，尊聖人心學之寄，而藉以見聖人之心也。世儒見其然，牽於文義，索之影響，區區
逞其勝心，沿其故習，徒以滋聚訟之見，安在其以因文見道也？秦人燔滅經書，坑僇儒生，其
賊經至不足道。漢皇帝重購遺書之令，「五經」稍出於煨燼，往往缺失。白虎諸儒講解同異，搜
亡補逸，雖家自為師，人自為說，而去古未遠，文獻足徵。譬拊鼓而求亡子於途，猶將得而返
之未為失也。而時方先黃老而後經旨，雖功倍什伯，而意義茫然矣。魏、晉以降，逾譚二氏，
廢絕半之。宋興，諸儒繼軌，始折衷芟正，而朱考亭以一代大儒，金聲玉振，集諸大成。「五經」
之文，各有傳注，條分縷析，夫豈不足以羽翼聖學，重光漢注，而學習之士不得其意，以字釋
經，以經求解，不知反諸原本，索聖人之心於言語文字之外，而紛拏競起，是非雌黃，愈煩愈
屑，乃然後知傳注之作，天下後世之愚不肖有所沿守，斤斤稟為功令，而高明曠達之士亦時厭

其支離決裂。雖有證心見性之識，束於沿習，不敢自發一義，倘亦於無文之旨合否耶？善乎陽明先生之言曰：「經，常道也。其在於天謂之命，其賦於人謂之性，其主於身謂之心。心也，性也，命也，一也。通人物，達四海，塞天地，互古今，無有乎弗具，無有乎弗同，無有乎或變。《易》以志吾心之陰陽消息焉，《書》以志吾心之綱紀政事焉，《詩》以志吾心之歌詠性情焉，《禮》以志吾心之條理節文焉，《春秋》以志吾心之誠偽邪正焉。君子之於六經也，求之心焉。」故曰：「秦人焚經而經存，諸儒釋經而經亡。」有旨哉！昭代右文，罷黜百家，取士一以「五經」為準，甚盛心也，而國初功令務棄朱注，竊彎之家輒復棄去，益以詭誕為奇。兩者皆譏其於悖經一也。夫經文具在，體自心身，寧詎遠其條貫耶？譬之適燕者，南面鄒郢，即累世不一至；面泰岱，而循趙魏，計日達矣。經文者，夫非燕之泰岱與？然則苟得於經文，雖無注釋可也。余觀「五經」白文原本，似為簡要直截，故各手錄一部，日置之幾，披玩研討，冀反求之「五經」，而以心為注釋焉。遂序諸首如此。

明顧憲成《證性編》卷六《再與管東溟書》：儒家之辟佛久矣。愚獨主孔賓釋，亹亹及之，何也？道必有個至處。吾人從無量劫來，死死生生，亦必□□□，求處「六經」中，豈無及於此者？而語意多含，人所難察。如《易傳》中贊乾元統天，逼真露出毘盧遮那以上境界，此實聖學之起因證果處，而誰知之？孔子雖微露於傳中，而又不概與中人語，故後世罕聞其說。唯釋迦興於西竺，現出乾元統天境界，然亦現其少分耳，其理則滿盤托出，儒者又以其棄家修道不合中國聖人之矩而外之。言乾元者，不曰四時之春，則曰四德之仁，而其所謂仁體，不過見得方寸中有個昭昭靈靈之物，渾然與物同體，便以為乾元在是矣，豈知此昭昭靈靈之物即死死生生之本，非不生不滅之乾元也。乾元固亦不離昭昭靈靈之中，而執此昭昭靈靈求入乾元不生不滅之果，又不可得。然則聖學究竟於何地乎？人道結果於何生乎？此真一件最大未完公案也。周元公作《太極圖說》，蓋已拈出此機，而以五宗昌熾之。余不得不顯孔而微釋。二程欲張孔學，乃並釋氏所通於大《易》之理而盡掃之，雖有興起斯文之功，而乾元則落於八識田中矣。昔人有言：『秦人焚經而經存，漢人窮經而經絕。』愚亦妄謂：『元公以前，聖學掩於禪宗，而孔子之乾元存；元公以後，聖學歸於儒門，而孔子之乾元隱也。』此非元公之過，程、朱之過也；亦非程、朱之過，不善學程、朱之過也。故愚欲發元公之隱，補程、朱之遺，而為孔門了此一大公案焉。

明黃鳳翔《田亭草》卷五《方塘莊先生周易講意序》：「昔唐鄭漁仲云：『秦人焚經而經存，漢人表經而經亡。』我朝楊用修亦云：『唐人不以經取士而經明，今日以經取士而經晦。』」

明梅守箕《梅季豹居諸二集》卷十《四書管窺序》：夫自經義興而經術亡。非經術則亡也，彼有所以亡之者也。秦焚經而經存，然則經之亡孰亡之？傳經者亡之也。非傳經者能亡之也，其託於傳而固焉者亡之也。經之有傳也，自游、夏以來弗能變也。漢人斤斤守其師說，其

文則詳，其事則近，其義在瑕瑜之間。宋人一切弁髦之，自朱氏之注出，而舊傳盡廢矣，其所損益，要亦臆斷者為多……郢書燕說，得筌忘魚，寧信傳而背經，或援傳而附於經，蓋有蔡先生之說，而無不為朱氏諛臣者，非徒順之，又從為之詞者耶？夫影則有形。影非形也，影之影為魍魎，魍魎之影，為泄節樞，泄節樞之影，為尺蔈影……漢人於經，猶影也，朱氏為影之影，而蔡氏為魍魎之影，今之經又亦尺蔈之屬也。經之亡也，所繇來矣。

明楊守陳《楊文懿公文集》卷二十《策題》：問：書契既作，載籍浸繁，「六經」其至者也。孔子於「六經」，但刪定贊修耳，何謂之作？七十子於此「六藝」，或但可言《詩》，或僅聞四代禮樂，性道不得聞，《春秋》莫能贊，誰謂其通？後世諸儒有各專一經，而注之，擬之，續之，補之者，有兼「五經」而為《要義》，為《鉤玄》，為《徵旨》，為《正義》者，有總「六經」而為《法言》，為《外傳》，為《奧論》者，於是經明且久矣，孰謂「暴秦焚經而經存，諸儒窮經而經亡」乎？諸儒論「六經」，或謂其浩渺難曉，或謂可不治而明，或謂其皆心學，或謂皆我之注腳，一何矛盾至此哉？先哲用「六經」者，有以其文倡諸儒，有以其術佐人主，有以其道繼絕學，士將安所從歟？如前所陳者，請悉數其人，而備論其實，寧詳毋略也。

清傅維鱗《四思堂文集》卷三《漢儒專經名家嫡派考》：「不有漢儒，經亡矣。不有其傳，雖有一家之言，一時之獲，經亦亡矣。說者謂：『秦焚經經存，漢傳經經亡。』鄙哉斯言！豈其然哉？」

清蔡衍鎤《操齋集》卷五《經學論》：儒術所以獨明於天下者，以經學為之折衷也。經學所以復晦於天下者，以後儒為之臆說也。自秦煙燼，典籍淪，經學之傳不絕如縷，間有出而推明之者，為傳，為序，為解，為箋，為注疏，為圖說，要皆留心經義，有功先聖者也。乃有僅得其粗而擇焉不精者，有僅得其略而語焉不詳者，有拘於成文而以辭害意者，有狥乎己見而妄為臆測者，有言之太激而矯枉過正者，有肆其誇誕而浮華失實者。欲經學之明於天下，得乎？故曰：「秦人焚經而經存，漢人窮經而經亡。」雖然，經曷亡哉？惟《樂》亡耳。《樂》亡而六經僅五矣。「五經」者何？《易》、《詩》、《書》、《禮》、《春秋》是也。禮有《周禮》，有《儀禮》，有《禮記》，而加之以《孝經》，加之以《爾雅》，加之以《論》、《孟》、《公》、《穀》，是為「九經」，為「十三經」矣。嗟乎！「十三經」依然在也。「十三經」之外，如《三墳》者，太昊、神農、黃帝之書，所言大道者也安在乎？曰醇風沕穆之意可考而知也。《五典》者，少昊、顓頊、高辛、堯、舜之書，所言常道者也安在乎？曰樸重端愨之風可思而得也。他若八索之辨明八卦，猶之乎大《易》也，而或以為王法者有之。九丘之區別九州，猶之乎《禹貢》也，其在《周禮》，則職方是已。堯夫先天後天之圖，其義精矣，而淵源實本於尼山。劉牧河圖洛書之解，其說詳矣，而立論頗殊於朱子。《詩訓》作自申公，轅固、韓嬰亦皆有傳學者，動稱毛氏，意其學有專乎《小序》，實出西河毛公，敬仲特加潤色，紫陽概置不錄，未云通論也。伏生及見先周《尚書》

之傳，雖得其真，然當衰耄餘年，而口誦訥訥，以授女子，寧必無訛。子國生於孔氏刪定之日，縱有家藏，乃待室毀琴鳴，而數百年蝌蚪始出壁中，亦豈無偽？《禮記》之於《儀禮》，注疏也，何至同諸經而鼎峙？左丘之傳《春秋》，亦注疏也，乃不得與公、穀而並列，是二者均未得其平者也。總之，辨晰義蘊，發明旨要，使經學復昭者，諸儒之功。曲狥己私，伐異黨同，使經學復晦者，諸儒之過。求其至正無弊，萬古不易者，惟《易》取程子，《書》取九峰，《詩》取呂成公、嚴坦叔，《四子書》宗朱子，至矣哉！雖有他作，蔑以加矣。其餘縱未盡善，亦在學者之採擇之而已。

清黃中《黃雪瀑集》：經史古無二致也。三代有史無經，自秦焚而史即為經，《詩》、《書》、《春秋》，史之顯然者矣。《易》即庖犧氏之史也。「三禮」、《爾雅》，周史之條綴歟？《論》、《孟》、《孝經》，孔門之遺書也。自秦焚而史亡，後世尊聖人之書，統謂之經焉。龍門氏作然後謂之史。談經者云：「秦焚經而經存，後人注經而經亡。」豈以諸家爭鳴，失聖人之意乎？《詩》分齊、魯，而宗歸毛氏。《書》分今、古，而注成安國。《公》、《穀》各曜麟經，而劉向力倡《左傳》。曲臺纂述「三禮」，而統會總歸小戴。《爾雅》、《論》、《孟》、《孝經》各有專門，皆諸儒收煨燼之餘，而傳述於後，其功豈可泯歟？但六經皆立於學宮，而《周禮》為治天下之規模格式。今校試不以課士，聖製日就荒蕪，或以傳注無稽，《冬官》有缺，獨不可效天祿舊事，會群儒而裁定之，同《詩》、《書》並立於春官乎？馬遷世掌天官，班椽父子纂述。東漢以下，或成於當年，或修於後代，皆由時當治亂之或異焉。然史書成於後世易為功，修於當代難為力。如定哀微辭，聖人亦有然乎？枋頭之敗，智鑒將賈禍焉。以為述經難，而修史者亦何易言耶？《晉書》頗譏龐雜，而精確有天文。《唐書》新舊兩岐，而醇雅有諸志。宋、元稍鄰於冗杳，簡質稱羨於金、遼。要之，史貴有所因。遷因談，固因彪，修於一家之書，勝於群嘵之駁。《通鑒》彷荀悅之《紀》，《綱目》踵聖筆之餘，囊括千古，綜會群言，統史書而貫串之，是亦滄海之眾流矣。其間條例之不一，字句之魯魚，說者猶加指議，亦在修述改正之，可乎？蓋宋儒集諸經之大成，綜全史之要會，於孔門實有統承焉，不徒在語言文字之末也。惟《儀禮》經傳，考亭修之而未備，脫稿之存，俟後人之補救。今遇聖朝右文，詔群儒而修集，並訂正小戴之訛舛，是又愚蒙之重辟矣。經史為聖人精蘊，亦若五行列宿之麗於兩間，顯晦亦世運使然也。開物成務，寔由天縱宸聰，爝火土垤，烏足以言日月之大、泰嶽之高哉！當今通經博古之士比比皆然。余身處窮鄉，不獲晤對。庚午九日，見鄉試策問衛文來，勉余為對言，挑燈書之，以就正四方諸君子云。

清毛奇齡《四書剩言補》卷二：「宋後不識五倫，而君臣父子不絕於世。則始皇焚書世何嘗竟絕倫行？然而千古恨恨者，正以此名目得失所關者大也。乃宋儒又曰：『秦人焚經而經存，漢人窮經而經亡。』一似說經之害，較焚尤甚。則亦焚之而已，何章句之有？」

清毛奇齡《古文尚書冤詞》卷四：「宋鄭樵曰：『秦人焚經而經存，漢人解經而經亡。』予向最惡此語。如是，將必焚經而不解經，然後可。今儼然焚之矣。」

清宋鑒《尚書考辨》：「『秦人焚經而經存，漢人說經而經亡』，非篤論也。漢儒興絕學於斯文既喪之餘，雖復抱殘守缺，而一時專門名家，湛深經術，斯稱極盛矣。」

王鳴盛《蛾術編》卷十七「引孔子言」條：「《說文》引孔子之言，如『王』部首引『一貫三為王』，『璠』字注引『美哉璵璠，遠而望之奐若』云云，王應麟謂《齊論語·問玉篇》文，『士』部首引『推十合一為士』之類，此皆垂為典訓，的確可信。乃鄭樵以為必出讖緯，何所據邪？樵云：『秦焚經而經存，漢解經而經亡。』劉後村《題姚三錫書鈔》詩云：『漢儒之罪甚秦灰。』學問至宋南渡後，滄海橫流，滔滔不返矣。」

爰及東京〔一〕，碩學大儒，賈逵、服虔外，咸推高密〔二〕。鄭君生炎漢〔三〕之季，守孔子之學，訓義優洽，博綜〔四〕群經，故老〔五〕以為前修〔六〕，後生未之敢異。王肅自謂辨理依經，逞其私說，偽作《家語》，妄造《聖證》，以外戚之專，盛行晉代。王弼〔七〕宗老莊而注《周易》，杜預廢賈、服而釋《春秋》，梅氏上偽《書》，費氏為義疏。於是，宋齊以降，師承陵替〔八〕，江左〔九〕儒門，參差互出矣。〔十〕

【注釋】

〔一〕東京：代指東漢。《後漢書·皇后紀序》：「漢仍其謬，知患莫改，東京皇統屢絕，權歸女主。」《晉書·儒林傳序》：「逮於孝武，崇尚文儒，爰及東京，斯風不墜。」

〔二〕高密指鄭玄。

〔三〕炎漢：漢自稱以火德王，故稱炎漢。

〔四〕博綜：猶博通。漢蔡邕《陳留太守胡公碑》：「總角入學，治《孟氏易》、《歐陽尚書》、《韓詩》。博綜古文，周覽篇籍，言語造次，必以經綸加之。」

〔五〕故老：年高而見識多的人。

〔六〕前修：猶前賢。

〔七〕王弼（226～249），字輔嗣，三國時代曹魏山陽郡（今山東濟寧、魚臺、金鄉一帶）人。好論儒道，辭才逸辯，注《易》及《老子》，為尚書郎。《三國志》卷二八有傳。

〔八〕陵替：衰落；衰敗。

〔九〕江左：東晉及南朝宋、齊、梁、陳各代的基業都在江左，故當時人又稱這五朝及其統治下的全部地區為江左，南朝人則專稱東晉為江左。

〔十〕此段櫽栝自《南齊書·劉瓛傳》：東都學術，鄭、賈先行。康成生炎漢之季，訓義優洽，一世孔門，褒成並軌，故老以為前修，後生未之敢異。而王肅依經辯理，與碩相非，爰興《聖證》，據用《家語》，外戚之尊，多行晉代。江左儒門，參差互出，雖於時不絕，而罕復專家。晉世以玄言方道，宋氏以文章閒業，服膺典藝，斯風不純，二代以來，為教衰矣。建元肇運，戎警未夷，天子少為諸生，端拱以思儒業，載戢干戈，遽詔庠序。永明纂襲，克隆均校，王儉為輔，長於經禮，朝廷仰其風，胄子觀其則，由是家尋孔教，人誦儒書，執卷欣欣，此焉彌盛。建武繼立，因循舊緒，時不好文，輔相無術，學校雖設，前軌難追。

　　然河洛〔一〕尚知服古，不改舊章〔二〕。《左傳》則服子慎（服虔字）〔三〕，《尚書》則鄭康成，《詩》則並主於毛，《禮》則同遵於鄭。若輔嗣（王弼字）之《易》，惟河南、青、齊間有講習之者，而王肅《易》亦間行焉。元凱（杜預字）之《左氏》但行齊地。《偽孔傳》惟劉光伯〔四〕、劉士元〔五〕信為古文，皆不為當世所尚。《隋書》云：「南人約簡，得其英華；北學深蕪，窮其枝葉。」〔六〕豈知言者哉！

【注釋】

〔一〕河洛：指黃河與洛水兩水之間的地區。

〔二〕舊章：昔日的典章。《書·蔡仲之命》：「無作聰明亂舊章。」《孔傳》：「無敢為小聰明，作異辯以變亂舊典文章。」

〔三〕服虔，字子慎，初名重，又名祇，後改為虔，河南滎陽人也。作《春秋左氏傳解》，行之至今。又以《左傳》駁何休之所駁漢事六十條。（《後漢書》卷七九下）

〔四〕劉炫（約546～約613），字光伯，隋河間景城（今河北獻縣東北）人。事蹟見《北史·儒林傳》。

〔五〕劉焯（544～610），字士元，信都昌亭（今河北冀縣）人。隋代天文學家。著有《稽極》、《曆書》。事蹟見《北史·儒林傳》。

〔六〕《隋書·儒林傳序》：「南人約簡，得其英華；北學深蕪，窮其枝葉。」約簡：儉約簡易。深蕪：蕪雜。《世說新語·文學》云：「褚季野語孫安國云：『北人學問，淵綜廣博。』孫答曰：『南人學問，清通簡要。』支道林聞之曰：『聖賢固所忘言。自中人以還，北人看書，如顯處視月；南人學問，如牖中窺日。』」針對這段對話，唐長孺先生解釋說：「從來引這一段來說明南北學風的都以為

褚裒、孫盛和支道林所說的南北就相當於以後南北朝的界限。我覺得在東晉
時可能範圍有些出入。褚裒（季野）為陽翟人，孫盛（安國）是太原人，所謂
南北應指河南北。東遷僑人並不放棄原來籍貫，孫、褚二人的對話只是河南
北僑人彼此推重，與《隋書·儒林傳序》所云：『南人約簡，得其英華；北學
深蕪，窮其枝葉。』雖同是南北，而界限是不一致的。」（《讀〈抱朴子〉推論
南北學風的異同》，《魏、晉南北朝史論叢》，生活·讀書·新知三聯書店，1955
年版，第361頁）

　　唐太宗創業干戈〔一〕之中，不廢《詩》、《書》之業。即位後，讎校〔二〕
「五經」，頒行天下，命儒臣為義疏〔三〕。惜乎孔沖遠〔四〕、朱子奢〔五〕之徒，
妄出己意，去取失當：《易》用輔嗣而廢康成，《書》去馬、鄭而信偽孔，《穀
梁》退糜氏而進范寧，《論語》則專主平叔（何晏字），棄尊彝〔六〕而寶康瓠
〔七〕，捨珠玉而收瓦礫，不亦偵〔八〕乎！

【注釋】

〔一〕干戈：乾和戈是古代常用武器，因以「干戈」用作兵器的通稱。此處指戰爭。
〔二〕讎校：校勘。劉向《別錄》：「讎校，一人讀書，校其上下，得繆誤，為校。一
　　　人持本，一人讀書，若怨家相對。」
〔三〕義疏：疏解經義的書。其名源於六朝佛家解釋佛典。後泛指補充和解釋舊注
　　　的疏證。如南朝梁皇侃的《論語義疏》、清郝懿行的《爾雅義疏》等。清孫詒
　　　讓《劉恭甫墓表》：「群經義疏之學，莫盛於六朝，皇、熊、沈、劉之倫，著錄
　　　繁夥。」
〔四〕孔穎達（574～648），字沖遠。曾從劉焯問學。隋大業初，選為明經，授河內
　　　郡博士，補太學助教。隋末大亂，避地虎牢。入唐，任國子監祭酒。曾奉命編
　　　纂《五經正義》，融合南北經學家的見解，是集魏、晉南北朝以來經學大成的
　　　著作。
〔五〕朱子奢（？～641），隋唐蘇州人。善言辭，通《春秋》。隋大業中，為直秘書
　　　學士。天下亂，辭疾還鄉里。武德四年（621）隨杜伏威入唐，授國子助教。
　　　貞觀時，累官諫議大夫、弘文館學士。為人樂易，能劇談，以經義緣飾。每侍
　　　宴，帝令與群臣論難，皆莫能及。
〔六〕尊彝：尊、彝均為古代酒器，金文中每連用為各類酒器的統稱。因祭祀、朝
　　　聘、宴享之禮多用之，亦以泛指禮器。
〔七〕康瓠：空壺，破瓦壺。多用以喻庸才。《爾雅·釋器》：「康瓠謂之甋。」郝懿

行《爾雅義疏》引《說文》：「康瓠，破瓠。」《史記·屈原賈生列傳》：「幹棄周鼎兮寶康瓠。」

〔八〕傎：顛倒；錯亂。

宋初承唐之弊，而邪說詭言〔一〕，亂經非聖，殆有甚焉。如歐陽修之《詩》〔二〕、孫明復之《春秋》〔三〕、王安石之《新義》〔四〕是已。至於濂、洛、關、閩之學，不究禮樂之源，獨標性命〔五〕之旨，義疏諸書，束置高閣〔六〕，而經學一廢。

【注釋】

〔一〕詭言：詭詐不正之言；怪誕不實之言。

〔二〕歐陽修之《詩》：《詩本義》十六卷，宋歐陽修撰。是書凡為說一百十有四篇。自唐以來，說《詩》者莫敢議毛、鄭。雖老師宿儒，亦謹守《小序》。至宋而新義日增，舊說俱廢。推原所始，實發於修。然修之言曰：「後之學者，因跡先世之所傳而較得失，或有之矣。使徒抱焚餘殘脫之經，俍俍於去聖人千百年後，不見先儒中間之說，而欲特立一家之學者，果有能哉？吾未之信也。」又曰：「先儒於經不能無失，而所得固已多矣。盡其說而理有不通，然後以論正之。」是修作是書，本出於和氣平心，以意逆志。故其立論未嘗輕議二家，而亦不曲徇二家。其所訓釋，往往得詩人之本志。（《四庫全書總目》卷十五）

〔三〕《春秋尊王發微》十二卷，宋孫復撰。復字明復，平陽人。事蹟詳《宋史·儒林傳》。孫復之論，上祖陸淳，而下開胡安國，謂《春秋》有貶無褒，大抵以深刻為主。晁公武《讀書志》載常秩之言曰：「明復為《春秋》，猶商鞅之法，棄灰於道者有刑，步過六尺者有誅。」蓋篤論也。而宋代諸儒，喜為苛議。顧相與推之，沿波不返，遂使孔庭筆削變為羅織之經。過於深求而反失《春秋》之本旨者，實自復始。雖其間辨名分，別嫌疑，於興亡治亂之機亦時有所發明。統而核之，究所謂功不補患者也。以後來說《春秋》者，深文鍛鍊之學大抵用此書為根柢。（《四庫全書總目》卷二十六）

〔四〕《周官新義》提要：晁公武《讀書志》曰：「熙寧中置經義局，撰《三經義》，皆本王安石《經說》。『三經』，《書》、《詩》、《周禮》也。」新經《毛詩義》凡二十卷，《尚書義》凡十三卷，今並佚。《周禮新義》本二十二卷，明以來內閣舊籍亦實無此書，惟《永樂大典》中所載最夥。《三經義》中惟《周禮》為安石手著。安石以《周禮》亂宋，學者類能言之。然《周禮》之不可行於後世，

微特人人知之，安石亦未嘗不知也。安石之意，本以宋當積弱之後，而欲濟之以富強。又懼富強之說必為儒者所排擊，於是附會《經》義以鉗儒者之口，實非真信《周禮》為可行。迨其後用之不得其人，行之不得其道，百弊叢生，而宋以大壞。其弊亦非真緣《周禮》以致誤。（《四庫全書總目》卷十九）

〔五〕性命：中國古代哲學範疇。指萬物的天賦和稟受。

〔六〕束置高閣：同「束之高閣」。把東西捆起來放在高高的閣樓上面。謂棄置不用。

元、明之際，以制義〔一〕取士，古學益絕，而有明三百年，四方俊秀，困於帖括〔二〕，以講章〔三〕為經學，以類書〔四〕為博聞，經義之晦，直同長夜。

【注釋】

〔一〕制義：即八股文。《明史·選舉志二》：「其文略仿宋經義，然代古人語氣為之，體用排偶，謂之八股，通謂之制義。」

〔二〕帖括：唐制，明經科以帖經試士。把經文貼去若干字，令應試者對答。後考生因帖經難記，乃總括經文編成歌訣，便於記誦應時，稱「帖括」。

〔三〕講章：為學習科舉文或經筵進講而編寫的四書五經的講義。

〔四〕類書：輯錄各門類或某一門類的資料，並依內容或字、韻分門別類編排供尋檢、徵引的工具書。以門類分的類書有二：兼收各類的綜合性類書，如《藝文類聚》、《太平御覽》、《玉海》、《淵鑒類函》等；專收一類的專科性類書，如《職官分記》。以字分的類書，亦有二：齊句尾之字，如《佩文韻府》；齊句首之字，如《駢字類編》。

惟我世祖章皇帝，治昭千古，順治十三年，敕大學士傅以漸撰《易經通注》〔一〕，以《永樂大全》繁冗蕪陋，刊其舛訛，補其闕漏，勒為是書，頒之學宮。聖祖仁皇帝，萬幾之暇，棲神墳典，闡五音、六律之微，稽八線、九章之術。康熙十九年，敕大學士庫勒納等編《日講四書解義》〔二〕，二十二年敕編《日講易經解義》〔三〕，三十八年敕撰《春秋傳說匯纂》〔四〕，五十四年敕撰《周易折衷》〔五〕，六十年敕撰《書經傳說匯纂》〔六〕、《詩經傳說匯纂》〔七〕。凡御纂群經，皆兼漢、宋之說，參考異同，務求至當，紹千載之薪傳，為萬（士未）〔世〕必刊之巨典焉。世宗憲皇帝即位後即刊行聖祖欽定《詩經傳說匯纂》、《書經傳說匯纂》，皆御製序文，弁於卷首〔八〕。又編定《聖祖日講春秋解義》〔九〕。雍正五年御纂《孝經集注》〔十〕，折衷群言，勒為大訓〔十一〕。至高宗純

皇帝，乾隆元年詔排纂聖祖《日講禮記解義》〔十二〕，十三年欽定《周官義疏》〔十三〕、《儀禮義疏》〔十四〕，二十五年敕撰《周易述義》〔十五〕、《詩（經）〔義〕折衷》〔十六〕，三十年敕撰《春秋直解》〔十七〕。於《易》則不涉虛渺之說與術數之學，觀象則取互體〔十八〕以發明古義，於《詩》則依據毛、鄭，於《禮》則以康成為宗，於《春秋》則採「三傳」之精華，斥安國〔十九〕之迂謬。經學之外，考石鼓〔二十〕，辨大昌〔二一〕、用修〔二二〕之非；刊石經〔二三〕，汕開成〔二四〕、廣（順）〔政〕〔二五〕之陋。又刻《御製說文》於太學，皆治經之津梁、論古之樞要，所謂懸諸日月，煥若丹青者也。蓋惟列聖相承，崇尚實學，故古義聿明，而談經之儒輩出，凡數千年之沈晦者，至今日而煥然若新，自漢而後，蓋於斯為極盛歟！

【注釋】

〔一〕《易經通注》九卷，清朝大學士傅以漸、左庶子曹本榮奉敕撰。首載順治十三年十二月十五日諭旨，次載順治十五年十月以漸等《進書表》，次為以漸恭撰序文。（《四庫全書總目》卷六）

敕大學士傅以漸、日講官曹本榮：朕覽《易經》一書，義精而用博，範圍天地萬物之理，自魏王弼、唐孔穎達有注與正義，宋程頤有傳，朱熹《本義》出，學者宗之。明永樂間命儒臣合元以前諸儒之說匯為《大全》，皆於《易》理多所發明，但其中同異互存，不無繁而可刪，華而寡要，且迄今幾三百年，儒生學士發揮經義者亦不乏人，當並加採擇，折衷諸論，簡切洞達，輯成一編，昭示來茲。爾等殫心研究，融會貫通，析理精深，敷辭顯易，務約而能該，詳而不復，使羲經奧旨炳若日星，以稱朕闡明四聖作述至意。欽哉故敕。順治十三年十二月十五日。（《易經通注》卷首）

〔二〕《日講四書解義》二十六卷，康熙十六年聖祖仁皇帝御定。（《四庫全書總目》卷三十六）

〔三〕《日講易經解義》十八卷，康熙二十二年御定。其大旨在即陰陽、往來、剛柔、進退，明治亂之倚伏，君子、小人之消長，以示人事之宜，於帝王之學最為切要。御製序文所謂「以經學為治法」者，實括是書之樞要。（《四庫全書總目》卷六）

〔四〕《欽定春秋傳說匯纂》三十八卷，康熙三十八年奉敕撰。指授儒臣，詳為考證，凡其中有乖經義者，一一駁正，多所刪除。至於先儒舊說，世以不合胡《傳》擯棄弗習者，亦一一採錄。（《四庫全書總目》卷二十九）

〔五〕《御纂周易折衷》二十二卷，康熙五十四年聖祖仁皇帝御纂。其諸家訓解或不合於伊川、紫陽，而實足發明經義者，皆兼收並採，不病異同。惟一切支離幻渺之說，咸斥不錄。（《四庫全書總目》卷六）

〔六〕《欽定書經傳說匯纂》二十四卷，康熙末聖祖仁皇帝敕撰。以蔡《傳》居前，眾說列後，而參稽得失，辨別瑕瑜，於其可從者發明證佐，不似袁仁等之有意抨彈，於其不可從者辨訂訛舛，亦不似陳櫟等之違心迴護。（《四庫全書總目》卷十二）

〔七〕《欽定詩經傳說匯纂》二十卷序二卷，康熙末聖祖仁皇帝御定。刻成於雍正五年，世宗憲皇帝製序頒行。以《集傳》為綱，而古義之不可磨滅者，一一附錄以補闕遺。（《四庫全書總目》卷十六）

〔八〕世宗憲皇帝《御製詩經傳說匯纂序》：朕惟《詩》之為教，所以成孝敬，厚人倫，美教化，移風俗，其用遠矣。自說《詩》者以其學行世，釋解紛紜，而經旨漸晦。朱子起而正之，《集傳》一書，參考眾說，探求古始，獨得精意，而先王之詩教藉之以明。國家列在學官，著之功令，家有其書，人人傳習，四始六義曉然知所宗尚。我皇考聖祖仁皇帝右文稽古，表章聖經，《御纂周易折衷》既一以《本義》為正，於《春秋》、《詩經》，覆命儒臣次第纂輯，皆以朱子之說為宗。故是書首列《集傳》，而採漢、唐以來諸儒講解訓釋之與傳合者存之，其義異而理長者別為附錄，折衷同異，間出己見，乙夜披覽，親加正定。書成凡若干卷，名曰《詩經傳說匯纂》。朕惟詩三百篇，先王所以明勸懲而行黜陟，蓋治世之大經，而後世文人學士乃以風雲月露之辭，自託風雅，學經者又溺於訓詁詞章之陋習，烏在其能明先王之道也？我皇考指授儒臣，勒為是編，期以闡先王垂教之意，與孔子刪詩之旨，學於是者有得於興觀群怨之微，而深明於事父事君之道，從政專對，無所不能，則經學之實用著，而所謂用之鄉人，用之邦國，以化天下者亦於是乎行焉。刊校既竣，敬述聖意，序之簡端。雍正五年春三月朔。

世宗憲皇帝《御製書經傳說匯纂序》：朕思六經皆治世之書，而帝王之大經大法昭垂萬古者，惟尚書為最備。蓋自繼天立極，精一執中，二帝三王之心法遞相授受，而治法亦因之以傳。今觀書所載成天平地、經國造邦、建官立教、禮樂兵刑之弘綱大用，與夫賡揚都俞之休風，嘉謨嘉猷之陳告，凡所為永膺天命而致時雍協和之效者，雖相去數千年，尚可於方策中想見其欽明寅畏之衷、敷布經綸之跡。後之君臣得奉為模楷，以追蹤於唐虞三代之隆，詎不於書是

賴哉？我皇考聖祖仁皇帝，聖學淵深，治功弘遠，存於中者二帝三王之心，發於外者二帝三王之治，而稽古好學，於典謨訓誥之篇，沉潛研究，融會貫通，初命講官分日進講，著有《解義》一編，頒示海內，復指授儒臣薈萃漢、唐、宋、元、明諸家之說，參考折衷，親加正定，廣大悉備，於地理山川援今據古，靡不精覈，為《書經傳說匯纂》，凡二十有四卷。茲值刊校告竣，與《易》、《詩》、《春秋》諸經次第傳佈，敬製序文，勒之卷首。夫後世之天下，唐虞三代之天下也，而治法之垂為典章，心法之原於性命者，先後同揆，百世之聖君賢輔未能易也。故為君者必思比德於堯、舜、禹、湯、文、武，而後無忝乎為君。為臣者必思媲休於皋、夔、伊、傅、周、召，而後無忝乎為臣。朕夙夜兢兢，冀克守主敬存誠之道，以遂觀光揚烈之懷，尤冀卿尹百執事共體元首股肱之誼，殫協恭勵翼之忱，寅亮天工，誠和民志，俾薄海內外永底乂安，於以遠宗聖哲，而仰承皇考尊崇經學、啟牖萬世之盛心，顧不美歟？是為序。雍正八年仲春十二日。

〔九〕《日講春秋解義》六十四卷，是書為聖祖仁皇帝經筵舊稿，世宗憲皇帝復加考論，乃編次成帙。每條先列《左氏》之事蹟，而不取其浮誇；次明《公》、《穀》之義例，而不取其穿鑿。反覆演繹大旨，歸本於王道。（《四庫全書總目》卷二十九）

〔十〕《御纂孝經集注》一卷，雍正五年世宗憲皇帝御定。仿朱子《論語》、《孟子集注》之體，纂輯此編。衡鑒眾論，得所折衷。（《四庫全書總目》卷三十二）

〔十一〕大訓：先王聖哲的教言。

〔十二〕《日講禮記解義》六十四卷，是書為聖祖仁皇帝經筵所講，皆經御定而未及編次成帙。大旨歸於謹小慎微，皇自敬德，以納民於軌物。（《四庫全書總目》卷二十一）

〔十三〕《周官義疏》四十八卷，乾隆十三年鄂爾泰等奉敕撰。（《四庫全書總目》卷十九）

〔十四〕《欽定儀禮義疏》四十八卷，此為乾隆十三年《御定三禮義疏》之第二部。是編大旨以元敖繼公《儀禮集說》所說為宗，而參核諸家，以補正其舛漏。（《四庫全書總目》卷二十）

〔十五〕《御纂周易述義》十卷，乾隆二十年奉敕撰。以多推闡御纂《周易折衷》之蘊，故賜名曰《述義》。大旨以切於實用為本。（《四庫全書總目》卷六）

〔十六〕《欽定詩義折衷》二十卷，乾隆二十年皇上御纂。鎔鑄眾說，演闡經義，體例

與《周易述義》同。訓釋多參稽古義，大旨亦同。於《詩經集傳》之外，多附錄舊說。(《四庫全書總目》卷十六)

〔十七〕《御纂春秋直解》十五卷，乾隆二十三年奉敕撰。大旨在發明尼山本義，而劃除種種迂曲之說。(《四庫全書總目》卷二十九)

〔十八〕互體：《易》卦上下兩體相互交錯取象而成之新卦，又叫「互卦」。如《觀》為《坤》下《巽》上，取其二至四爻則為《艮》，三至五爻則為《坤》。

〔十九〕胡安國（1074～1138），字康侯，諡號文定，宋建寧崇安（今福建武夷山市）人。紹聖四年（1097）進士，為太學博士，旋提舉湖南學事。後遷居衡陽南嶽，創辦碧泉、文定書院，著有《春秋傳》。

〔二十〕乾隆五十五年春正月丙申，御定重排石鼓文十章，刻石鼓於太學及熱河文廟。

〔二一〕程大昌（1123～1195），字泰之，徽州休寧人。紹興二十一年進士，以龍圖閣直學士致仕。事蹟見《宋史》本傳。

〔二二〕楊慎（1488～1559），字用修，號升菴，四川新都人。撰《石鼓文音釋》三卷。《金石古文》亦言升菴得唐人拓本，凡七百二字，乃其全文，馮惟訥《詩紀》亦據以載入《古逸詩》中。當時蓋頗有信之者。後陸深作《金臺紀聞》，始疑其以補綴為奇。至朱彝尊《日下舊聞考》證古本以「六轡」下「沃若」二字、「靈雨」上「我來自東」四字，皆慎所強增。第六鼓、第七鼓多所附益，咸與《小雅》同文。(《四庫全書總目》卷四十三)

〔二三〕乾隆五十六年，刻石經於辟雍，命為正總裁。時總裁八人，尚書彭元瑞獨任校勘，敕編《石經考文提要》，事竣，元瑞被褒齎。和珅嫉之，毀元瑞所編不善，且言非天子不考文。上曰：「書為御定，何得目為私書耶？」和珅乃使人撰《考文提要舉正》以攻之，冒為己作進上，訾《提要》不便士子，請銷毀，上不許。館臣疏請頒行，為和珅所阻，中止，復私使人磨碑字，凡從古者盡改之。(《清史稿》卷三一九)

〔二四〕《開成石經》，又稱唐石經，始刻於唐文宗大和七年（833），開成二年（837）完成，共刻《周易》、《尚書》等十二經。今藏於西安碑林。

〔二五〕廣政石經，又稱蜀石經、成都石經、益都石經。五代後蜀孟昶廣政十四年鐫《周易》，至宗仁宗皇祐元年《公羊傳》工畢，是為「石室十三經」。

歷代石經源流第十

以經書石，名曰石經。而累代石經，其文或科斗，或大篆，或隸，或楷，其經或五，或七，或十三，各有異同〔一〕，皆足以資校訂，治經者不可不講。

【注釋】

〔一〕後漢鐫刻七經，著於石碑，皆蔡邕所書。魏正始中，又立一字石經，相承以為七經正字。後魏之末，齊神武執政，自洛陽徙於鄴都，行至河陽，值岸崩，遂沒於水。其得至鄴者，不盈太半。至隋開皇六年，又自鄴京載入長安，置於秘書內省，議欲補緝，立於國學。尋屬隋亂，事遂寖廢，營造之司，因用為柱礎。貞觀初，秘書監臣魏徵，始收聚之，十不存一。其相承傳拓之本，猶在秘府。(《隋書·經籍志》)

孫海波《魏三字石經集錄》云：「石經之經數為《尚書》、《春秋》二經，見於記載者，《西征記》：《春秋經》、《尚書》二部。《洛陽伽藍記》：《春秋》、《尚書》二部。《隋書·經籍志》：《三字石經尚書》九卷，梁有十三卷，《三字石經尚書》五卷，《三字石經春秋》三卷，梁有十二卷。《舊唐書·藝文志》：《三字石經尚書古篆》三卷，《三字石經左傳古篆》十三卷。《唐書·藝文志》：《三字石經尚書古篆》三卷，《三字石經左傳古篆書》十二卷。《通志·藝文略》：《三字石經尚書古篆》三卷，《三字石經尚書》九卷，《三字石經左傳古篆書》十二卷。此皆言魏三字石經之只刊《尚書》、《春秋》也。其分卷與《漢志》不同。」

馮氏登府著《石經考異》，曰漢，曰魏，曰唐，曰蜀，曰南北宋，曰國朝，凡有七刻〔一〕。漢即熹平石經，《易》、《尚書》、《魯詩》、《儀禮》、《公羊》、《論語》，凡六經，蔡中郎以八分書丹〔二〕。魏即三字石經，《尚書》、《春秋》，寫以篆、隸、科斗三體之字。唐即開成刻《易》、《書》、《詩》、「三禮」、「三傳」、《論語》、《爾雅》諸經。蜀刻經凡十三。北宋即嘉祐中所刻九經〔三〕，有篆有真。南宋即紹興所刻〔四〕，書以小楷，各經皆非足本。國朝乾隆五十八年詔刻十三經於太學，嘉慶八年覆命磨改盡善。此就其文之可考者言也。而《困學紀聞》已云：「石經有七，漢熹平則蔡邕〔五〕，魏正始則邯鄲淳〔六〕，晉裴頠〔七〕，唐開成中唐玄度〔八〕，後蜀孫逢吉〔九〕等，本朝嘉祐中楊南仲〔十〕等，中興高廟〔十一〕御書。」

【注釋】

〔一〕漢、魏、唐、蜀、兩宋皆有石經，而專為考訂之書，有顧炎武《石經考》一卷、張爾岐《石經正誤》一卷、萬斯同《漢魏石經考》一卷、《唐、宋石經考》一卷、杭世駿《石經考異》二卷、翁方綱《漢石經殘字考》一卷、王昶《魏石經

毛詩殘字》一卷、陳鱣《蜀石經毛詩考異》二卷、彭元瑞《石經考文提要》十
三卷、孫星衍《魏三體石經殘字考》二卷、阮元《石經儀禮校勘記》四卷、孔
廣牧《漢石經殘字證異》二卷、嚴可均《唐石經校文》十卷和馮登府《石經補
考》十二卷。此外，還有丁晏《北宋汴學篆隸二體石經記》一卷、魏錫曾《唐
《開成石經》圖考》一卷、瞿中溶《漢魏蜀石經考異辨正》、馮世瀛《石經考
辨》二卷、徐嵩《石經備考》一卷等。張國淦《歷代石經考》專考源流，以朝
代為次，又有《歷代石經一覽表》，博引史傳中有關記載。

〔二〕范曄《後漢書·儒林傳序》曰：「熹平四年，靈帝乃詔諸儒正定『五經』，刊
於石碑，為古文、篆、隸三體書法以相參檢，樹之學門，使天下咸取則焉。」
胡三省曰：「《雒陽記》：太學在雒陽城南開陽門外，講堂長十丈，廣二丈，
堂前石經四部，本碑凡四十六枚。西行，《尚書》、《周易》、《公羊傳》十六
碑存，十三碑毀。南行，《禮記》十五碑悉崩壞。東行，《論語》三碑毀。《禮
記》碑上有諫議大夫馬日磾、議郎蔡邕名。又趙明誠《金石錄》曰：『石經，
蓋漢靈帝熹平四年所立，其字則蔡邕小字八分書也。』《後漢書·儒林傳敘》
云『為古文、篆、隸三體』者，非也。蓋邕所書乃八分，而三體石經乃魏時
所建也。」

〔三〕仁宗慶曆初命刻篆隸二體石經，後僅《孝經》、《尚書》、《論語》畢工，是為嘉
祐石經。

〔四〕高宗紹興間親書《易》、《書》、《詩》、《左氏傳》、《論語》、《孟子》及《禮記》
五篇刊石，孝宗淳熙四年詔建閣以覆之，是為紹興御書石經。

〔五〕熹平四年，靈帝乃詔諸儒正定「五經」，刊於石碑，為古文，篆、隸三體書法
以相參檢，樹之學門，使天下咸取則焉。（《後漢書》卷七九上）

〔六〕陳留邯鄲淳亦與揖同時，博古開藝，特善《倉》、《雅》，許氏字指，八體六書
精究閒理，有名於揖，以書教諸皇子。又建《三字石經》於漢碑之西，其文蔚
炳，三體復宣。

〔七〕裴頠（267～300），字逸民，河東聞喜（今屬山西）人。玄學家。

〔八〕開成二年八月國子監奏：得覆定石經字體官翰林待詔唐玄度狀：伏准太和七
年二月五日敕。覆九經字體者。今所詳覆，多依司業張參《五經字》為準，其
舊字樣，歲月將久，畫點參差，傳寫相承，漸致乖誤。今並依字書與較勘，同
商較是非，取其適中，纂錄為《新加九經字樣》一卷，請附於《五經樣》之
末，用證繆誤。敕旨：「依奏。」（《唐會要》卷六十六）

〔九〕孫逢吉，字彥同，富春人。宋隆興元年（1135）進士。著有《職官分紀》。事
　　蹟見《宋史》本傳。

〔十〕楊南仲，宋代學者，生平事蹟不詳。撰《石經》七十五卷。

〔十一〕中興高廟，指宋高宗。

　　然《榆墩集》〔一〕云：「孝平元始元年〔二〕，王莽命甄豐摹古文《易》、
《詩》、《書》、《左傳》於石〔三〕，此石經初刻也。章帝命杜操〔四〕增摹《公羊》、
《論語》古文，而釋以章草〔五〕，此石經再刻也。靈帝光和六年〔六〕，命胡母
敬〔七〕、崔瑗〔八〕、張昶〔九〕、師宜官〔十〕以古文八分刻《易》、《書》、《魯詩》、
《儀禮》、《左傳》於太學講堂，此石經三刻也。熹平四年，諸儒以《左傳》立
於劉歆，當廢，《公羊》興於孝武，《周禮》、《爾雅》傳於周公，《魯詩》、《論
語》出於孔子，當與《易》、《書》並刻，又詔蔡邕〔十一〕、楊賜〔十二〕、堂溪典
〔十三〕、馬日磾〔十四〕等，純以八分書之，此石經四刻也。魏虞喜〔十五〕惜古文
不傳，言于邵陵厲公〔十六〕，自摹古文於石，陳留邯鄲淳〔十七〕以小篆釋之，
鍾會〔十八〕注以小楷，刻於鴻都學宮，此五刻石也。晉惠帝永熙武庫火，梁武
帝得漢拓本三種，詔蕭子雲〔十九〕等以小楷刻之金陵，《易》用費直，《書》用
姚方興〔二十〕，《詩》用毛，《禮》用小戴，《春秋》用『三傳』，此六刻也。北
魏太武神龜元年〔二一〕，從崔光〔二二〕之請，以漢魏石經，在洛鄴者遭王彌、
劉曜之亂〔二三〕，命元暉、於烈、韓毅等補之，此七刻也。周大象之沈，齊高
澄之炮，又殘闕矣。隋大業中，取其遺書於秘書省。貞觀六年，魏徵請發而傳
之，詔歐陽詢〔二四〕補以八分，此八刻也。時孔穎達為疏義，請以王弼《易》、
孔安國《書》、《毛詩》、『三禮』、『三傳』、《論語》、《爾雅》、《孟子》、《孝經》
頒行天下，為『十三經』。開元四年，張說〔二五〕請補《古易》、《魯詩》，詔禮
部郎中殷（伸）〔仲〕容摹古文於石，此九刻也。天寶九年，從李林甫請，詔
侍書徐浩〔二六〕等以小楷刻九經於長安，此十刻也。蜀孟昶命李仁罕、毌昭裔
楷書刻《易》、《詩》、『三禮』、『三傳』、《論語》、《孟子》十一經，此十一刻也。
南唐升元以楷書刻十一經，增《孝經》、《爾雅》，此十二刻也。宋淳化六年，
翻刻蜀十一經於汴，此十三刻也。高宗御書「五經」於臨安府學，才人吳氏續
之，此十四刻也。洪适摹鴻都遺字於利州，此十五刻也。范成大摹於少城，十
六刻也。天章閣待制胡元質復摹於成都學宮，並三（禮）〔體〕刻之，十七刻
也。明宣德六年，靖江王又摹於本府，十八刻也。天順元年，秦府又摹刻，而
《古易》、《魯詩》復完，此十九刻也。」

【注釋】

〔一〕《楡墩集》，清徐世溥撰。徐世溥（1607～1658），字巨源，江西新建（今南昌）人。明諸生。幼隨父任，學殖日富。年十六補博士弟子員。時東鄉艾南英以時文奔走一世，聞世溥名，與約為兄弟。江南若陳子龍、姚希孟，里中若萬時華、康小範輩，無不以杓斗歸之。世溥才雄氣盛，一往自遂，兼工書法，戶外屨常滿，繼而屢困鎖闈，旋值滄桑之變，匿景杜門，絕意進取。順治辛卯、壬辰，溧陽柄政，欲修徵辟故事，直指使者親式其閭，又作手書，遣司理持禮幣往山中致之，堅拒不納。司理去後，盜乘夜入室，索其禮幣，不知初未嘗受也，盜不之信，以火炙之，至死乃去。世溥好讀書，為詩古文，潛思論撰。所著《易詩解》、《夏小正》、《洪範正義》、《禹貢圖說》、《楡溪集》等書。

【附錄】

王士禎《居易錄》卷十二：「徐世溥作《諸葛武侯無成論》，略云：『諸葛之出師，即周公居東之志也。其盡瘁而無成功，則昭烈如其不才卿可自取一言酖之也。人固有終其身若渾樸寬厚，而不能不敗露於將死。斯言也，昭烈之疑忌盡見，生平深險畢露，非惟昭烈不知孔明，孔明亦不知昭烈甚矣。彼以關、張既沒，老宿無人，嗣子沖愚，而亮以良、平之才，據伊、周之地，一旦之後，有蜀者未知為劉氏子否也，故若示以開心見誠，而實豫防逆折之。自取一言，猶曰：蜀，卿之蜀也，卿欲取，任自取之，但勿戕吾子云耳。』云云。予讀之駭然。古來論昭烈者曰：『帝寬仁大度，能得人死力，知人待士有高祖之風。及其託孤之際，君臣肝膽相照，無纖芥形跡，何其盛也。』即曲筆如陳壽，亦曰：『宏毅寬厚，知人待士有高祖之風、英雄之氣，及其舉國託孤於諸葛，而心神無二，誠君臣之至公，古今之盛軌也。』陳後山云：『昭烈謂武侯云云，其勤勞一生，蓋為漢計，豈為子孫計哉？乃周公之用心也。』論忠武侯，或曰三代以上人物，或曰王佐之才，或曰近伊尹之出處，或曰《出師》二《表》與《伊訓》、《說命》相為表裏。又曰：勸昭烈伐劉璋而迄取之，後世不以為貪。昭烈令輔後帝，曰苟不可輔，公自取之。孔明不以為嫌。專國一十二年，後主不以為偪。故魚水之契，古今美之，不聞有異議也。荀子論齊桓公：俠然知管仲之能足以託國也，是天下之大智也。遂立以為仲父，是天下之大決也。昭烈有焉。世溥何人，而敢於污蔑先賢如此，徒見其狂悖無忌憚而已。薛能詩：『當年諸葛成何事，只合終身作臥龍。』後人非之。及周发之難，人以為口業之報。《該聞錄》云：『薛能從事西川，每短諸葛功業，厚誣之，見於詩，不一而足，竟不免許州之禍。』世溥晚死於盜，安知非口業之報哉？斯論也，罪浮於能矣。」

〔二〕孝平元始元年，即公元 1 年。

〔三〕王莽時，劉歆、甄豐皆為上公，莽既以符命自立，即位之後，欲絕其原，以神

前事，而豐子尋、歆子棻復獻之，莽誅豐父子，投棻四裔。（《漢書》卷八七下）

〔四〕杜操，字伯度，京兆杜陵（今陝西西安）人。及魏代避諱，易為杜度。梁庾肩吾《書品》云：「草勢起於漢時，解散隸法，用以赴急，本因草創之義，故曰草書。建初中，京兆杜操始以善草知名，今之草書是也。」又云：「杜度濫觴於草書，取奇於漢帝，詔使奏事，皆作草書。」將杜操列名上之中，與王獻之等人齊名。

〔五〕宋黃伯思《法帖刊誤》卷上：「凡草書分波磔者名章草，非此者但謂之草，猶古隸之生今正書，故章草當在草書先。然本無章名，因漢建初中杜操伯度善此書，章帝稱之，故後世目焉。」

〔六〕靈帝光和六年，即公元 183 年。

〔七〕胡母敬，秦始皇時太史令，作《博學篇》。漢興，閭里書師合《蒼頡》、《爰歷》、《博學》三篇，斷六十字以為一章，凡五十五章，並為《蒼頡篇》。胡母敬不可能活到靈帝時，此處疑有誤。

〔八〕宋潘自牧《記纂淵海》卷八十二「草書」條：「漢興而有草書，至章帝而齊相杜度號善作篇，崔瓊、崔寔亦皆稱工。杜氏投字甚安，而書體微瘦。崔氏甚得筆勢，而結字小疏。弘農張伯英因而精轉甚巧，至今猶寶其書，韋仲將謂之草聖。」清倪濤《六藝之一錄》卷二百九十九：「崔瓊善章草，師於杜度，而媚輒過之。點畫精微，神變無礙，王隱謂之草賢。張伯英尤善章草，韋仲將謂之草聖。張旭章草類伯英，時人謂之亞聖。」章帝去靈帝甚遠，此處「崔瓊」疑當作崔瑗。

〔九〕張昶（？～206），字文舒，敦煌酒泉（今甘肅酒泉）人。張伯英季弟，為黃門侍郎。尤善章草，家風不墜。奕葉清華，書類伯英，時人謂之亞聖。至如筋骨天姿，實所未逮。若華實兼美，可以繼之。（唐張懷瓘《書斷》卷中）

〔十〕師宜官，南陽人。靈帝好書，徵天下工書於鴻都門，至數百人。八分稱宜官為最，大則一字徑丈，小乃方寸千言，甚矜其能。性嗜酒，或時空，至酒家書其壁以售之，觀者雲集，酤酒多售則鏟去之。（唐張懷瓘《書斷》卷中）袁昂《古今書評》：「師宜官書如鵬羽未息翩翩自逝。」

〔十一〕蔡邕（133～192），字伯喈，陳留圉（今河南杞縣南）人。召拜郎中，校書東觀。遷議郎。邕以經籍去聖久遠，文字多謬，俗儒穿鑿，疑誤後學，熹平四年，乃與五官中郎將堂溪典、光祿大夫楊賜、諫議大夫馬日磾、議郎張馴、韓說、

太史令單颺等奏求正定六經文字，靈帝許之。邕乃自書冊於碑，使工鐫刻，立於太學門外。於是後儒晚學，咸取正焉。及碑始立，其觀禮及摹寫者，車乘日千餘兩，填塞街陌。（《後漢書》卷六〇下）

〔十二〕楊賜，字伯獻，楊秉之子，《後漢書》卷五四有傳。

〔十三〕堂溪典，堂溪姓也，《先賢行狀》曰：典字子度，潁川人。為西鄂長。

〔十四〕馬日磾，字翁叔，陝西扶風人。馬融族叔。

〔十五〕虞喜，字仲寧，會稽餘姚人。專心經傳，兼覽讖緯，乃著《安天論》以難渾蓋，又釋《毛詩略》，注《孝經》，為《志林》三十篇。凡所注述數十萬言，行於世。年七十六卒。

〔十六〕邵陵厲公，即魏齊王曹芳。閻若璩曰：「漢靈帝熹平四年，蔡邕書六經於碑，使工鐫刻，立於太學門外，此所謂一字石經也。魏邵陵厲公正始中，邯鄲淳書石經，亦立於太學，此所謂三字石經也。」

〔十七〕潁川邯鄲淳，漢武時，魯恭王壞孔子宅，得《尚書》、《春秋》、《論語》、《孝經》。時人以不復知有古文，謂之科斗書。漢世秘藏，希得見之。魏初傳古文者，出於邯鄲淳。恒祖敬侯寫淳《尚書》，後以示淳，而淳不別。至正始中，立三字石經，轉失淳法，因科斗之名，遂效其形。（《晉書》卷三六）陳留邯鄲淳亦與揖同時，博古開藝，特善《倉》、《雅》，許氏字指，八體六書精究閒理，有名於揖，以書教諸皇子。又建《三字石經》於漢碑之西，其文蔚炳，三體復宣。（《魏書》卷九一）

〔十八〕鍾會（225～264），字士季，潁川長社（今河南長葛）人。太傅繇小子。及壯，有才數技藝，而博學精練名理，以夜續畫，由是獲聲譽。正始中，以為秘書郎，遷尚書中書侍郎。

〔十九〕蕭子雲（486～548），字景喬，陵郡（今江蘇常州）人。《唐會要》卷三十五云：「太宗嘗於晉史右軍傳後論之曰：鍾書布纖濃，分疏密，霞舒雲卷，無所間然。但其體古而不今，字長而逾制。獻之雖有異風，殊俗新巧，疏瘦如凌冬之枯樹。蕭子雲無丈夫之氣，行行如縈春蚓，步步如縋秋蛇，臥王蒙於紙中，坐徐姬於筆下，以茲播美，豈濫名耶？所以詳察古今，研精篆素，盡善盡美，其惟王逸少乎？」

〔二十〕姚方興，南齊吳興（今浙江溫州）人。孔安國以古文開其篇第，成五十八篇。晉世秘府所存，永嘉之亂並亡。至東晉，豫章內史梅賾始得安國之傳奏之，又闕《舜典》一篇。齊建武中，吳姚方興於大桁市得其書，奏上，多二十八篇，

於是始列國學。

〔二一〕北魏太武無神龜元年，此處當作孝明帝神龜元年，即公元 518 年。

〔二二〕崔光（451～523），本名孝伯，字長仁，東清河鄃（今河北清河）人。神龜元年（518）夏，光表曰：「經石彌減，文字增缺。職忝冑教，參掌經訓，不能繕修頹墜，興復生業，倍深慚恥。今求遣國子博士一人，堪任幹事者，專主周視，驅禁田牧，制其踐穢，料閱碑牒所失次弟，量厥補綴。」詔曰：「此乃學者之根源，不朽之永格，垂範將來，憲章之本，便可一依公表。」光乃令國子博士李郁與助教韓神固、劉燮等勘校石經，其殘缺者，計料石功，並字多少，欲補治之。於後靈太后幸后廢，遂寢。（《魏書》卷六七）初，洛陽有漢所立三字石經，雖屢經喪亂而初無損失。及魏馮熙、常伯夫相繼為洛州刺史，毀取以建浮圖精舍，遂大致頹落，所存者委於榛莽，道俗隨意取之。侍中領國子祭酒崔光請遣官守視，命國子博士李郁等補其殘缺，胡太后許之。會元乂、劉騰作亂，事遂寢。（《資治通鑒》卷第一百四十八）

〔二三〕懷帝永嘉五年六月，劉曜、王彌入京都，焚燒宮廟，執帝歸平陽。

〔二四〕歐陽詢（557～641），字信本，潭州臨湘（今湖南長沙）人。詢初仿王羲之書，後險勁過之，因自名其體。尺牘所傳，人以為法。貞觀初，歷太子率更令、弘文館學士，封渤海男。

〔二五〕張說（667～730），字道濟，其先范陽人，代居河東，徙家洛陽。官至尚書左丞相。

〔二六〕徐浩（703～782），字季海，越州（今浙江紹興）人。少舉明經，工草隸，以文學為張說所器重，肅宗即位，召拜中書舍人，時天下事殷，詔令多出於浩。浩屬詞贍給，又工楷隸，肅宗悅其能，加兼尚書右丞。玄宗傳位誥冊，皆浩為之，參兩宮文翰，寵遇罕與為比。建中三年，以疾卒，年八十，贈太子少師。

方中履〔一〕云：「十九刻敘最明，獨不及鄭覃自刻〔二〕，何耶？」按《新唐書·鄭覃傳》：覃以經籍刓謬〔三〕，博士陋淺，不能正，建言願與巨學鴻生，共力讎刊，准（演）〔漢〕故事，鏤石太學，示萬世法。詔可。乃表周墀、崔球、張次宗、孔溫業等足正文字，刻於石。〔四〕此唐文宗開成二年〔五〕事，又在天寶石刻之後者。然則石經之刻，自漢迄明，凡二十刻矣，合之我朝〔六〕，共二十一刻云。

【注釋】

〔一〕方中履（1638～1688），字素北，號合山，別號小愚，安徽桐城人。方以智之

子。著《汗青閣集》、《古今釋疑》。

〔二〕癸卯，宰臣判國子祭酒鄭覃進《石壁九經》一百六十卷。時上好文，鄭覃以
　　　經義啟導，稍折文章之士，遂奏置五經博士，依後漢蔡伯喈刊碑列於太學，
　　　創立《石壁九經》，諸儒校正訛謬。上又令翰林勒字官唐玄度復校字體，又
　　　乖師法，故石經立後數十年，名儒皆不窺之，以為蕪累甚矣。（《舊唐書》卷
　　　一七下）

〔三〕刓繆：損壞錯亂。

〔四〕覃清正退約，與人未嘗串狎。位相國，所居第不加飾，內無妾媵。女孫適崔
　　　皋，官裁九品衛佐，帝重其不昏權家。覃之侍講，每以厚風俗、黜朋比再三為
　　　天子言，故終為相。然疾惡多所不容，世以為太過，憚之。始，覃以經籍刓
　　　繆，博士陋淺不能正，建言：「原與巨學鴻生共力讎刊，準漢舊事，鏤石太學，
　　　示萬世法。」詔可。覃乃表周墀、崔球、張次宗、孔溫業等是正其文，刻於
　　　石。（《新唐書》卷一六五）

〔五〕開成二年，即公元 837 年。

〔六〕江瀚云：「清石經刊於乾隆五十八年，即長洲蔣衡所書，勘定立石，依《開成
　　　石經》，參以各善本，多所訂正。」（《續修四庫全書總目提要》第 1313 頁）

【附錄】

　　清桂馥《歷代石經略》上卷：學使翁覃溪先生《兩漢金石記》云：「近日杭董浦論鴻都非太學一條云：張懷瓘《書斷》、黃伯思《東觀餘論》、晁公武《石經考異》皆稱鴻都一字石經，非也。按《後漢·靈帝紀》：光和元年，始置鴻都門學生。《蔡邕傳》：初，帝好學，自造《皇羲篇》五十章，因引諸生能為文賦者，本頗以經學相招，後諸為尺牘及工書鳥篆者皆加引召，遂至數十人。侍中、祭酒樂松、賈護多引無行趣勢之徒，並待制鴻都門下。《陽球傳》：拜尚書令，奏罷鴻都文學，曰：伏承有詔敕中尚方為鴻都文學，樂松江覽等三十二人圖像立贊，以勸學者。又曰：今太學東觀足以宣明聖化，願罷鴻都之選，以消天下之謗。按《水經注》：穀水又東，徑開陽門南，又東徑國子太學。則太學在開陽門，與鴻都遠矣。獨怪當時待詔鴻都門下者，若師宜官，若梁鵠八分皆極一時之選，何以光和六年立石不令寫經？乃知二人特工隸、篆小技，『五經』所以正天下訛謬，偏傍增損之間，度非一二俗生可了，故曰邕自書丹，使工鐫刻，誠慎之也。全祖望《鮚埼亭集·偶記》云：《北魏書·江式表》謂蔡邕刻石太學，後開鴻都，諸方獻篆無出邕者。則鴻都固非太學，而又可見師宜官諸人之盡遜於邕也。邕以刻鴻都學生被譴，而謂石經出於鴻都，真大舛也。歸安丁小雅傑曰：以漢太學石經稱鴻都石經者，誤始於唐張懷瓘《書斷》，而宋黃長睿《東觀餘論》、晁公武《石經考異》等書因之。今參考《靈帝

紀》、《蔡邕傳》、《陽球傳》及《雒陽伽藍記》、《水經》穀水注、《魏書》、《北史·江式傳》,漢之待制鴻都與刻石太學判然兩事,亦判然兩地。且蔡邕以劾鴻都學生被譴,尤不容以邕正字書丹之碑歸之鴻都也。昌黎《石鼓歌》、洪景盧《漢隸字原序》皆誤,未經核正爾。方綱按:光和二年二月,始置鴻都門學,而蔡邕諸人書石經在鴻都未立學之前三年,後人以熹平石經目曰鴻都者,當以丁君此論正之也。」馥案:諸書多稱漢石經為鴻都石經,其誤已久,得此一條,可證舊說之誣。

清劉傳瑩《漢魏石經考》上篇:自《書斷》誤稱熹平石經為鴻都石經,黃伯思、董逌皆沿其誤,萬季野辨之,全謝山又據式此疏,謂鴻都固非大學,邕以劾鴻都學生被譴,而謂石經出於鴻都,真為大舛,其辨尤為明晰。

歷代書籍制度第十一

朱氏竹垞云:「善讀書者,匪直晰文義而已,其於簡策之尺寸必詳焉。」〔註1〕誠以書籍制度,代有不同,不知其制,無以考簡冊之長短,文字之得失。

三代之際,皆用方策,鄭康成《中庸注》云:「方,版,策簡也。」是也。策簡,竹為之;方,木為之也。其長短之度,鄭《論語序》云:「《易》、《書》、《詩》、《禮》、《樂》、《春秋》策皆尺二寸〔一〕,《孝經》謙半之,《論語》八寸策者,三分居一,又謙焉。」服虔傳《春秋》,稱古文篆書,一簡八字,而說《書》者謂每行十三字。」「簡二十二字,脫亦二十二字。」據此,則簡有長短,字亦有多寡者也。而自漢而下則不然。漢因周制,仍用簡冊,而帛亦並用。

【注釋】

〔一〕葉德輝《書林清話·書之稱冊》:「當依《左傳疏》引作二尺四寸。」

戴氏宏〔一〕云:「《公羊》傳至景帝時,公羊壽乃共弟子胡毋子都著於竹帛。」又《書籍考》云:「靈帝西遷,縑帛〔二〕散為帷囊。」〔註2〕皆可見漢時竹帛並用也。至蔡倫造紙,而書籍始用紙。然其初,帛與紙亦並用,後則專用紙,而不用帛。當漢、唐時尚無印版〔三〕,故其書皆以紙素〔四〕傳寫。《抱朴子》所寫,反覆有字。《金樓子》謂細書《史》、《莊》、《老》、《離騷》等六百三十四卷。南齊沈麟士〔五〕年過八十,手寫細書,後周裴漢〔六〕借異書,躬

〔註1〕朱彝尊《曝書亭集》卷第三十五《江村銷夏錄序》。詳見《經解入門探源》。
〔註2〕清金鶚《求古錄禮說》卷十五《漢唐以來書籍制度考》。《書籍考》,即《漢唐以來書籍制度考》,其文詳見《經解入門探源》。

自錄本，蓋其時書籍難得，而其制度不作冊而為卷軸。胡應麟云：「卷必重裝一紙，表裏常兼數番，每讀一卷，或每檢一事，細閱展舒，甚為煩數。」〔七〕《唐・經籍志》云：「藏書四庫，經庫書綠牙軸，朱帶，白牙籤；子庫書紫帶，雕紫檀軸，碧牙籤。」〔八〕其餘皆大略如此。至唐末，益州始有版本術數字學小書。後唐長興三年，始依石經文字，刻九經，印版流佈天下〔九〕。命馬縞、田敏等詳勘《宋史》，謂始於周顯德，非是。宋慶曆中，有布衣畢升又為活版〔十〕，其法用漆泥刻字，薄如錢，印極神速。鏤板之地，蜀最善，吳次之，越次之，閩又次之，其本初以梓〔十一〕，後以梨，或以棗〔十二〕，唐以後之制度大率如此。

【注釋】

〔一〕漢戴宏撰《解疑論》一卷。

〔二〕縑帛，作書寫用。幃囊，佩帶的香囊。《後漢書・宦者傳・蔡倫》：「自古書契多編以竹簡，其用縑帛者謂之紙。」宋趙彥衛《雲麓漫鈔》卷七：「故有刀筆鉛槧之說，秦漢末用縑帛。」

〔三〕「當漢、唐時尚無印版」之說不確，據曹之先生考證，唐中期已經發明雕版印刷術。

〔四〕紙素：供書寫或繪畫用的紙張或絹帛。南朝齊王琰《冥祥記》：「里中小屋，有經像者，亦多不燒。或屋雖焚毀，而於煨盡之中，時得全經，紙素如故。」唐李節《贈釋疏言還道林寺詩》序：「容貌於土木者沈諸水，言詞於紙素者烈諸火。」

〔五〕沈麟士（416？～501？），字雲禎，吳興武康（今浙江德清）人。麟士嘗苦無書，因遊都下，歷觀四部畢。麟士無所營求，以篤學為務。守操終老，讀書不倦。著《周易兩系》、《莊子內篇訓》。注《易經》、《禮記》、《春秋》、《尚書》、《論語》、《孝經》、《喪服》、《老子要略》數十卷。事蹟見《南史》卷七六。

〔六〕裴漢，字仲霄。操尚弘雅，聰敏好學，嘗見人作百字詩，一覽便誦。魏孝武初解褐員外散騎侍郎，大統五年除大丞相府士曹行參軍，補墨曹參軍。漢善尺牘，尤便簿領，理識明贍，決斷如流，相府為之語曰：「日下粲爛有裴漢。」至借人異書，必躬自錄本。至於疹疾彌年，亦未嘗釋卷。（《周書》卷三十四）

〔七〕明胡應麟《少室山房筆叢》卷四《經籍會通四》。

〔八〕《舊唐書・經籍志》。

〔九〕《舊五代史》卷一百二十六：「馮道字可道，瀛州景城人。時以諸經舛繆，與同

列李愚委學官田敏等，取西京鄭覃所刊石經雕為印版，流佈天下，後進賴之。」後唐長興三年即公元 931 年。

〔十〕活版：亦作「活板」。用活字排成的印刷板。宋代畢昇發明。宋沈括《夢溪筆談·技藝》：「慶曆中，有布衣畢昇，又為活版。其法用膠泥刻字，薄如錢唇，每字為一印，火燒令堅。先設一鐵版，其上以松脂臘和紙灰之類冒之。欲印則以一鐵範置鐵板上，乃密布字印。滿鐵範為一板，持就火煬之，藥稍鎔，則以一平板按其面，則字平如砥。」

〔十一〕梓：木名。紫葳科，落葉喬木。葉子對生或三枚輪生。花黃白色。木質優良，輕軟，耐朽，供建築及製家具、樂器等用。《詩·鄘風·定之方中》：「樹之榛栗，椅桐梓漆，爰伐琴瑟。」明李時珍《本草綱目·木二·梓》：「按陸佃《埤雅》云：梓為百木長，故呼梓為木王。蓋木莫良於梓，故《書》以《梓材》名篇，《禮》以梓人名匠，朝廷以梓宮名棺也。」付梓，古時雕版刻書以梓木為上，後因稱書籍刊印為「付梓」。

〔十二〕舊時刻版印書多用梨木或棗木，故以「梨棗」或「棗梨」為書版的代稱。

兩漢傳經諸儒第十二

秦火〔一〕一炬，群籍蕩然〔二〕，而今日猶得讀三代之書者，兩漢經師之力也。爰列群經，次兩漢之傳經者。

【注釋】

〔一〕秦火：指秦始皇焚書事。

〔二〕蕩然：毀壞；消失。

《易》自商瞿〔一〕五傳而至田何〔二〕，漢興，何以齊田徙杜陵〔三〕，號杜田生，授東武〔四〕王同（字子中〔五〕），及洛陽周王孫，梁人丁寬〔六〕（字子襄，又從周王孫受古義），齊服生〔七〕，皆著《易傳》。漢初言《易》者，本之田生。王同授淄川楊何、孟但、主父偃、即墨、成周、霸衡胡。丁寬授同郡碭田王孫。楊何授司馬談、京房。田王孫授施讎〔八〕及孟喜〔九〕、梁丘賀〔十〕。由是有施、孟、梁丘〔十一〕之學。張禹、魯伯授施氏《易》，蓋寬饒、翟牧、白光受孟氏《易》，梁臨受梁丘及施氏。彭宣、戴同受張禹。毛莫如、邴丹受魯伯。王駿、五鹿充宗〔十二〕受梁臨。戴賓受戴崇、鄧彭、祖士孫、張衡咸。馮商受充宗。劉昆〔十三〕受戴賓。劉軼受劉昆。後漢范升傳梁丘《易》及孟氏《易》，升又傳楊政〔十四〕。張興〔十五〕傳梁丘《易》，興又傳張魴〔十六〕。窪

丹〔十七〕、鮭陽鴻〔十八〕、任安〔十九〕皆傳孟氏《易》。虞光、虞成、虞鳳、虞翻自言五世傳孟氏《易》。袁良、袁安、袁京、袁敞、袁彭、袁湯、袁閎亦五世傳孟氏《易》。東郡京房（字君明）受《易》焦延壽，延壽嘗從孟喜問《易》，房以延壽《易》即孟氏學，翟牧、白生非是。〔二十〕房授段嘉〔二一〕及姚平乘弘，由是多京氏學，孫期〔二二〕、魏滿〔二三〕並傳之。費直〔二四〕授琅邪王璜。成帝時劉向考《易》說，以為諸家皆祖田何，楊叔元、丁將軍大義略同，唯京氏為異。《後漢書》云：「京兆陳元、扶風馬融、河南鄭眾、北海鄭玄、潁川荀爽，並傳費氏《易》。沛人高相〔二五〕治《易》，與費直同時，自言出於丁將軍，傳至相，相授子康及蘭陵毋將永。」〔二六〕此《易》學之傳也。其治《易》而不詳所出者，不載，下仿此。

【注釋】

〔一〕商瞿：魯人，字子木。少孔子二十九歲。孔子傳《易》於瞿，瞿傳楚人馯臂子弘。

〔二〕田何：齊人，字子莊。《漢書》云：「商瞿授東魯橋庇子庸，子庸授江東馯臂子弓，子弓授燕周醜子家，子家授東武孫虞子乘，子乘授何。」而《仲尼弟子傳》作：「瞿傳馯臂子弘，弘傳江東人矯子庸疵，疵傳燕人周子家豎，豎傳淳于人光子乘羽，羽傳齊人田子莊何。」

〔三〕杜陵：地名。在今陝西省西安市東南。古為杜伯國。秦置杜縣，漢宣帝築陵於東原上，因名杜陵。並改杜縣為杜陵縣。晉曰杜城縣，北魏曰杜縣，北周廢。

〔四〕東武：齊地名。

〔五〕「子中」，應為「子仲」。

〔六〕丁寬：字子襄，梁人。事蹟見《漢書》卷八八。

〔七〕齊服生：劉向《別錄》云：「齊人，號服光。」（《周易注解傳述人》）

〔八〕施讎：字長卿，沛人。事蹟見《漢書》卷八八。

〔九〕孟喜：字長卿，東海蘭陵人。事蹟見《漢書》卷八八。

〔十〕梁丘賀：字長翁，琅邪諸人。事蹟見《漢書》卷八八。

〔十一〕梁丘：複姓。春秋齊有梁丘據。見《左傳·昭公二十年》。

〔十二〕五鹿充宗：字君孟，代郡人。官尚書令、玄菟太守。

〔十三〕劉昆：字桓公，陳留東昏人，梁孝王之胤。少習容禮。平帝時，受《施氏易》於沛人戴賓。

〔十四〕楊政：字子行，京兆人。少好學，從代郡范升受《梁丘易》，善說經書。京師為之語曰：「說經鏗鏗楊子行。」教授數百人。

〔十五〕張興：字君上，潁川鄢陵人。習《梁丘易》以教授。建武中，舉孝廉為郎，謝病去，復歸聚徒。後闢司徒馮勤府，勤舉為孝廉，稍遷博士。永平初，遷侍中祭酒。十年，拜太子少傅。顯宗數訪問經術，既而聲稱著聞，弟子自遠至者，著錄且萬人，為梁丘家宗。十四年，卒於官。

〔十六〕子魴：傳興業，位至張掖屬國都尉。

〔十七〕窪丹：字子玉，南陽育陽人。世傳《孟氏易》。王莽時，常避世教授，專志不仕，徒眾數百人。建武初，為博士，稍遷，十一年，為大鴻臚。作《易通論》七篇，世號窪君通。丹學義研深，《易》家宗之，稱為大儒。十七年，卒於官，年七十。（《後漢書》卷一百九上）

〔十八〕觟陽鴻：字孟孫，亦以《孟氏易》教授，有名稱，永平中為少府。

〔十九〕任安：字定祖，廣漢綿竹人。少游太學，受《孟氏易》，兼通數經。又從同郡楊厚學圖讖，究極其術。年七十九，建安七年，卒於家。（《後漢書》卷一百九上）

〔二十〕京房受《易》梁人焦延壽。延壽云嘗從孟喜問《易》。會喜死，房以為延壽《易》即孟氏學，翟牧、白生不肯，皆曰非也。至成帝時，劉向校書，考《易》說，以為諸《易》家說皆祖田何、楊叔、丁將軍，大誼略同，唯京氏為異黨，焦延壽獨得隱士之說，託之孟氏，不相與同。房以明災異得幸，為石顯所譖誅，自有傳。房授東海殷嘉、河東姚平、河南乘弘，皆為郎、博士。由是《易》有京氏之學。（《漢書》卷八八）

〔二一〕段嘉：《漢書·儒林傳》作「殷嘉」。

〔二二〕孫期：字仲彧，濟陰成武人。少為諸生，習《京氏易》、《古文尚書》。遠人從其學者，皆執經壠畔以追之，里落化其仁讓。（《後漢書》卷一百九上）

〔二三〕南陽魏滿字叔牙，亦習《京氏易》，教授。永平中，至弘農太守。（《後漢書》卷一百九上）

〔二四〕費直：字長翁，東萊人。治《易》為郎，至單父令。長於卦筮，亡章句，徒以彖象繫辭十篇文言解說上下經。琅邪王璜平中能傳之。（《漢書》卷八八）

〔二五〕高相，沛人。治《易》與費公同時，其學亦亡章句，專說陰陽災異，自言出於丁將軍。傳至相，相授子康及蘭陵毋將永。康以明《易》為郎，永至豫章都尉。及王莽居攝，東郡太守翟誼舉兵誅莽，事未發，康候知東郡有兵，私語門人，

門人上書言之。後數月，翟誼兵起，莽召問，對受師高康。莽惡之，以為惑眾，斬康。由是《易》有高氏學。高、費皆未嘗立於學官。（《漢書》卷八八）

〔二六〕此段引文與《漢書·儒林傳》原文略有出入。

漢興，傳《今文尚書》者始於濟南伏勝〔一〕，傳《古文尚書》者始於孔安國〔二〕。伏生授濟南張生、千乘歐陽生〔三〕，生授同郡兒寬〔四〕，寬又從孔安國受業，以授歐陽生之子，歐陽氏世傳其業，至曾孫高作《尚書章句》，為歐陽氏學。高孫地餘〔五〕以《書》授元帝，傳至歐陽歙〔六〕，歙以上八世皆為博士。濟南林尊受《尚書》於歐陽高，以授平當及陳翁生，翁生授殷崇及龔勝，當授朱普及鮑宣。後漢濟陰曹曾受業於歐陽歙，傳長子祉。又陳留陳弇樂、安弁長並傳歐陽尚書。沛國桓榮受《尚書》於朱普，以授漢明帝，遂世相傳，東京最盛。張生授夏侯都尉，都尉傳族子始昌，始昌傳族子勝，勝從始昌受《尚書》及《洪範五行傳》〔七〕，說災異，又事同郡簡卿。卿者，兒寬門人。又從歐陽氏問，為學精熟，所問非一師，受詔撰《尚書說》，號為大夏侯氏學。傳齊人周堪及魯國孔霸，霸傳子光，堪授魯國弁卿及長安許商，商授沛人唐林及平陸吳章、重泉王吉、齊炔欽。後漢北海牟融亦傳大夏侯《尚書》。夏侯建師事夏侯勝及歐陽高，左右採獲，又從「五經」諸儒問與《尚書》相出入者，牽引以次章句，為小夏侯氏學。傳平陵張山拊，山拊授同縣李尋及鄭寬中、山陽張無故、信都秦恭、陳留假倉。寬中授東郡趙玄，無故授沛人唐尊，恭授魯馮賓。後漢東海王良亦傳小夏侯《尚書》。安國獻《尚書傳》，遭巫蠱事，未列於學官，藏之私家，以授都尉朝。司馬遷亦從安國問故，故遷書多古文說。都尉朝授膠東庸生，庸生授清河胡常，常授虢徐敖，敖授琅琊王璜及平陵涂惲，惲授河南乘欽。王莽時諸學皆立，惲、璜等貴顯。范曄《後漢書》云：「中興，扶風杜林傳《古文尚書》，賈逵為之作誦，馬融作傳，鄭玄注解，由是，《古文尚書》遂顯於世。」〔註3〕按：今馬、鄭所注，並伏生所誦，非古文也。孔氏之本絕，是以馬、鄭皆謂之逸書。王肅亦注今文，而解大與古文相類，或肅私見《孔傳》而秘之，亦未可知也。

【注釋】

〔一〕伏生，濟南人。故為秦博士。孝文時，求能治《尚書》者，天下亡有。聞伏生治之，欲召。時伏生年九十餘，老不能行，於是詔太常，使掌故晁錯往受之。

〔註 3〕《後漢書》卷七十九上。

秦時禁書，伏生壁藏之，其後大兵起，流亡。漢定，伏生求其書，亡數十篇，獨得二十九篇，即以教於齊、魯之間。齊學者由此頗能言《尚書》，山東大師亡不涉《尚書》以教。伏生教濟南張生及歐陽生，張生為博士，而伏生孫以治《尚書》徵，弗能明定。(《漢書》卷八八)

〔二〕孔氏有古文《尚書》，孔安國以今文字讀之，因以起其家逸《書》，得十餘篇，蓋《尚書》茲多於是矣。(《漢書》卷八八)

〔三〕歐陽生，字和伯，千乘人。事伏生，授兒寬。(《漢書》卷八八)

〔四〕兒寬，千乘人。治《尚書》，事歐陽生。以郡國選詣博士，受業孔安國。貧無資用，常為弟子都養。時行賃作，帶經而鋤，休息輒讀誦，其精如此。(《漢書》卷八八)

〔五〕地餘字長賓，歐陽生六世孫。

〔六〕歐陽歙，字正思，樂安千乘人。自歐陽生傳伏生《尚書》，至歙八世，皆為博士。(《後漢書》卷一百九上)

〔七〕《尚書大傳》第三卷即為《洪範五行傳》。

漢興，傳《詩》者四家：《魯詩》始於魯人申培公，《齊詩》始於齊人轅固生，《韓詩》始於燕人韓嬰，《毛詩》始於大、小毛公〔一〕。魯人申公〔二〕受《詩》於浮丘伯，以《詩經》為訓故以教，無傳，疑者則闕不傳，號曰《魯詩》。弟子為博士者十餘人：郎中令王臧、御史大夫趙綰、臨淮太守孔安國、膠西內史周霸、城陽內史夏寬、東海太守魯賜、長沙內史繆生、膠西中尉徐偃、膠東內史闕門慶忌，皆申公弟子。申公本以《詩》、《春秋》授瑕邱江公，盡能傳之，徒眾最盛。魯許生、免中徐公皆守學教授。丞相韋賢受《詩》於江公及許生，傳子玄成。又王式受《詩》於免中徐公及許生，以授張生長安及唐長賓、褚少孫〔三〕。張生兄子游卿以《詩》授元帝，傳王扶，扶授許晏。又薛廣德受《詩》於王式，授龔捨。齊人轅固生〔四〕作《詩傳》，號《齊詩》。傳夏侯始昌，始昌授后蒼，蒼授翼奉及蕭望之、匡衡，衡授師丹及伏理滿昌，昌授張邯及皮容，皆至大官，徒眾尤盛。後漢陳元方亦傳《齊詩》。燕人韓嬰〔五〕推詩意作內外傳數萬言，號曰《韓詩》。淮南賁生受之。武帝時嬰與董仲舒論於上前，仲舒不能難。其孫商為博士，孝宣時涿韓生其後也。〔六〕河內趙子事燕齊王，授同郡蔡誼，誼授同郡食子公及琅琊王吉，子公授太山栗豐，吉授淄川長孫順，豐授山陽張就，順授東海發福，並至大官。《藝文志》云：「齊、韓《詩》或取《春秋》，採雜說，咸非其本義，魯最為近之。」《毛詩》者，出自毛公，河間獻王

好之。徐整云：「子夏授河間人大毛公，默哀公為《詩詁訓》傳於家，以授趙人小毛公，小毛公為河間獻王博士，以不在漢朝，故不列於學。」一云：「子夏傳曾申，申傳魏人李克，克傳魯人孟仲子。孟仲子傳根牟子，根牟子傳趙人（宋）〔孫〕卿子，（宋）〔孫〕卿子傳魯人大毛公。」《漢書·儒林傳》云：「毛公，趙人，治《詩》，為河間獻王博士，授同國貫長卿，長卿授解延年，延年授號徐敖，敖授九江陳俠。」〔七〕或云陳俠傳謝曼卿。元始五年，公車徵說《詩》。後漢鄭眾、賈逵傳《毛詩》，馬融作《毛詩注》，鄭玄作《毛詩箋》，申明毛義，難三家，於是三家遂廢。

【注釋】

〔一〕大毛公為毛亨，小毛公為毛萇。

〔二〕申公，魯人。少與楚元王交俱事齊人浮丘伯受《詩》。漢興，高祖過魯，申公以弟子從師入見於魯南宮。呂太后時，浮丘伯在長安，楚元王遣子郢與申公俱卒學。歸魯退居家教，終身不出門，復謝賓客，獨王命召之乃往。弟子自遠方至受業者千餘人，申公獨以《詩經》為訓故以教，亡傳，疑者則闕弗傳。弟子為博士十餘人，孔安國至臨淮太守，周霸膠西公內史，夏寬城陽內史，碭魯賜東海太守，蘭陵繆生長沙內史，徐偃膠西中尉，鄒人闕門慶忌膠東內史，其治官民皆有廉節稱。其學官弟子行雖不備，而至於大夫、郎、掌故以百數。申公卒以《詩》、《春秋》授，而瑕丘江公盡能傳之，徒眾最盛。及魯許生、免中徐公，皆守學教授。韋賢治《詩》，事大江公及許生，又治《禮》，至丞相。傳子玄成，以淮陽中尉論石渠，後亦至丞相。玄成及兄子賞以《詩》授哀帝，至大司馬車騎將軍。由是《魯詩》有韋氏學。（《漢書》卷八八）

〔三〕褚少孫，西漢史學家、文學家。潁川（今河南許昌）人。為宣帝時大儒王式弟子，習《春秋》、《魯詩》，為博士。補《史記》十篇。

〔四〕轅固，齊人。以治《詩》，孝景時為博士。武帝初即位，復以賢良徵。諸儒多嫉毀曰固老，罷歸之。時固已九十餘矣。公孫弘亦徵，仄目而事固。固曰：「公孫子，務正學以言，無曲學以阿世！」（《漢書》卷八八）后蒼字近君，東海郯人。事夏侯始昌。始昌通「五經」，蒼亦通《詩》、《禮》，為博士，至少府，授翼奉、蕭望之、匡衡。（《漢書》卷八八）

〔五〕韓嬰，燕人。孝文時為博士，景帝時至常山太傅。嬰推詩人之意，而作《外傳》數萬言，其語頗與齊、魯間殊，然歸一也。淮南賁生受之。燕趙間言《詩》者由韓生。韓生亦以《易》授人，推《易》意而為之傳。燕趙間好《詩》，故

其《易》微，唯韓氏自傳之。(《漢書》卷八八)

〔六〕武帝時，嬰嘗與董仲舒論於上前，其人精悍，處事分明，仲舒不能難也。後其孫商為博士。孝宣時，涿郡韓生其後也，以《易》徵待詔殿中，曰：「所受《易》即先太傅所傳也。嘗受《韓詩》，不如韓氏《易》深，太傅故專傳之。」司隸校尉蓋寬饒本受《易》於孟喜，見涿韓生說《易》而好之，即更從受焉。(《漢書》卷八八)

〔七〕毛公，趙人。治《詩》，為河間獻王博士，授同國貫長卿。長卿授解延年。延年為阿武令，授徐敖。敖授九江陳俠，為王莽講學大夫。由是言《毛詩》者，本之徐敖。(《漢書》卷八八)

漢興，傳《禮》者始於高堂生，傳《士禮》十七篇，即今之《儀禮》，而魯徐生善為容，孝文時為禮官大夫。景帝時河間獻王得古《禮》獻之。瑕丘蕭奮以《禮》至淮陽太守，授東海孟卿，卿授同郡后蒼及魯閭邱卿。〔一〕其古禮五十六篇，蒼傳十七篇，說數萬言，號《后蒼曲臺記》。蒼授沛聞人通漢及梁戴德、戴聖、沛慶普，由是《禮》有大小戴、慶氏之學。〔二〕普授魯夏侯敬，又傳族子咸。大戴授琅琊徐良，小戴授梁人橋仁及楊榮。〔三〕王莽時，劉歆為國師，始建立《周官經》，以為《周禮》。河南緱氏杜子春受業於歆，鄭興父子等多往師之。賈徽、賈逵、馬融、鄭玄、盧植皆傳《禮》云。

【注釋】

〔一〕漢興，魯高堂生傳《士禮》十七篇，而魯徐生善為頌。孝文時，徐生以頌為禮官大夫，傳子至孫延、襄。襄其資性善為頌，不能通經；延頗能，未善也。襄亦以頌為大夫，至廣陵內史。延及徐氏弟子公戶滿意、桓生、單次皆為禮官大夫。而瑕丘蕭奮以禮至淮陽太守。諸言《禮》為頌者由徐氏。(《漢書》卷八八)

〔二〕孟卿，東海人。事蕭奮，以授后倉、魯閭丘卿。倉說《禮》數萬言，號曰《后氏曲臺記》，授沛聞人通漢子方、梁戴德延君、戴聖次君、沛慶普孝公。孝公為東平太傅。德號大戴，為信都太傅。聖號小戴，以博士論石渠，至九江太守。由是《禮》有大戴、小戴、慶氏之學。(《漢書》卷八八)

〔三〕通漢以太子舍人論石渠，至中山中尉。普授魯夏侯敬，又傳族子咸，為豫章太守。大戴授琅邪徐良斿卿，為博士、州牧、郡守，家世傳業。小戴授梁人橋仁季卿、楊榮子孫。仁為大鴻臚，家世傳業。榮琅邪太守。由是大戴有徐氏，小戴有橋、楊氏之學。(《漢書》卷八八)

漢興，傳《公羊春秋》者〔一〕，始於齊人胡毋生、趙人董仲舒。蘭陵褚大、東平嬴公、廣川段仲溫、呂步舒皆仲舒弟子。嬴公守學，不失師法〔二〕，授東海孟卿及魯眭弘，弘授彭祖及顏安樂〔三〕，由是《公羊》有嚴、顏之學。弘弟子八百餘人，常曰：「《春秋》之意，在二子矣。」彭祖授琅邪王中，中授同郡公孫文及東門雲。〔四〕安樂授淮陽泠豐及淄川任翁，豐授大司徒馬宮及琅邪左咸。始貢禹事嬴公而成於眭孟，以授潁川堂溪惠，惠授泰山冥都，又疏廣事孟卿，以授琅邪筦路，筦路及冥都又事顏安樂，路授大司農孫寶。瑕邱江公受《穀梁春秋》及《詩》於魯申公，武帝時為博士，使與董仲舒論，江公吶於口，而丞相公孫弘本為《公羊》學，比輯其義，終用董生。於是上因尊《公羊》家，詔太子受。〔五〕衛太子復私問《穀梁》而善之，其後浸微，唯魯榮廣、浩星公二人受焉。廣能盡傳其《詩》、《春秋》。蔡千秋、梁周慶、丁姓皆從廣受，千秋又事浩星公，為學最篤。宣帝即位，聞衛太子好《穀梁》，乃詔千秋與《公羊》家並說，上善《穀梁》說。後又選郎十人，從千秋受。會千秋病死，徵江公孫為博士。〔六〕詔劉向受《穀梁》，欲就助之。江博士復死，乃徵周慶、丁姓待詔，使卒授十人。十餘歲，皆明習。乃召「五經」名儒、太子太傅蕭望之等，大議殿中，平《公羊》、《穀梁》同異。望之等多從《穀梁》，由是大盛，慶、姓皆為博士。〔七〕姓授楚申章昌曼君。初尹更始事蔡千秋，又受《左氏傳》，取其變理合者，以為章句，傳子咸及翟方進、房鳳。始江博士授胡常，常授梁蕭秉，王莽時為講學大夫。〔八〕

【注釋】

〔一〕江藩《隸經文》卷四《公羊先師考》駁斥此說：「西京大儒傳習淵原，《史記》、《漢書·儒林傳》序之甚詳，嗣後序錄家亦無異論。惟《公羊傳》則後人有胡毋生、董仲舒為公羊高五傳弟子之說，大謬不然矣。其說本之戴宏，徐彥《疏》引宏序云：『子夏傳與公羊高，高傳與子平，平傳其子地，地傳其子敢，敢傳其子壽。至漢景帝時，壽乃與弟子齊人胡毋子都，著於竹帛，與董仲舒皆見於圖讖。』徐彥又曰：『胡毋生本雖以公羊經傳授董氏，猶自別作條例。其言不可信也。太史公親見仲舒，故曰吾聞之董生。』其作《儒林傳》，不言子都、仲舒之師為何人，蓋不可得而聞矣。若子都、仲舒為壽之弟子，太史公豈有不知者哉？即班書《儒林傳》亦不言子都、仲舒之師為壽，第云胡毋生與董仲舒同業，仲舒著書稱其德，年老歸教於齊而已。同業者，同治公羊之學，未嘗云以經傳授董子也。陸元朗《經典釋文》序錄亦無是說也。戴宏解疑論本之圖

讖，乃無稽之談，而《隋書・經籍志》、《公羊疏》、《玉海》皆引以為說，不信經史，而信圖讖，何哉？公羊之學，興於漢初，最著者為胡毋生、董子。子都歸老於齊，齊之言《春秋》者不顯。董子之弟子遂之者眾，故其說大行於世，如蘭陵褚大、東平嬴公、廣川段仲溫、呂少舒，皆通顯至大官。嬴公授東海孟卿及魯睂宏，宏授嚴彭祖、顏安樂，由是公羊有嚴、顏之學。彭祖授琅邪王中，中授同郡公孫文及東門雲。安樂授淮陽泠豐及淄川任翁。豐授大司徒馬宮及琅邪左咸。貢禹亦事嬴公而成於睂孟，授潁川堂溪惠，惠授泰山冥都及疏廣。廣事孟卿以授琅邪筦路。路及冥都又事顏安樂，授大司農孫寶。《釋文序錄》之說如此。是前漢時嚴、顏之學盛行，皆仲舒之學也。胡毋生之弟子，惟公孫弘一人，余無聞焉。爰及東京，多治《嚴氏春秋》，見於范書《儒林傳》者，別有丁恭、周澤、鍾興、甄宇、樓望、程曾六人。治《顏氏春秋》者，惟張君夏一人，張氏兼說嚴氏、冥氏，亦非專治顏氏之學者。至於李育，雖習《公羊》，然不知其為嚴氏之學歟？顏氏之學歟？何休之師，則博士羊弼也。傳稱休與弼追述李育意以難《二傳》，作《公羊墨守》，則休之學出於李育，無所謂嚴氏、顏氏矣。其為《解詁》，依胡毋生《條例》，自言多得其正，至於嚴、顏之學，則謂之『時加釀嘲辭』。又曰：『甚可閔笑。』然則休之學出於育，育之學本之子都矣。今之公羊，乃齊之公羊，非趙之公羊也。董子書散夫已久，傳於世者僅存殘闕之《繁露》，而其說往往與休說不合，《繁露》之言『二端十指』，亦與條例之『三科九旨』迥異，仲舒推五行災異之說，《漢書・五行志》備載焉。休之《解詁》，不用董子之說，取京房之占，其不師仲舒可知矣，則其所稱先師者，為胡毋生、李育之徒，非仲舒、彭祖、安樂也。是董子之學，盛行於前漢，寖微於後漢，至晉時其學絕矣。若夫晉之劉兆、王接父子，絕無師法，合『三傳』而別一尊，不特非胡毋生、董子之學，並非公羊高之學也。」〔註4〕

〔二〕胡毋生，字子都，齊人。治《公羊春秋》，為景帝博士。與董仲舒同業，仲舒著書稱其德。年老，歸教於齊，齊之言《春秋》者宗事之，公孫弘亦頗受焉。而董生為江都相，弟子遂之者，蘭陵褚大、東平嬴公、廣川段仲、溫呂步舒。大至梁相，步舒丞相長史，唯嬴公守學不失師法，為昭帝諫大夫，授東海孟卿、魯睂孟。孟為符節令，坐說災異誅。

〔註4〕見《續修四庫全書》第173冊，第581～582頁，又見《江藩集》，上海古籍出版社，2006年版，第68～70頁。

〔三〕嚴彭祖，字公子，東海下邳人。與顏安樂俱事眭孟。孟弟子百餘人，唯彭祖、安樂為明，質問疑誼，各持所見。孟曰：「《春秋》之意，在二子矣！」孟死，彭祖、安樂各顓門教授。由是《公羊春秋》有顏、嚴之學。

〔四〕彭祖竟以太傅官終。授琅邪王中，為元帝少府，家世傳業。中授同郡公孫文、東門雲。雲為荊州刺史，文東平太傅，徒眾尤盛。雲坐為江賊拜辱命，下獄誅。

〔五〕瑕丘江公受《穀梁春秋》及《詩》於魯申公，傳子至孫為博士。武帝時，江公與董仲舒並。仲舒通「五經」，能持論，善屬文。江公吶於口，上使與仲舒議，不如仲舒。而丞相公孫弘本為《公羊》學，比輯其議，卒用董生。於是上因尊《公羊》家，詔太子受《公羊春秋》，由是《公羊》大興。

〔六〕《漢書・儒林傳》：太子既通，復私問《穀梁》而善之。其後寖微，唯魯榮廣王孫、皓星公二人受焉。廣盡能傳其《詩》、《春秋》，高材捷敏，與《公羊》大師眭孟等論，數困之，故好學者頗復受《穀梁》。沛蔡千秋少君、梁周慶幼君、丁姓子孫皆從廣受。千秋又事皓星公，為學最篤。宣帝即位，聞衛太子好《穀梁春秋》，以問丞相韋賢、長信少府夏侯勝及侍中樂陵侯史高，皆魯人也，言穀梁子本魯學，公羊氏乃齊學也，宜興《穀梁》。時千秋為郎，召見，與《公羊》家並說，上善《穀梁》說，擢千秋為諫大夫給事中，後有過，左遷平陵令。復求能為《穀梁》者，莫及千秋，上愍其學且絕，乃以千秋為郎中戶將，選郎十人從受。汝南尹更始翁君本自事千秋，能說矣。會千秋病死，徵江公孫為博士。

〔七〕劉向以故諫大夫通達待詔，受《穀梁》，欲令助之。江博士復死，乃徵周慶、丁姓待詔保宮，使卒授十人。自元康中始講，至甘露元年，積十餘歲，皆明習。乃召「五經」名儒、太子太傅蕭望之等大議殿中，平《公羊》、《穀梁》同異，各以經處是非。時《公羊》博士嚴彭祖、侍郎申挽、伊推、宋顯，《穀梁》議郎尹更始、待詔劉向、周慶、丁姓並論。《公羊》家多不見從，願請內侍郎許廣，使者亦並內《穀梁》家中郎王亥，各五人，議三十餘事。望之等十一人各以經誼對，多從《穀梁》。由是《穀梁》之學大盛。慶、姓皆為博士（師古曰：「周慶、丁姓，二人也。」）。

〔八〕姓至中山太傅，授楚申章昌曼君，為博士，至長沙太傅，徒眾尤盛。尹更始為諫大夫、長樂戶將，又受《左氏傳》，取其變理合者以為章句，傳子咸及翟方進、琅邪房鳳。咸至大司農，方進丞相。

　　《左氏傳》本左丘明作，以授曾申，申傳衛人吳起，起傳其子期，期傳楚人鐸椒，椒傳趙人虞卿，卿傳同郡荀卿名況，況傳武威張蒼，蒼傳洛陽賈誼，誼傳至其孫嘉，嘉傳趙人貫公，貫公傳其少子長卿，長卿傳京兆張敞及侍御史張禹，禹數為御史大夫蕭望之言左氏，望之善之，薦禹徵待詔。未及問，會病死。禹傳尹更始，更始傳其子咸及翟方進、胡常，常授黎羊、賈護，護授蒼梧陳欽。《漢書·儒林傳》云：「漢興，北平侯張蒼及梁太傅賈誼、京兆尹張敞、（大）〔太〕中大夫劉公子皆修《春秋左氏傳》。」始劉歆從尹咸及翟方進受《左氏》，由是言《左氏》者，本之固護、劉歆。歆授扶風賈徽，徽傳子逵，逵受詔，列《公羊》、《穀梁》不如《左氏》四十事奏之，名曰《左氏長義》。章帝善之，逵又作《左氏訓詁》。司空南閣、祭酒陳元作《左氏同異》，大司農鄭眾作《左氏條例章句》，南郡太守馬融為三家同異之說。京兆尹延篤受《左氏》於賈逵之孫伯升，因而注之，汝南彭汪記先師奇說及舊注，（大）〔太〕中大夫許淑、九江太守服虔、侍中孔嘉、魏司徒王朗、荊州刺史王基、大司農董遇、徵士敦煌周生烈，並注解《左氏傳》。梓潼李仲欽著《左氏指歸》，陳郡（穎）〔潁〕容作《春秋條例》，又何休作《左氏膏肓》、《春秋墨守》、《穀梁廢疾》，鄭康成作《針膏肓》、《發墨守》、《起廢疾》，自是《左氏》大興。

　　漢興，顏芝〔一〕子貞傳《孝經》，是為今文。長孫氏博士江翁、少府后蒼、諫大夫翼奉、安昌侯張禹傳之，各自名家，凡十八章。又有古文出於孔氏壁中，孔安國作傳，劉向校書，定為十八。後漢馬融亦作《古文孝經傳》，而世不傳。世所行鄭注，相承以為鄭玄。按《鄭志》及《中經簿》無，唯中朝穆帝〔二〕集講《孝經》云：「以鄭玄為主。」檢《孝經注》，與康成注「五經」不同，未詳是非。竊按《孝經注》蓋出鄭小同〔三〕。

【注釋】

〔一〕顏芝，秦末漢初河間（今河北獻縣）人。

〔二〕指東晉穆帝司馬聃。

〔三〕鄭小同，鄭玄之孫。底本脫「小」字。

　　漢興，傳《論語》者有三家：《魯論語》者，魯人所傳，即今所行篇次是也。常山都尉龔奮、長信少府夏侯勝〔一〕、丞相韋賢〔二〕及次子玄成〔三〕、魯扶卿〔四〕、太子少傅夏侯建〔五〕、前將軍蕭望之〔六〕並傳之，各自名家。《齊論語》者，齊人所傳，昌邑中尉王吉、少府宋畸、琅琊王卿、御史大夫貢禹、尚

書令五鹿充宗、膠東庸生並傳之，唯王陽名家。《古論語》者，出自孔氏壁中，孔安國為傳，後漢馬融亦注之。安昌侯張禹受《魯論》於夏侯建，又從庸生、王吉受《齊論》，擇善而從，號曰《張侯論》，最後而行於漢世。禹以《論》授成帝。後漢包咸、周氏並為章句，王肅亦有注。

【注釋】

〔一〕夏侯勝，字長公，寧陽侯國人（今山東寧陽）。初，魯共王分魯西寧鄉以封子節侯，別屬大河，大河後更名東平，故勝為東平人。勝少孤，好學，從始昌受《尚書》及《洪範五行傳》，說災異。後事簡卿，又從歐陽氏問。為學精孰，所問非一師也。善說禮服。徵為博士、光祿大夫。遷長信少府，賜爵關內侯，以與謀廢立，定策安宗廟，益千戶。事蹟見《漢書》本傳。夏侯勝有《尚書大小夏侯章句》二十九卷、《大小夏侯解故》二十九篇，均佚。清儒陳喬樅有《尚書歐陽夏侯遺說考》，收在《皇清經解續編》中。

〔二〕韋賢（約前 148～前 67），字長孺，魯國鄒（今鄒城東南）人。其先韋孟，家本彭城，為楚元王傅，傅子夷王及孫王戊。戊荒淫不遵道，孟作詩風諫。後遂去位，徙家於鄒。賢為人質樸少欲，篤志於學，兼能《禮》、《尚書》，以《詩》教授，號稱鄒魯大儒。徵為博士，給事中，進授昭帝《詩》，稍遷光祿大夫、詹事，至大鴻臚。昭帝崩，無嗣，大將軍霍光與公卿共尊立孝宣帝。帝初即位，賢以與謀議，安宗廟，賜爵關內侯，食邑。徙為長信少府，以先帝師，甚見尊重。本始三年（前 71 年），代蔡義為丞相，封扶陽侯，食邑七百戶。年八十二薨，諡曰節侯。事蹟見《漢書》本傳。

〔三〕玄成：字少翁，以父任為郎，常侍騎。少好學，修父業，尤謙遜下士。出遇知識步行，輒下從者，與載送之，以為常。其接人，貧賤者益加敬，繇是名譽日廣。以明經擢為諫大夫，遷大河都尉。事蹟見《漢書》本傳。

〔四〕魯扶卿：荊州刺史。

〔五〕夏侯建：字長卿，勝從父兄子，為博士議郎、太子少傅。

〔六〕蕭望之：字長倩，東海蘭陵人。御史大夫，前將軍，兼傳《論語》。

兩漢通經諸儒第十三

畢氏秋帆作《傳經表》，並作《通經表》，自通一經以上至十數經者皆錄焉。其尊漢經師，蓋不言而喻矣。予既遵陸氏元朗錄傳經諸儒以明家法，因又錄通經者以示博約。

漢承秦火而後，經籍盡亡，治一經為難，故田、齊之《易》，伏生之《書》，毛公之《詩》，高堂生之《禮》，公、穀之《春秋》，皆止一經。

而通二經者則有：魯人申培公治《魯詩》及《穀梁》，東海孟卿治《春秋》、《禮》，燕人韓嬰治《詩》、《易》，司馬遷治《易》、《古文尚書》，博士江生治《魯詩》、《孝經》，夏侯建治《尚書》、《論語》，虢人徐敖治《古文尚書》、《毛詩》，琅琊王璜治《易》、《古文尚書》，洛陽賈嘉治《尚書》、《左氏》，魯人榮廣治《詩》、《穀梁》，臨淄主父偃治《易》、《春秋》，丙吉治《詩》、《禮》，貢禹治《公羊》、《論語》，王駿治《易》、《論語》，翼奉治《詩》、《孝經》，汝南尹更始治《左氏》、《穀梁》，尹咸、朱雲治《易》、《論語》，壽春梅福治《尚書》、《穀梁》，高陽王尊治《書》、《論語》，五鹿充宗治《易》、《論語》，琅琊房鳳治《左氏》、《穀梁》，翟方進治《左氏》、《穀梁》，劉嘉治《尚書》、《春秋》，東昏劉昆治《施氏易》、《徐氏容禮》，宛人卓茂治《魯詩》、《禮》，無錫虞俊治《公羊》、《左氏》，馮豹治《詩》、《春秋》，西平郅惲治《韓詩》、《嚴氏春秋》，京兆第五元〔先〕治《京氏易》、《公羊》，成武孫期治《京氏易》、《古文尚書》，定陶張馴治《大夏侯尚書》、《左氏》，扶風李育治《左氏》、《公羊》，魯人孔子建治《古文尚書》、《毛詩》，長安右師細君治《魯詩》、《論語》，會稽包咸治《魯詩》、《論語》，濟南徐巡治《古文尚書》、《毛詩》，成都張楷治《古文尚書》、《嚴氏春秋》，安眾宋均治《詩》、《禮》，弘農楊秉治《京氏易》、《古文尚書》，定陰〔註5〕劉陶治《古文尚書》、《春秋》，新野鄧宏治《易》、《歐陽尚書》，鄧德甫所治同，朝那皇甫規治《易》、《詩》，楊賜治《尚書》、《左氏》，蒙人夏恭治《孟氏易》、《韓詩》，閬中樵元治《易》、《春秋》，平輿廖扶治《歐陽尚書》、《毛詩》，膠東公沙穆治《韓詩》、《公羊》，長陵樂恢治《齊詩》、《春秋》，趙牧所治同，宜春陳重、鄱陽雷義皆治《魯詩》、《嚴氏春秋》，郭恩治《周易》、《春秋》，許人陳紀治《齊詩》、《左氏》，冠軍賈復治《易》、《尚書》，宛人孔喬治《古文尚書》、《左氏》，京兆韋著治《京氏易》、《韓詩》，（鄭）〔酇〕人李翊治《京氏易》、《魯詩》，南陽宗資治《孟氏易》、《歐陽尚書》，綿竹杜真治《周易》、《春秋》，茂陵耿弇治《詩》、《禮》，祝睦治《韓詩》、《公羊嚴氏春秋》，南陽韓歆治《費易》、《左氏》，綿竹任安治《孟氏易》、《夏侯尚書》，李孟元治《易》、《論語》，綿竹董扶治《易》、《歐陽尚書》，韓宗治《京氏易》、《歐陽尚書》，東平陽田君治《京氏易》、《韓詩》，夏承治《尚書》、《詩》，魯峻治《魯

〔註5〕廣文本刊語云：原本「潁陰」誤「定陰」。

詩》、《顏氏春秋》，衛宏治《古文尚書》、《毛詩》，魏郡許淑治《費氏易》、《左氏》，成都杜瓊治《尚書》、《韓詩》，廣信士燮治《尚書》、《左氏》，高誘治《禮》、《孝經》，弘農董遇治《費氏易》、《左氏》，敦煌周生烈治《左氏》、《古論語》，高密鄭小同治《小戴記》、《孝經》，河南征崇治《易》、《左氏》，丹陽唐固治《公羊》、《穀梁》，餘姚虞翻治《易》、《論語》，杜陵杜寬治《禮記》、《左氏》，鍾繇治《易》、《左氏》，利漕郭恩治《易》、《春秋》，南陽何晏治《易》、《論語》，彭城張昭治《左氏》、《論語》，山陽王弼治《易》、《論語》。

其通三經者則有：郯人后蒼治《齊詩》、《禮》、《孝經》，瑕丘江公治《魯詩》、《穀梁》、《論語》，魯人周霸治《易》、《尚書》、《魯詩》，清河胡常治《古文尚書》、《左氏》、《穀梁》，蘭陵蕭望之治《齊詩》、《禮服》、《論語》，鄒人韋元成治《魯詩》、《禮》、《論語》，扶風班伯治《齊詩》、《尚書》、《論語》，代郡范升治《梁丘易》、《論語》、《孝經》，安成〔註6〕周磐治《古文尚書》、《詩》、《左氏》，安平崔駰治《易》、《詩》、《春秋》，魯人孔僖治《古文尚書》、《毛詩》、《春秋》，茂陵馬續治《尚書》、《詩》、《論語》，梓潼景鸞治《施氏易》、《齊詩》、《禮》，南昌唐檀治《京氏易》、《韓詩》、《顏氏春秋》，崔瑗治《京氏易》、《詩》、《春秋》，濮陽闞澤治《韓詩》、《左氏》、《禮記》，宛人任延治《易》、《詩》、《春秋》，華陰劉寬治《京氏易》、《歐陽尚書》、《韓詩外傳》，中山劉祐治《古文尚書》、《嚴氏春秋》、《小戴禮》，南昌徐穉治《京氏易》、《歐陽尚書》、《嚴氏春秋》，林慮杜喬治《京氏易》、《歐陽尚書》、《韓詩》，陽都諸葛瑾治《尚書》、《毛詩》、《左氏》，南陽樊安治《韓詩》、《論語》、《孝經》，武榮治《魯詩韋君章句》、《孝經》、《論語》，扶樂袁準治《易》、《書》、《周官經》，雲陽韋昭治《毛詩》、《孝經》、《魯論》，弘農辛（僭）〔繕〕治《易》、《詩》、《春秋》。

其治四經者則有：魯人孔安國治《詩》、《尚書》、《古文孝經》、《古文論語》，膠東庸譚治《古文尚書》、《左氏》、《穀梁》、《論語》，東平夏侯勝治《尚書》、《禮》、《穀梁》、《論語》，河內張禹治《易》、《論語》、《孝經》、《左氏》，河南鄭興治《漆書古文》、《周官經》、《左氏》、《公羊》，鄭眾治《費氏易》、《〔毛〕詩》、《周官》、《左氏》，延篤治《易》、《尚書》、《左氏》、《禮》，賈徽治《古文尚書》、《毛詩》、《周官經》、《左氏》，盧植治《尚書》、「三禮」，徐淑治《孟氏易》、《周官經》、《公羊》、《禮記》，巴郡文立治《毛詩》、「三禮」。

〔註6〕廣文本刊語云：原本「安成」誤倒。安成，今河南汝南縣。

其治五經者則有：董仲舒、劉向、蘭陵褚大、琅琊王吉、楚人龔勝、龔舍、魯人夏侯始昌、平陵魯丕、沛國桓譚、堵陽尹敏、平陵賈逵、成都張霸、東（都）〔郡〕張恭祖、廣戚姜肱〔註7〕、西鄂張衡、外黃申屠蟠、召陵許慎、河間劉淑、南頓蔡元、南鄭李（合）〔郃〕、魯陽樊英、會稽韓說、鄮人井丹法真、京兆玉況、華容胡廣、蘄縣施延、宛人朱穆、郯人劉虞、武德王奐、南鄭李固、西平李咸、涪人尹默、廣陵張（弦）〔紘〕、彭城嚴畯、南頓程秉、東海王朗、樂安任嘏。

其治六經者則有：劉歆、何休。

其治七經者則有：張寬、汝陰〔註8〕荀爽、成都趙典、梓潼楊克、涪人李撰、南陽許慈。

其治八經者則有：樂安孫炎。

其治九經者則有：王肅（朗子）。〔註9〕

其治十經者則有：高密鄭康成。

其治十一經者則有：茂陵馬融。

又帝王通經則有：孝武帝、孝昭帝、孝元帝、孝哀帝、光武帝、孝明帝、孝章帝、孝和帝、孝安帝、孝順帝、孝桓帝、孝靈帝、蜀先主、蜀後主。

又皇后通經則有：孝昭上官后、孝成趙后、班婕妤、明德馬后、和熹鄧后、順烈梁后。

又諸王通經則有：楚元王交、夷王郢客、梁襄王揖、淮南王安、河間王德、燕刺王旦、淮陽憲王欽、廣川王去、齊武王縯、千乘王伉、東海王彊、東平獻王蒼、沛（獻）〔憲〕王輔、北海敬王睦、陳敬王羨、濟南孝王香、琅琊孝王京。

又列女通經則有：伏勝女〔一〕、曹宮〔二〕、文季姜〔三〕、崔發（貫）〔母〕師氏〔四〕、崔（實）〔寔〕母〔五〕、張雨〔六〕、班昭〔七〕。

又宦官通經則有：趙祐。〔八〕

【注釋】

〔一〕伏勝女，即伏生之女，能傳家學，以《今文尚書》口授晁錯。

〔二〕曹宮，成帝寵姬，趙皇后傳宮屬中宮，為學事史，通《詩經》，授皇后。

〔註7〕廣文本刊語云：「肱」疑當作「紘」。

〔註8〕廣文本刊語云：「汝陰」疑當作「潁陰」。

〔註9〕《經解入門》誤作「王朗、子肅」，據《通經表》改正。

〔三〕文季姜，穆彰阿《（嘉慶）大清一統志》卷四百十四列女：漢文季姜，梓潼人，將作大匠王敬伯之妻。少讀《詩》、《禮》，前後八子，愛育親繼如一堂，子孫雖二千石猶杖之，內門相化，服姑之教。

〔四〕崔發母師氏，據《後漢書》卷八十二《崔駰傳》載：（崔）舒小子篆，王莽時為郡文學，以明經徵，詣公車太保，甄豐舉為步兵校尉……莽嫌諸不附己者，多以法中傷之。時篆兄發以佞巧幸於莽，位至大司空。母師氏能通經學百家之言，莽寵以殊禮，賜號義成夫人，金印紫綬，文軒丹轂，顯於新世。後以篆為建新大尹。

〔五〕崔寔母，據《後漢書》卷八十二《崔駰傳》載：崔寔，字子真，一名臺，字元始。少沉靜，好典籍。桓帝初詔公卿郡國舉至孝獨行之士，寔以郡舉徵，詣公車，病不對策，除為郎。明於政體，吏才有餘，論當世便事數十條，名曰《政論》，指切時要，言辯而確，當世稱之……時鮮卑數犯邊，詔三公舉威武謀略之士，司空黃瓊薦寔，拜遼東太守。行道，母劉氏病卒，上疏求歸葬行喪。母有母儀淑德，博覽書傳。初，寔在五原，常訓以臨民之政，寔之善績，母有其助焉。服竟，召拜尚書。寔以世方阻亂，稱疾不視事，數月免歸。

〔六〕張雨，壽張縣女子，據姚之駰《後漢書補逸》卷九「謝夷吾」條：「夷吾為壽張令。縣人女子張雨早喪父母，年五十，不肯嫁，留養孤弟二人，教其學問，各得通經，雨皆為聘娶，皆成善士。夷吾薦於州府，使各選舉，表復雨門戶。」姚之駰案：「雨以貞女撫弟，使二親雖歿猶存，千古奇媛也，范刪之何居？」

〔七〕班昭，一名姬，字惠班。扶風安陵（今陝西咸陽）人。曹世叔之妻，班彪之女。世叔早卒，有節行法度。博學高才。班固著《漢書》，其八表及《天文志》未及竟而卒，和帝詔昭就東觀藏書閣踵而成之。帝數召入宮，令皇后諸貴人師事焉，號曰大家。時《漢書》始出，多未能通者，同郡馬融伏於閣下，從昭受讀，後又詔融兄續繼昭成之。作《女誡》七篇，有助內訓。事蹟見《後漢書‧列女傳》。

〔八〕《後漢書‧呂強傳》：「時宦者濟陰丁肅、下邳徐衍、南陽郭耽、汝陽李巡、北海趙祐等五人稱為清忠，皆在里巷，不爭威權。巡以為諸博士試甲乙科爭第高下，更相告言，至有行賂定蘭臺漆書經字以合其私文者，乃白帝，與諸儒共刻『五經』文於石。於是詔蔡邕等正其文字，自後『五經』一定，爭者用息。趙祐博學多覽，著作校書，諸儒稱之。」

經解入門卷三

南北經術流派第十四

六朝經術流派，見於《北史·儒林傳序》〔一〕者甚詳。而宗法〔二〕所在，孰得孰失，學者不可不知。

【注釋】

〔一〕《北史·儒林傳序》云：儒者，其為教也大矣，其利物也博矣！以篤父子，以正君臣。開政化之本原，鑿生靈之耳目，百王損益，一以貫之。雖世或污隆，而斯文不墜。自永嘉之後，宇內分崩，禮樂文章，掃地將盡。魏道武初定中原，雖日不暇給，始建都邑，便以經術為先。立太學，置五經博士生員千有餘人。天興二年春，增國子太學生員至三千人。豈不以天下可馬上取之，不可以馬上臨之？聖達經猷，蓋為遠矣。四年春，命樂師入學習舞，釋菜於先師。明元時，改國子為中書學，立教授博士。太武始光三年春，起太學於城東。後徵盧玄、高允等，而令州郡各舉才學。於是人多砥尚，儒術轉興。獻文天安初，詔立鄉學，郡置博士二人，助教二人，學生六十人。後詔大郡立博士二人，助教四人，學生一百人；次郡立博士二人，助教二人，學生八十人；中郡立博士一人，助教二人，學生六十人；下郡立博士一人，助教一人，學生四十人。太和中，改中書學為國子學，建明堂、辟雍，尊三老五更，又開皇子之學。及遷都洛邑，詔立國子、太學、四門小學。孝文欽明稽古，篤好墳籍，坐輿據鞍，不忘講道。劉芳、李彪諸人以經書進，崔光、邢巒之徒以文史達。其餘涉獵典章，閒集詞翰，莫不麇以好爵，動貽賞眷。於是斯文郁然，比隆周、漢。宣武時，復詔營國學。樹小學於四門，大選儒生以為小學博士，員四十人。雖黌宇

未立，而經術彌顯。時天下承平，學業大盛，故燕、齊、趙、魏之間，橫經著錄，不可勝數。大者千餘人，小者猶數百。州舉茂異，郡貢孝廉，對揚王庭，每年逾眾。神龜中，將立國學，詔以三品以上，及五品清官之子以充生選。未及簡置，仍復停寢。正光三年，乃釋奠於國學，命祭酒崔光講《孝經》，始置國子生三十六人。暨孝昌之後，海內淆亂，四方校學，所存無幾……大抵南北所為章句，好尚互有不同。江左，《周易》則王輔嗣，《尚書》則孔安國，《左傳》則杜元凱。河洛，《左傳》則服子慎，《尚書》、《周易》則鄭康成。《詩》則並主於毛公，《禮》則同遵於鄭氏。南人約簡，得其英華；北學深蕪，窮其枝葉。考其終始，要其會歸，其立身成名，殊方同致矣。

〔二〕宗法：指學術上某一宗派遞相傳授的規矩。

　　王弼，名士〔一〕也，非經師〔二〕也；杜預，名將也，亦非經師。非經師，則學無所授，信心而談〔三〕，空疏滉漾〔四〕，游衍〔五〕無歸，撥棄〔六〕舊詁，競標新說，何足稱專門之業？若孔安國，則真經師矣。使果為真孔氏，雖康成亦應俯首，而無如其偽也。今習古文，是率天下而偽也，烏乎可？

【注釋】

〔一〕名士：指以學術詩文等著稱的知名士人。
〔二〕經師：本指漢代講授經書的學官。《漢書·平帝紀》：「郡國曰學，縣、道、邑、侯國曰校。校、學置經師一人。」後泛指傳授經書的大師。
〔三〕信心而談：猶「信口開河」。不假深思、不負責任地隨口亂說。
〔四〕空疏滉漾：空疏淺薄，輕浮如水。
〔五〕游衍：恣意遊逛。
〔六〕撥棄：摒除。

　　然而揆〔一〕其所始，厥由東晉。方晉氏渡江而東，修學校，簡省〔二〕博士，置《周易》王氏，《尚書》鄭氏，《古文尚書》孔氏，《毛詩》鄭氏，《周官》、《禮記》、《春秋左傳》杜氏、服氏，《論語》、《孝經》鄭氏，博士各一人。太常荀崧上疏請增置鄭《易》、《儀禮》及《春秋》、《公羊》、《穀梁》博士各一人，會王敦〔三〕之難，不果行。蓋鄭《易》之廢，實始於此。故張璠〔四〕所集二十二家僅依向秀〔五〕之本，而謝萬〔六〕等各注《繫辭》，以續王弼之書，玄風大暢，古義遂湮。陸澄貽王儉書云：「《易》自商瞿之後，雖有異家之學，同以象數為宗，後乃有王弼之說。」

【注釋】

〔一〕揆：度量；揣度。

〔二〕簡省：猶檢視。

〔三〕王敦（266～324），晉武帝時權臣，曾於 322 年舉兵發難。《晉書》卷七十五
《荀崧傳》：時方修學校，簡省博士，置《周易》王氏，《尚書》鄭氏，《古文
尚書》孔氏，《毛詩》鄭氏，《周官》、《禮記》鄭氏，《春秋左傳》杜氏、服氏，
《論語》、《孝經》鄭氏博士各一人，凡九人，其《儀禮》、《公羊》、《穀梁》及
鄭《易》皆省不置。崧以為不可，乃上疏曰：……世祖武皇帝應運登禪，崇儒
興學。經始明堂，營建辟雍，告朔班政，鄉飲大射。西閣東序，河圖秘書禁
籍。臺省有宗廟太府金墉故事，太學有石經古文先儒典訓。賈、馬、鄭、杜、
服、孔、王、何、顏、尹之徒，章句傳注眾家之學，置博士十九人。九州之中，
師徒相傳，學士如林，猶選張華、劉寔居太常之官，以重儒教……伏聞節省之
制，皆三分置二。博士舊置十九人，今「五經」合九人，準古計今，猶未能
半，宜及節省之制，以時施行。今九人以外，猶宜增四。願陛下萬機餘暇，時
垂省覽。宜為鄭《易》置博士一人，鄭《儀禮》博士一人，《春秋公羊》博士
一人，《穀梁》博士一人。昔周之衰，下陵上替，上無天子，下無方伯，善者
誰賞，惡者誰罰，孔子懼而作《春秋》。諸侯諱妒，懼犯時禁，是以微辭妙旨，
義不顯明，故曰「知我者其惟《春秋》，罪我者其惟《春秋》」。時左丘明、子
夏造膝親受，無不精究。孔子既沒，微言將絕，於是丘明退撰所聞，而為之
傳。其書善禮，多膏腴美辭，張本繼末，以發明經意，信多奇偉，學者好之。
稱公羊高親受子夏，立於漢朝，辭義清雋，斷決明審，董仲舒之所善也。穀梁
赤師徒相傳，暫立於漢世。向、歆，漢之碩儒，猶父子各執一家，莫肯相從。
其書文清義約，諸所發明，或是《左氏》、《公羊》所不載，亦足有所訂正。是
以『三傳』並行於先代，通才未能孤廢。今去聖久遠，其文將墮，與其過廢，
寧與過立。臣以為『三傳』雖同曰《春秋》，而發端異趣，案如三家異同之說，
此乃義則戰爭之場，辭亦劍戟之鋒，於理不可得共。博士宜各置一人，以博其
學。元帝詔曰：「崧表如此，皆經國之務。為政所由。息馬投戈，猶可講藝，
今雖日不暇給，豈忘本而遺存邪！可共博議者詳之。」議者多請從崧所奏。詔
曰：「《穀梁》膚淺，不足置博士，餘如奏。」會王敦之難，不行。

〔四〕《魏志·三少帝紀》裴松之注載張璠事略：案張璠、虞溥、郭頒皆晉之令史。
璠撰《後漢紀》，雖似未成，辭藻可觀。

〔五〕向秀（？～約275），字子期，河內懷縣（今河南武陟）人。清悟有遠識，少為山濤所知，雅好老莊之學。莊周著內外數十篇，歷世才士雖有觀者，莫適論其旨統也，秀乃為之隱解，發明奇趣，振起玄風。始，秀欲注，稽康曰：「此書詎復須注，正是妨人作樂耳。」及成，示康曰：「殊復勝不？」著有《向秀易義》、《莊子注》、《思舊賦》。事蹟見《晉書》卷四九。

〔六〕謝萬（320～361），字萬石，陳郡陽夏（今河南太康）人，謝安弟，東晉豫州刺史。韓伯，字康伯，潁川人，東晉太常卿。袁悅之，字元禮，陳郡人，東晉驃騎諮議參軍。

〔七〕桓玄（369～404），字敬道，譙國龍亢（今安徽懷遠、蒙城間）人。桓溫少子，偽楚皇帝。事蹟見《晉書》本傳。卞伯玉，濟陰人，南朝宋東陽太守、黃門郎。注《周易·繫辭》二卷。荀柔之，潁川潁陰人，宋奉朝請，注《周易·繫辭》二卷，並為《易音》，又著《分王年曆》五卷。

〔八〕徐爰（394～475），字長玉，一作季玉，南琅邪開陽（今南京市）人，宋太中大夫，續撰國史。

〔九〕顧歡，字景怡，或云字玄平，吳郡鹽官（今浙江海寧）人，齊武帝永明元年徵為太學博士，不就，著《夷夏論》、《三名論》。

〔十〕明僧紹，字承烈，平原鬲（今山東平原）人，齊武帝永明元年徵為太學博士，不就，作《正二教論》以駁老子入胡化佛之妄。

〔十一〕劉瓛（434～489），字子珪，沛國相（今安徽濉溪）人，齊步兵校尉，不拜，諡貞簡先生。陸德明《經典釋文·周易注解傳述人》：「自謝萬以下十人並注《繫辭》。」今按：諸人所注《繫辭》皆亡佚。

〔十二〕玄風：玄談的風尚。

〔十三〕陸澄（425～494），字彥淵，吳郡吳（今江蘇蘇州）人。澄少好學，博覽無所不知，行坐眠食，手不釋卷。起家太學博士，中軍衛軍府行佐，太宰參軍，補太常丞，郡主簿，北中郎行參軍。武帝永明元年（483），轉度支尚書，領國子博士。事蹟見《南齊書》卷三九。

　　王濟〔一〕云：「弼所誤者多，何必能頓廢前儒？」是鄭氏之不可行〔註1〕，南人固有知之矣。猶幸河北學者習鄭《易》，故其書至唐猶存，陸氏《釋文》、李氏《集解》間述一二，而王注傳習既久，終不能奪，竟至失傳，豈不深可惜哉？〔二〕然晉時鄭《易》雖廢，而《尚書》猶兼習鄭、孔，《春秋》猶兼習服、

〔註1〕廣文本刊語云：「行」疑當作「廢」。

杜，其後乃廢鄭、服而專用孔、杜。〔三〕

【注釋】

〔一〕王濟（247？～292？），字武子，太原晉陽（今山西太原）人，王渾子。少有
逸才，風姿英爽，善《易》及《莊》、《老》，文詞俊茂，伎藝過人，有名當世。
累遷侍中，與侍中孔恂、王恂、楊濟同列，為一時秀彥。濟善於清言，修飾辭
令，諷議將順，朝臣莫能尚焉。帝益親貴之。仕進雖速，論者不以主婿之故，
咸謂才能致之。然外雖弘雅，而內多忌刻，好以言傷物，儕類以此少之。以其
父之故，每排王濬，時議譏焉。事蹟見《晉書》卷四十二。其詩開玄言詩風，
《詩品》列入下品，稱「永嘉以來，清虛在俗，王武子輩詩貴道家之言」。

〔二〕《南齊書》卷三十九：時國學置鄭王《易》，杜服《春秋》，何氏《公羊》，麋氏
《穀梁》，鄭玄《孝經》。（陸）澄謂尚書令王儉曰：「《孝經》，小學之類，不宜
列在帝典。」乃與儉書論之曰：「《易》近取諸身，遠取諸物，彌天地之道，通
萬物之情。自商瞿至田何，其間五傳。年未為遠，無訛雜之失；秦所不焚，無
崩壞之弊。雖有異家之學，同以象數為宗。數百年後，乃有王弼。王濟云弼所
悟者多，何必能頓廢前儒？若謂《易》道盡於王弼，方須大論，意者無乃仁智
殊見。且《易》道無體不可以一體求，屢遷不可以一遷執也。晉太興四年，太
常荀崧請置《周易》鄭玄注博士，行乎前代，於時政由王、庾，皆俊神清識，
能言玄遠，捨輔嗣而用康成，豈其妄然。太元立王肅《易》，當以在玄、弼之
間。元嘉建學之始，玄、弼兩立。逮顏延之為祭酒，黜鄭置王，意在貴玄，事
成敗儒。今若不大弘儒風，則無所立學。眾經皆儒，惟《易》獨玄，玄不可
棄，儒不可缺。謂宜並存，所以合無體之義。且弼於注經中已舉《繫辭》，故
不復別注。今若專取弼《易》，則《繫》說無注。」

〔三〕宋王應麟《周易鄭康成注跋》：康成注《易》九卷，多論互體，江左與王輔嗣
學並立。荀崧謂其書根源。顏延之為祭酒，黜鄭置王。齊陸澄詒王儉書云：
「《易》自商瞿之後，雖有異家之學，同以象數為宗，數年後乃有王弼之說。」
王濟云弼所誤者多，何必能頓廢前儒？河北諸儒專主鄭氏，隋興，學者慕弼
之學，遂為中原之師，唐因之。今鄭注不傳，此景迂晁氏所慨歎也。李鼎祚云
鄭多參天象，王全釋人事。《易》道豈偏滯於天人者哉？合象象於經，蓋自康
成始。其說間見於鼎祚《集解》及《釋文》、《易》、《詩》、「三禮」、《春秋義
疏》、《後漢書》、《文選注》。應麟讀《易》之暇，輯為此編，庶幾先儒象數之
學猶有考焉。

　　《釋文》云:「江左中興,(梅頤)〔枚賾〕奏上《孔傳》,學徒遂盛。後范寧變為今文集注,俗間或取《舜典》篇以續孔氏。」〔一〕夫范寧〔二〕固號為能遵守鄭學〔三〕者,而古文《孔傳》則(梅頤)〔枚賾〕之徒偽撰者〔四〕,乃篤信不疑,且為之集注,是表章《孔傳》,偏自遵守鄭學者為之倡始,異哉!而一時趨向亦於此可卜矣。然劉宋時鄭氏猶未廢絕,故裴駰《史記集解》兼採鄭、孔兩家,無所偏立。《釋文》又云:「近惟崇尚古文,馬、鄭、王注遂廢。」《釋文》之作,在於陳末,而曰「近」,則崇孔廢鄭實在齊、梁之後矣。

【注釋】

〔一〕唐陸德明《經典釋文·序錄》。此處引文與原文稍有不同。枚賾,字仲真,汝南人。范甯,字武子,順陽人,東晉豫章太守,兼注《穀梁》。

〔二〕范寧,東晉經學家。字武子。南陽順陽(今河南南陽)人。曾任豫章太守。撰《春秋穀梁傳集解》十二卷,是今存最早的《穀梁傳》注解,阮元收入《十三經注疏》。

〔三〕鄭學:指經學中的東漢鄭玄學派。《隋書·經籍志》:「梁、陳,鄭玄、王弼二注,列於國學,齊代,唯傳鄭義,至隋,王注盛行,鄭學浸微。」陳澧《東塾讀書記·鄭學》:「鄭君盡注三《禮》,發揮旁通,遂使三《禮》之書合為一家之學,故直斷之曰:『《禮》是鄭學。』」

〔四〕枚賾,字仲真,東晉汝南(今湖北武昌)人。曾任豫章內史。獻《古文尚書》及《尚書孔氏傳》,立為官學,但二書被宋以來的考據家指為偽書。

　　其《春秋》服氏之廢,不知始於何時。裴駰注《史記》,引解頗多,梁、陳間未有習服氏《春秋》者。李延壽〔一〕曰:「晉世,杜預注《左氏》。預玄孫坦,坦弟驥,於宋朝並為青州刺史,傳其家業,故齊地多習之。」〔註2〕是預之子孫多貴顯,故其學且流入北方,宜服氏之不能與爭。崔靈恩〔二〕申服難杜,虞僧誕〔三〕申杜難服,莫能相勝。而小劉〔四〕規杜過至三百餘事,則公論不可誣也。夫江左儒風,淵源典午〔五〕,專尚浮華,務析名理〔六〕,其去繁就簡,理固宜然。若謂經籍英華盡在於是,是以漢學為糟粕也,蓋已隱然開駕空立說之端矣。

【注釋】

〔一〕李延壽,字遐齡,唐相州(今河南安陽)人。延壽承其父大師之志,撰《北

史》、《南史》。事蹟附載《新唐書・令狐德棻傳》。

〔二〕崔靈恩，清河東武城（今屬山東）人。南朝梁學者。少篤學，從師遍通「五經」，尤精「三禮」、「三傳」。先在北仕為太常博士。天監十三年歸國，高祖以其儒術擢拜員外散騎侍郎，累遷步兵校尉，兼國子博士。出為長沙內史，還除國子博士，講眾尤盛。出為明威將軍、桂州刺史，卒官。靈恩集注《毛詩》二十二卷，集注《周禮》四十卷，製《三禮義宗》四十七卷、《左氏經傳義》二十二卷、《左氏條例》十卷、《公羊穀梁文句義》十卷。事蹟見《梁書》卷四八。

〔三〕虞僧誕，會稽餘姚人。為國子助教，以左氏講授，聽者常數百人。時博士崔靈恩先習《左傳》服解，不為江東所行，乃改說杜義，每文句常申服難杜。僧誕最精杜學，作《申杜難服》，以答靈恩，世並傳焉。事蹟見宋施宿《會稽志》卷十四。

〔四〕小劉，指劉炫（約 546～613），字光伯，河間景城人。時牛弘奏請購求天下遺逸之書，炫遂偽造書百餘卷，題為《連山易》、《魯史記》等，錄上送官，取稟而去。後有人訟之，經赦免死，坐除名，歸於家，以教授為務。事蹟見《隋書》卷七五。著有《論語述議》、《春秋攻昧》、《五經正名》等。

〔五〕典午，「司馬」的隱語。胡應麟《少室山房筆叢・史書佔畢四》：「典午為晉，世率知之，而意義出處，或未明瞭。典，司也；午，馬也。」在傳統的十二生肖中，午為馬。晉朝君主姓司馬，故以「典午」指代晉朝。

〔六〕名理：特指魏、晉及其後清談家辨析事物名和理的是非同異。

案《隋書・經籍志》於《易》云：「梁、陳，鄭玄、王弼二注列於國學，齊代唯傳鄭義。至隋，王注盛行，鄭學寖微。」於《書》云：「梁、陳所講，有孔、鄭二家，齊代唯傳鄭誼。至隋，孔、鄭並行，而鄭氏甚微。」於《春秋》云：「《左傳》唯傳服誼，至隋，杜氏盛行，服誼〔註3〕寖微。」是梁、陳間非不言鄭學，但甚微耳。其謂《左傳》唯傳服誼者，指北朝也。獨惜隋氏起北方，混一區夏〔一〕，而《易》、《書》、《春秋》徇南人之浮誇，損北學〔二〕之精實，甚至以姚方興之《舜典》竄入《孔傳》，於偽之中又有偽焉。唐貞觀中奉詔撰《五經正誼》，因循不革。案：康成聞服虔解《左傳》多與己同，遂以所注畀〔三〕之，是服學即鄭學。行鄭、服，則學出於一；行王、杜、偽孔，則學分為

〔註3〕原文有「及《公羊》、《穀梁》」五字。

三。故有兩經之疏同為一人所作，而互相矛盾，使學者茫然不知真是之歸，此宋儒所以乘間而起也。

【注釋】

〔一〕區夏：諸夏之地，指華夏、中國。《書・康誥》：「用肇造我區夏。」《偽孔傳》：「始為政於我區域諸夏。」

〔二〕北學：指南北朝時北朝的經學。《北史・儒林傳序》：「大抵南北所為章句，好尚互有不同……南人約簡，得其英華；北學深蕪，窮其枝葉。」清許宗彥《記南北學》：「經學自東晉後，分為南北。自唐以後，則有南學而無北學。」

〔三〕畁：給予；付與。

　　要之，儒林之卓絕者，南北各有人。以南言之，如雷次宗〔一〕禮服與康成並稱，號為「雷、鄭」。釋慧遠〔二〕遁跡沙門，周續之〔三〕事之，作《詩義誼》，獨得毛、鄭微旨。庾蔚之《喪服要記》〔四〕，載在《通典》〔註4〕，最為詳覈。何承天〔五〕《禮論》多至三百卷，至孔子祛〔六〕又續成一百五十卷。崔靈恩《三禮義宗》〔七〕，說《禮》之總龜〔八〕也。其以渾蓋〔九〕為一，在僧一行前，〔十〕可謂卓識。或謂其書當於零陵、桂陽間求之。稽古之士，曷留意焉。他若沈麟士、沈峻〔十一〕、沈文阿〔十二〕、太史叔明〔十三〕，博通「五經」，非其彰彰者乎？北則劉獻之〔十四〕、徐遵明〔十五〕，蔚為名儒，劉焯、劉炫，後來之秀。至如釋《論語》八寸策為八十宗〔十六〕，撰《孝經・閨門章》，目為古文，雖有小疵，無傷大體。且盧廣〔十七〕以北人而光價〔十八〕江南，沈重〔十九〕以南人而騰芳河朔〔二十〕，傑出之才又可以地限哉？抑猶有可憾者，施讎、梁丘之《易》亡矣，孟、京不存乎？歐陽、夏侯之書亡矣，馬融不尚存乎？《齊詩》久亡，《魯詩》不至江左，不有《韓詩》薛君章句乎？《左氏》之外，猶有《公羊》、《穀梁》。服虔之外，猶有賈達。《禮記》有盧氏，與鄭氏同師。若此之類，南人既未暇及，北學亦寂寂無聞，徒守一先生之言，斤然唯恐失之。經術之不逮魏、晉，亦奚足怪？

【注釋】

〔一〕雷次宗，字仲倫，豫章南昌人。少入廬山，事沙門釋慧遠。事蹟見《宋書》卷九三。

〔註4〕《通典》引庾蔚之注甚多。

〔二〕慧遠（334～416），一作惠遠，東晉高僧，雁門樓煩（今山西寧武）人。事蹟
見《高僧傳》本傳。

〔三〕周續之（377～423），字道祖，雁門廣武（今山西代縣）人。年十二，詣范寧
受業，居學數年，通「五經」並緯候，名冠同門。通《毛詩》六義。事蹟見《宋
書》卷九三。

〔四〕《喪服要紀》十卷，賀循撰，庾蔚之注。（《舊唐書》卷四六）

〔五〕何承天（370～447），東海郯（今山東郯城）人。從祖倫，晉右衛將軍。事蹟
見《宋書》卷六四。

〔六〕孔子袪，會稽山陰人。事蹟見《梁書》卷四八。

〔七〕《隋志》著錄三十卷，《經義考》注曰佚。陳振孫曰：「凡一百四十九條，其說
推本『三禮』，參取諸儒之論，博而核矣。」

〔八〕總龜：內容博大的典籍。

〔九〕渾蓋：渾天說與蓋天說的並稱。《南史・儒林傳・崔靈恩》：「先是儒者論天，
互執渾蓋二義。」

〔十〕《梁書》卷四八：「先是，儒者論天，互執渾、蓋二義，論蓋不合於渾，論渾不
合於蓋。靈恩立義，以渾、蓋為一焉。」僧一行（683～727），邢州鉅鹿人（今
河北省邢臺市），唐代高僧、天文學家，首次測出子午線。

〔十一〕沈峻，字士嵩，吳興武康人。事蹟見《梁書》卷四八。

〔十二〕沈文阿，沈峻子，傳父業，尤明《左氏傳》。太清中，自國子助教為五經博士。
傳峻業者，又有吳郡張及、會稽孔子云，官皆至五經博士、尚書祠部郎。事蹟
見《梁書》卷四八。

〔十三〕太史叔明，吳興烏程人，吳太史慈後裔。尤精三玄，當世冠絕。事蹟見《梁書》
卷四八。

〔十四〕劉獻之，博陵饒陽人。善《春秋》、《毛詩》，號曰儒宗。魏承喪亂之後，「五
經」大義雖有師說，而海內諸生多有疑滯，咸決於獻之。事蹟見《魏書》卷
八四。

〔十五〕徐遵明（475～529），字子判，華陰（今屬陝西）人。事蹟見《魏書》卷八四。
撰《春秋義章》，今亡佚。

〔十六〕《北史》卷八十一：「遵明見鄭玄《論語序》云『書以八寸策』，誤作『八十
宗』，因曲為之說。」

〔十七〕盧廣，范陽涿人。廣少明經，有儒術。兼國子博士，遍講「五經」。時北來人

儒學者，有崔靈恩、孫詳、蔣顯，並聚徒講說，而音辭鄙拙；惟廣言論清雅，不類北人。僕射徐勉，兼通經術，深相賞好。事蹟見《梁書》卷四八。

〔十八〕光價：顯揚其身階。《北史·序傳·李仲俊》：「凡所交遊，皆一時名士。汲引後生，為其光價。」

〔十九〕沈重，字德厚，吳興武康人。重學業該博，為當世儒宗。至於陰陽圖緯，道經釋典靡不畢綜。又多所撰述，咸得其指要。事蹟見《周書》卷四五。

〔二十〕河朔：古代泛指黃河以北的地區。

誼疏之學〔一〕，自為一派，惟六朝為最盛。宋明帝之《周易》〔二〕，雷肅之之《禮記》〔三〕，其尤著者。《易》則褚仲都〔四〕，《書》則費甝〔五〕、（三）〔二〕劉、顧彪，《詩》與《春秋》則劉炫〔六〕，《禮》則黃慶、李孟悊〔七〕，《禮記》則皇侃〔八〕、熊安生〔九〕、賀瑒〔十〕。凡所發明，俱有可觀。其確守一家，不使稍有出入，亦古來釋經之通例，非其弊也。唯自二劉、熊安生之外，率皆南人，故未有為鄭氏《書》、《易》、服氏《春秋》作疏者。唐之《正義》，不能改用鄭、服，殆亦以前無所承，難於倡造故與？

【注釋】

〔一〕誼疏之學：即義疏之學。義疏，疏解經義的書。其名源於六朝佛家解釋佛典。後泛指補充和解釋舊注的疏證。

〔二〕《周易義疏》十九卷，宋明帝集群臣講。（《隋志》）

〔三〕《禮記新義疏》二十卷，賀瑒撰。梁有《義疏》三卷，宋豫章郡丞雷肅之撰，亡。（《隋志》）

〔四〕《周易講疏》十六卷，梁五經博士褚仲都撰。（《隋志》）

〔五〕費甝：梁國子助教。按：甝為白虎。《爾雅·釋獸》：「甝，白虎。」

〔六〕劉炫著有《毛詩述義》《毛詩集小序》《毛詩譜》《春秋述義》《春秋規過》等書。

〔七〕賈公彥據齊黃慶、隋李孟悊二家之疏，定為今本《儀禮注疏》。

〔八〕皇侃（488～545），吳郡（今江蘇蘇州）人。侃少好學，師事賀瑒，精力專門，盡通其業，尤明三《禮》、《孝經》、《論語》。撰《禮記講疏》五十卷、《論語義》十卷。事蹟見《梁書·儒林傳》。

〔九〕熊安生，字植之，長樂阜城（今屬河北）人。撰《周禮義疏》二十卷、《禮記義疏》四十卷、《孝經義疏》一卷，並行於世。事蹟見《周書》卷四五。

〔十〕賀瑒，字德璉，會稽山陰人。所著《禮》、《易》、《老》、《莊》講疏，《朝廷博

議》數百篇，《賓禮儀注》一百四十五卷。瑒於《禮》尤精，撰《禮記新義疏》二十卷。

六朝經學之書，散佚略盡，惟《經典釋文》巋然獨存。前此止作音，惟陸氏兼釋經義；前此止音經，惟陸氏兼音注。體例獨別於諸家，而能集諸家之成，故為不刊〔一〕之典。其中《周易音義》最為精博，雖以王為主，特採子夏、京房、孟喜、馬、鄭、劉表、荀爽、虞翻、陸績、王肅、董遇、姚信、王廙、干寶、蜀才、黃穎，旁及《九家易》、張璠《集解》，萃十數家於兩卷之中，視李鼎祚尤簡而該。窺其微意，似嫌王注空疏，故博徵古訓以彌縫之。餘如《書》之馬融，《詩》之韓嬰，亦存其概。不幸生於南國，故鄭、服之學不得賴以流傳。然音訓之詳，無逾於此，非徐爰〔二〕、沈重〔三〕、戚袞〔四〕、王元規〔五〕輩所可同年而語矣！皇侃《論語義疏》雖非正經，亦經解之類。竊謂何晏本清談〔六〕之祖，而《論語集解》〔七〕獨能存漢學之什一，其體例謹嚴，迥非王弼《易注》可比。而皇侃乃取江熙《集解》以為之疏，制度、名物略而不詳，惟以清言〔八〕取勝，似欲補平叔所未及者，與所作《禮記疏》大相徑庭。只以秘籍流傳，罕而見珍，故不以空談廢云。崔氏《義宗》，王伯厚〔九〕、周草窗〔十〕俱徵引及之，則宋末尚存，今去宋世不過四百餘年，故以為不應遽佚。兩漢傳業，各有專家，故三史作《儒林傳》，分經敘述，於授受源流載之特詳。魏、晉以降，稍渙散矣。蓋經術既不如古，而史才又不逮前，故記載有所未詳，要其師友淵源，初未嘗絕。讀《北史》所序，居然有兩漢遺風。勝國〔十一〕西亭王孫〔十二〕著《授經圖》，因章氏《考索》〔十三〕而加詳焉。然止述兩漢，不及魏、晉以降，未為賅備。且南北區分，風尚不一，苟非支分派別，兼綜條貫，則承學之士何由考其異同，定其得失耶？試取朱氏之書〔十四〕，次第纘續〔十五〕，必更有可觀者。

【注釋】

〔一〕不刊：古代文書書於竹簡，有誤，即削除，謂之刊。不刊謂不容更動和改變。

〔二〕徐爰（394～475），字長玉，本名瑗，後以與傅亮父同名，改為爰，南琅邪開陽人。除中散大夫。撰《禮記音》二卷，注《繫辭》二卷。事蹟見《宋書》卷九四。

〔三〕沈重（500～583），字德厚，吳興武康人。博覽群書，尤明《詩》、《禮》及《左氏春秋》。凡所解釋，咸為諸儒所推。授驃騎大將軍。著有《周禮義》、《儀禮義》、《禮記義》、《毛詩義》、《喪服經義》、《周禮音》、《儀禮音》、《禮記音》、

《毛詩音》。事蹟見《周書・儒林傳》。

〔四〕近有戚袞作《周禮音》，梁國子助教皇侃撰《禮記義疏》五十卷，又傳《喪服義疏》，並行於世。（《經典釋文》卷一）

〔五〕王元規，字正範，太原晉陽人。陳東宮學士，禎明三年入隋為秦王府東閣祭酒。年七十四卒於廣陵。著《春秋發題辭》及《義記》、《續經典大義》、《孝經義記》、《左傳音》、《禮記音》。事蹟見《陳書・儒林傳》。

〔六〕清談：謂魏、晉時期崇尚老莊，空談玄理的風氣。亦稱玄談。清談重心集中在有無、本末之辨。始於三國魏何晏、夏侯玄、王弼等，至晉王衍輩而益盛，延及齊梁不衰。

〔七〕《集解論語》十卷，晉袞州別駕江熙解。據《中興書目》稱，皇侃以何晏《集解》去取為疏十卷，又列晉衛瓘、繆播、欒肇、郭象、蔡謨、袁宏、江淳、蔡系、李充、孫綽、周瑰、范甯、王瑉等十三人爵里於前，云此十三家是江熙所集。

〔八〕清言：指魏、晉時期何晏、王衍等崇尚《老》、《莊》，擯棄世務，競談玄理的風氣。猶清談，重心集中在有無、本末之辨。

〔九〕王應麟（1223～1296），字伯厚，號厚齋，南宋慶元府人。淳祐元年進士。著有《困學紀聞》、《小學紺珠》、《玉海》等。事蹟見《宋史》卷四三八。

〔十〕周密（1232～1298），字公謹，號草窗，又號四水潛夫、弁陽老人、華不注山人，祖籍濟南，流寓吳興（今浙江湖州）。宋德祐間為義烏縣令，入元不仕。著有《齊東野語》、《武林舊事》、《癸辛雜識》等。事蹟見《吳興備志》卷二十五。

〔十一〕勝國：被滅亡的國家。亡國謂已亡之國，為今國所勝，故稱「勝國」。後因以指前朝。此處指明朝。

〔十二〕朱睦㮮，字灌甫，號西亭，明代周定王六世孫。於書無不窺，尤精於《易》、《春秋》。家有萬卷堂，訪購圖籍，讎校精細。萬曆五年舉宗正，領宗學事。著有《授經圖》、《五經考疑》、《中州人物志》等書。事蹟附見《明史・周王橚傳》。

〔十三〕《群書考索》二百十二卷，宋章如愚撰。如愚字俊卿，號山堂，婺州金華人。慶元中登進士第，初授國子博士，改知貴州，開禧初被召，疏陳時政，忤韓侂冑，罷歸，結草堂山中，與士子講學。卒，門人謚為山堂先生。事蹟見《宋史・儒林傳》。史稱所著有文集行世，今已散佚，惟此書獨存。凡分四集，前集六

十六卷，分六經、諸子、百家、諸經、諸史、聖諱、書目、文章、禮樂、律呂、曆數、天文、地理十三門；後集六十五卷，分官制、學制、貢舉、兵制、食貨、財用、刑法七門；續集五十六卷，分經籍、諸史、文章、韓墨、律曆、五行、禮樂、封建、官制、兵制、財用、諸路、君道、聖賢十五門；別集二十五卷，分圖書、經籍、諸史、文章、律曆、人臣、經藝、財用、兵制、四裔、邊防十一門。允稱博洽，考證亦有心得。(《四庫全書總目》卷一百三十五)

〔十四〕朱氏之書指《授經圖》。

〔十五〕纘續：繼續。

漢、宋門戶異同第十五

何謂漢學〔一〕？許、鄭諸儒之學也。何謂宋學〔二〕？程、朱諸儒之學也。二學何以異？漢儒釋經皆有師法〔三〕，如鄭之箋《詩》則宗毛為主，許氏著《說文解字》，則「博採通人，至於小大，信而有證」〔註5〕，即其中今人所視為極迂且曲之義，亦必確有所受，不同臆造。宋儒不然，凡事皆決於理，理有不合，即捨古訓而妄出以己意，如《論語》「正名」注，則易「名，字也」之訓，而指衛父子之名〔四〕；子路問「聞斯行諸」，則易包咸「振窮救乏」之說〔五〕，而以言學問。其說禮制，且有據後世之說釋三代之書之弊。此漢、宋二家之所以異，而經學之所以不取宋儒也。至辨《尚書》古文之偽，發於宋儒〔六〕，實為巨功。學者治經宗漢儒，立身宗宋儒，〔七〕則兩得矣。

【注釋】

〔一〕漢學：漢代經學中注重訓詁考據之學。清代乾隆、嘉慶年間的學者崇尚其風，形成與「宋學」相對的「乾嘉學派」，也稱「漢學」。清代漢學治學崇實，對文字訓詁、版本校勘、輯佚辨偽等有較大的貢獻，但也存在泥古、繁瑣等流弊。

〔二〕宋學：主要指宋儒理學，同「漢學」相對。漢學專重訓詁、考據，宋學以義理為主，亦稱理學。《宋史》為周敦頤、程頤、朱熹等人特立道學傳，故又稱道學。後來元、明、清的理學也稱宋學。宋學以「理」為天地萬物的本源。其代表人物有周敦頤、程頤、程顥、邵雍、張載、朱熹、陸九淵等。

〔三〕師法：老師傳授的學問和技術。皮錫瑞《經學歷史·經學昌明時代》：「漢人最重師法，師之所傳，弟之所受，一字毋敢出入。」

〔註5〕許慎：《說文解字·序》。

〔四〕宋趙順孫《論語纂疏》卷七「子曰必也正名乎」條注曰:「是時,出公不父其父而禰其祖,名實紊矣,故孔子以正名為先。謝氏曰:正名雖為衛君而言,然為政之道皆當以此為先。」

〔五〕《論語注疏》卷十一:「子路問聞斯行諸注,包曰:賑窮救乏之事。」

〔六〕《四庫全書總目》卷十二《古文尚書疏證提要》:「唐以來,雖疑經惑古如劉知幾之流,亦以《尚書》一家列之《史通》,未言古文之偽。自吳棫始有異議,朱子亦稍稍疑之。吳澄諸人本朱子之說,相繼抉摘,其偽益彰,然亦未能條分縷析,以抉其罅漏。」

〔七〕江藩《國朝漢學師承記》卷八:「(黃)宗羲之學出於蕺山,雖姚江之派,然以慎獨為宗,實踐為主,不恣言心性,墮入禪門,乃姚江之諍子也。又以南宋以後講學家空談性命,不論訓詁,教學者說經則宗漢儒,立身則宗宋學。」

【今按】徐敬修《經學常識》第四章《治經之方法》第二節《今後吾人治經之方法》之第二條:「知經學之派別。明經學之派別,而後治經學乃可得其綱領,否則家派不明,書籍之研求,亦將無從採擇。如兩漢有今古文之分:今文家言,多以經術飾吏治,又詳於禮制,喜言災異五行;古文家言,詳於訓詁,窮聲音文字之原,各有偏長也。南北朝時:北儒學崇實際,喜以漢儒之訓說經,或直質寡文;南儒學尚浮誇,多以魏、晉之注說經,故新義日出。唐人作義疏,黜北學而崇南學,故漢訓多亡。宋、明說經者,喜空言義理,不遵古訓;或以史事說經,或以義理說經。清儒說經,崇尚漢學,『吳中學派』掇拾故籍,訓詁昭明;『徽州學派』詳於名物典章,復好深思,心知其意;『常州學派』宣究微言大義,或推經致用,學者於此,苟能知其源委,則其究經也,必有真實之心得;否則迷離惝恍,令人莫知所從也。」(《民國時期經學叢書》第一輯第四冊,第163頁)

【今按】江瑔《新體經學講義》第六章《古今經學流派之大別》第四節《漢學宋學之別》:「經學上之競爭最烈,而門戶之見最深者,則漢學宋學之別是也。漢、宋二派,勢不相容,然由漢以迄於宋,凡幾經變遷而後成,非驟致也。漢儒說經,謹守家法,一變而為魏、晉之玄理,再變而為南北朝之角立,三變而為隋唐之正義。唐人之經學,實為漢、宋二派之樞紐,然皆未能特立一代之名,而與淺學相敵也。及宋儒說經,專言義理,廢棄傳注,以為接孔、孟之心傳,由是宋學之名屹然以立,與漢學相背而馳。厥後,二派之學,互相詆諆。治漢學者則斥宋學為空疏,宋學者則譏漢學為破碎。彼此交攻,勢成水火。大氐元、明二代皆宗宋學,甚至變本而加厲。迄於明季,漸又捨宋而趨漢。清代功命,漢、宋並重,然學者咸崇漢黜宋,漢學因以大昌。縱有一二宋學之士,亦成非漢敵(觀江藩所撰之《漢學師承記》及《宋學淵源記》,可以詳二派之盛衰)。然二派之爭持亦日進未已。近儒陳澧,為調停之說,以為漢儒莫過於鄭君,宋儒

莫尊於朱子。朱子未嘗不言考據，鄭君亦未嘗不言義理，乃條舉鄭朱之學，以為二派之折衷，然終不能平二派之爭也。竊平心論之。二派雖不相同，而其有功於六經則一。漢儒之學，以考據為宗，而學者不思多聞闕疑之義，而務碎義逃難，便辭巧說，破壞形體。說五字之文，至於二三萬言（本《漢書‧藝文志》），說《堯典》篇目二字至十餘萬言（本師古注引桓譚《新論》），一經說至百餘萬言（本《漢書‧儒林傳贊》）。後進彌以馳逐，故幼童而守一藝，白首而後能言。以云破碎，誠不能免。然承暴秦焚書之後，使新編殘簡獲以勿墜，而古人之制度名物復昌明於後代，不可謂非漢儒之功也。宋儒之學，以義理為宗，而各逞己說，師心自用，捨經而言義，而去經益遠，甚至始而攻注，繼而攻傳，終且攻經，鹵莽滅裂，猖狂自恣，以云空疏，誠所難辭。然承五季禮崩樂壞廉恥道喪之後，使氣節復昌於天下，人類不淪於禽獸，而古人身心性命之哲理亦得以相延於一線，不可謂撲宋儒之功也。二代之儒，處地不同，故操術亦異。使宋儒生於漢，未必不崇考據。漢儒生於宋，亦未必不崇義理。況漢人之學，派別多端，考據而外，有以災異說經者，如京房之《易》、翼奉之《詩》、董仲舒之《公羊春秋》是也。有以大義說經者，如丁寬作《易說》三萬言，訓故舉大義而已是也。有以經世說經者，如以《禹貢》治水、以《春秋》決獄、以《三百篇》當諫書是也（按漢儒每言通經可以致用，故多引經以治事。宋人襲其說，遂謂半部《論語》可以治天下）。宋儒雖崇義理，然亦有以史事說經者，有以圖像說經者，有以心學說經者。至若王應麟等，則博綜百學，精於考據，殊不讓於漢人，是又未可以考據限漢儒、以義理限宋儒矣。夫考據義理，二者相須，不可偏廢。捨考據而專言義理，則義理皆虛；捨義理而專事考據，則考據亦將奚用（故近儒戴震之《孟子字義疏證》、阮元之《論語孟子論仁論》，皆以考據言義理）。學者治經，當融會而貫通之，否亦以一派為主，而參以他派之所長。徒紛紛角立門戶，攘臂詬詈，是即韓愈所謂辯生於末學，甚無謂也。竊又考之。《周禮》司徒所職，師儒分途，師所以明道，儒所以傳業。孔門之後，亦分二派。孟子，師也（故孟子書多言師道）；荀子，儒也（故荀子書多言儒效）。孟子傳六經之微言者也（故孟子長於《春秋》）；荀子傳六經之大義者也（故荀子長於《禮》）。漢儒之學，近接荀子大義之傳者也。宋儒之學，遙承孟子微首之緒者也（故宋儒極力表章孟子，並稱孔、孟，尊之為經，而於荀子則痛闢之，蓋宋儒所持身心性命之說皆脫胎於孟子者）。是則漢學出於荀，宋學出於孟，漢、宋之異派，即由於孟、荀之殊學。而溯其要歸，何一非孔門之正脈耶？」（《民國時期經學叢書》第一輯第四冊，第59～62頁）

國朝治經諸儒第十六

窮經之士，莫盛於我朝。其專門漢學，確守師法者，自崑山顧氏、太原閻氏倡之於前，而諸儒繼之於後，魏、晉以下無匹焉。余是以有《國朝漢學師承

記》之作。茲於《師承記》外，記錄諸儒姓氏，俾學〔註6〕易於尋檢，而《師承記》所已見，亦備錄焉。雖於經無益，要亦睹記之一道也。

崑山顧炎武號亭林，

【注釋】顧炎武（1613～1682），字寧人，號亭林，江蘇崑山人。少承祖訓，注重實學，主張經世致用，開清代樸學之風。著有《天下郡國利病書》、《日知錄》、《音學五書》等。事蹟見《清史稿·儒林》、吳映奎《顧亭林先生年譜》。

太原閻若璩字百詩，

【注釋】閻若璩（1636～1704），字百詩，號潛丘，山西太原人。嘗集陶貞白、皇甫士安語題其柱云：「一物不知，以為深恥；遭人而問，少有寧日。」年二十，讀《尚書》至古文二十五篇，即疑其偽。沉潛三十餘年，乃盡得其癥結所在。著有《古文尚書疏證》、《潛丘劄記》等。事蹟見《清史稿·儒林》。

濟陽張爾岐字稷若，

【注釋】張爾岐（1612～1677），字稷若，號蒿庵居士，濟陽（今屬山東）人。性好沉思，喜論著，貧賤以終其身。著有《夏小正傳注》、《吳氏儀禮考注訂誤》、《蒿庵集》、《蒿庵閒話》等書。其學深於漢儒之經，而不沿訓詁；邃於宋儒之理，而不襲語錄。事蹟見《儒林傳稿》卷三、《國朝漢學師承記》卷一、《學案小識》卷三翼道學案、《（道光）濟南府志》卷五十六、《國朝先正事略》卷二十七。

陳啟源字長發，

【注釋】陳啟源（？～1689），字長發，別號見桃居士，江南吳江（今江蘇蘇州）人。康熙時諸生。著有《毛詩稽古編》，其詮釋經旨，一準毛《傳》。訓詁聲音以《爾雅》為主，草木蟲魚以陸《疏》為則，於漢學可謂專門。又有《尚書辨略》、《讀書偶筆》、《存耕堂稿》。事蹟見《清史稿·儒林》、《清史列傳·儒林傳》。

鄒平馬驌字宛斯，

【注釋】馬驌（1621～1673），字聰御，一字宛斯，山東鄒平人。順治十六年進士。康熙間，官淮安推官，尋奉裁改靈璧知縣，有善政，四年而卒於官。曾充順天鄉試同考官。於書無不精研，而尤癖《左氏春秋》。著有《左傳事緯》、《繹史》。其書最精，時人稱為「馬三代」。事蹟見《清史列傳·儒林傳》。

掖縣王爾臂（字）〔號〕止菴，

【注釋】王爾臂，字襄哉，號止菴，一號泡齋，掖縣諸生。江藩《國朝漢學師承記》卷一稱其讀經宗漢學，以為窮經當以毛、何、鄭為主，然後參以六朝、唐、宋、元、明諸儒，擇其

〔註6〕廣文本刊語云：「學」下疑脫「者」字。

善而折衷焉；其論讀史以正史為主，而旁證以外史。事蹟見《國朝漢學師承記》卷一、《國朝先正事略》卷三十二。

蕭山毛奇齡字大可，

【注釋】毛奇齡（1623～1716），原名甡，字大可，又字於一、齊於，號初晴，又號秋晴，另有僧彌、僧開、初晴、秋晴、晚晴、春莊、春遲諸號，學者稱西河先生，浙江蕭山人。明末廩生，康熙十八年舉博學鴻儒，中式授翰林院檢討，與修《明史》。二十四年引疾歸里，專事著述。毛奇齡少年即負才縱橫，以長於說經傲睨當世，挾博縱辯，務欲勝人，持論尤好與宋儒牴牾。晚年撰《四書改錯》，抨擊《四書集注》。阮元推崇他對乾嘉學術有開山之功，全祖望則肆筆譏彈為「以狡獪行其暴橫」。有《西河全集》行世。事蹟見《清史列傳》、《清史稿》。

秀水朱彝尊字竹垞，

【注釋】朱彝尊（1629～1709），字錫鬯，號竹垞，晚號小長蘆釣魚師，又號金風亭長，浙江秀水（今嘉興）人。康熙十八年試博學鴻詞科，除翰林院檢討，充《明史》纂修官。二十年充日講官，知起居注，典試江南，稱得士。二十二年入值南書房，賜紫禁城騎馬。二十三年以違例攜書手入內廷抄書，被劾降一級，二十九年復原官，三十一年再度被罷，遂賦歸，著述以終。康熙南巡，迎駕無錫，御書「研經博物」匾額賜之。當時王士禛工詩，汪琬工文，毛奇齡工考據，獨彝尊兼有眾長，號為「通才」。著有《經義考》、《日下舊聞》、《曝書亭集》、《明詩綜》等書。事蹟見《清史稿·文苑》、《清史列傳·文苑傳》、楊謙《朱竹垞先生年譜》。

德清胡渭字朏明，

【注釋】胡渭（1633～1714），初名渭生，字朏明，號東樵，浙江德清人。十五為縣學生，試高等，充增生，屢赴行省試不售，乃入太學。徐乾學奉詔修《一統志》，開局洞庭山，延渭分纂，因得縱觀天下郡國之書。康熙三十八年，遊京師，以老病歸。四十三年，康熙南巡，賜詩扇及「耆年篤學」匾額。研經績學，工於考證，尤精輿地。著有《禹貢錐指》、《易圖明辨》、《洪範正論》等。事蹟見《清史稿·儒林》、《清史列傳·儒林傳》、夏廷域《胡朏明年譜》。

秀水徐善字敬可，

【注釋】徐善（1634～1693），字敬可，號藟谷，又號冷然子，浙江秀水人。諸生。不事科舉，好學不倦。清查繼佐《罪惟錄》志卷之二稱其慧性絕，所著《分野辯》可謂奇闢。著有《春秋地名考》、《徐氏四易》、《易論》、《莊子注》。事蹟見《清史列傳·儒林傳》。

武進臧琳字玉林，

【注釋】臧琳（1649～1713），字玉林，江蘇武進人。康熙間補縣學生。其學謂不通訓詁無以明經，治經當以漢、唐注疏為主，教人先以《爾雅》、《說文》。著有《尚書集解》、《經義雜記》、《鄭氏六藝論》等書。事蹟見《清史稿·儒林》。

玄孫鏞堂字在東，

【注釋】臧庸（1767～1811），本名鏞堂，字在東，號拜經，江蘇武進人。與弟禮堂俱事盧文弨。沉默樸厚，學術精審。輯《子夏易傳》，辨此傳為漢韓嬰作，非卜子夏。阮元編《經籍籑詁》、《十三經注疏校刊記》，多賴其力。著有《拜經日記》、《拜經文集》、《月令雜說》、《樂記二十三篇注》、《孝經孝異》、《子夏易傳》、《詩考異》、《韓詩遺說》等書。事蹟見《清史稿·儒林》、《清史列傳·儒林傳》。

弟禮堂字和貴，

【注釋】臧禮堂（1776～1805），字和貴，江蘇武進。精小學，善讎校，師事錢大昕，業益進。撰《說文引經考》十三卷、《尚書集解案》六卷、《三禮注校字》六卷、《春秋注疏校正》六卷。助阮元編《經籍籑詁》。事蹟見《清史稿·儒林》。

吳縣惠士奇字天牧，

【注釋】惠士奇（1671～1741），字天牧，一字仲孺，號半農居士，學者稱紅豆先生，江蘇吳縣人。康熙四十八年進士，選庶吉士，散館授翰林院編修。五十九年，主湖廣鄉試。冬，奉命督學廣東，在任遷侍讀學士。雍正四年任滿還都。乾隆二年，補侍讀。三年，以病告歸。唐鑒《學案小識》卷十二稱其學專宗漢學。著有《易說》、《禮說》、《春秋說》等。事蹟見《清史稿·儒林》、《清史列傳·儒林傳》。

子棟字定宇，

【注釋】惠棟（1697～1758），字定宇，號松崖，江蘇吳縣人。惠周惕孫，惠士奇子。初為吳江學生員，復改歸元和籍。乾隆九年，鄉試為考官所黜，遂無意進取。十五年，詔舉經明行修之士，陝甘總督尹繼善、兩江總督黃廷桂交章論薦，會大學士、九卿索所著書，未及進呈而罷歸。著有《古文尚書考》、《周易述》、《九經古義》等書。事蹟見《清史稿·儒林》、《清史列傳·儒林傳》。

秀水諸錦字襄七，

【注釋】諸錦（1686～1769），字襄七，號草廬，浙江秀水（今嘉興）人。雍正二年進士，改翰林院庶吉士，散館外補知縣，就教職，遷金華府教授。乾隆元年，試鴻博，授編修，充三禮館纂修官，充福建、山西鄉試正、副考官，後官至左春坊左贊善。性耿介，在京師居官時，閉門撰述，志節皦然，甘守寂寞，足不履權貴門。著有《毛詩說》、《饗禮補亡》、《夏小正注》、《絳跗閣集》等。事蹟見《清史稿·文苑》、《清史列傳·儒林傳》。

錢塘汪師韓字韓門，

【注釋】汪師韓（1707～1780），字抒懷，號韓門，又號上湖，浙江錢塘（今杭州）人。雍正十一年（1733）進士。本為漢儒之學，後乃歸於程、朱。散館，授翰林院編修，奏直起居

注。聞母病假歸。尚書張照為武英殿總裁，上疏薦舉師韓校勘經史。後又受大學士傅恒推薦，入直上書房，復授編修官。未幾，落職。客遊畿輔，直隸總督方觀承延請主講蓮花池書院講席。會奉旨查核天下書院山長（院長），觀承因以入奏。乾隆帝猶記憶，以「好學問」稱之。師韓聞而感涕，作詩四章紀其事。中年以後，一意窮經，諸經皆有著述，於《易》尤邃。著有《韓門綴學》、《文選理學權輿》、《上湖紀歲詩編》等書。事蹟見《清史列傳》、《杭州府志·文苑傳》。

仁和杭世駿字大宗，

【注釋】杭世駿（1696～1773，一作1695～1772），字大宗，號堇浦（一作堇甫），晚號秦亭老民，浙江仁和（今杭州）人。乾隆元年召試博學鴻詞，授翰林院編修。校勘武英十三經、《二十四史》，纂修《三禮義疏》。二十八年，以編修保舉御史，例試保和殿，條陳四事，下吏議，尋放還。罷歸後，杜門奉母。三十一年，主講揚州安定書院，繼主廣東粵秀書院。揚州安定書院，繼主廣東粵秀書院。後迎高宗於西湖，賜復原官。著有《續禮記集說》、《禮經質疑》、《石經考異》、《續方言》、《史記考證》、《三國志補注》、《道古堂集》等書。事蹟見《清史列傳·文苑傳》。

天台齊召南字次風，

【注釋】齊召南（1703～1768），字次風，號瓊臺，晚號息園，浙江天台人。幼稱神童，十二歲登巾子山作詩，識者即以公輔器目之。乾隆元年，舉博學鴻詞，改庶吉士，授檢討。大考一等一名，遷內閣學士兼禮部侍郎，以博識能詩為高宗知。十四年夏自圓明園歸，墮馬，觸巨石破腦，乞歸養。後因族子牽累，削職放歸，旋卒。精地輿之學。著有《注疏考證》、《水道提綱》、《歷代帝王年表》、《寶綸堂集》等書。事蹟見《清史稿》卷三〇五、《清史列傳·文苑傳》。

金匱秦蕙田諡文恭，

【注釋】秦蕙田（1702～1764），字樹峰，號味經，諡文恭，江南金匱（今無錫）人。乾隆元年進士，授翰林院編修，歷官禮部侍郎、工部、刑部尚書，加太子太保。立朝三十年，領西曹最久，執法稱平。二十九年因病乞休，南歸就醫，卒於途中。以窮經為主，而不居講學之名。通經能文，尤精於「三禮」、《周易》。著有《五禮通考》、《觀象授時》、《味經窩詩文類稿》等書。事蹟見《清史稿》卷二〇四、《清史列傳》卷二〇《大臣畫一傳檔正編》十七。

陽湖莊存與字方耕，

【注釋】莊存與（1719～1788），字方耕，江蘇武進人。乾隆十年進士，授編修，官禮部左侍郎。著有《春秋正辭》、《尚書既見》、《周官記》等，總名之為《味經齋遺書》。事蹟見臧庸《禮部侍郎少宗伯莊公小傳》。

弟述祖字葆琛，

【注釋】莊述祖（1750～1816），字葆琛，一字珍藝，江蘇武進人。乾隆四十五年進士。選山東昌樂縣知縣，調五年進士。選山東昌樂縣知縣，調濰縣明暢吏。五十九年以政績卓異引見，授桃源同知。不一月，乞養歸。著有《珍藝宧叢書》。事蹟見《清史稿》、《清史列傳》。

孫綬甲字卿珊，

【注釋】莊綬甲（1774～1828），字卿珊，存與孫，江蘇陽湖人。家盡通家學，好深湛之思，尤為述祖所愛重。著有《尚書考異》、《周官禮鄭氏注箋》、《釋書名》、《拾遺補藝齋集》等書。事蹟見李兆洛《附監生考取州吏目莊君行狀》。

長洲褚寅亮字搢升，

【注釋】褚寅亮（1715～1790），字搢升，一字宗鄭，號鶴侶，江蘇長洲人。乾隆十六年召試舉人，授內閣中書，官至刑部員外郎。深於經學，從事禮經幾三十年。著有《儀禮管見》、《公羊釋例》、《十三經筆記》、《諸史筆記》、《諸子筆記》等書。事蹟見《國朝漢學師承記》卷二。

餘姚盧文弨字紹弓，

【注釋】盧文弨（1717～1795），字紹弓，一字召弓，晚號弓父，學者稱抱經先生，浙江餘姚人。乾隆十七年進士，授翰林院編修。歷官左春坊左中允、翰林院侍讀學士、廣東鄉試正考官、提督湖南學政。三十三年，乞養歸。主講江浙各書院二十餘年。所校《逸周書》、《孟子音義》、《荀子》、《呂氏春秋》、《賈誼新書》、《韓詩外傳》、《春秋繁露》、《方言》、《白虎通》、《獨斷》、《經典釋文》諸善本，嘉惠學林。又合三十八種而名之曰《群書拾補》。匯刻《抱經堂叢書》。著有《抱經堂集》、《儀禮注疏詳校》、《鍾山劄記》、《龍城劄記》。事蹟見《清史稿》、《清史列傳·儒林傳》。

吳縣江聲字艮庭，

【注釋】江聲（1721～1799），字叔沄，元和（今江蘇蘇州）人。晚年因不諧俗，動與時違，取《周易》艮背之義，自號艮庭，學者稱為艮庭先生。少與兄筠同學，不事帖括。嘉慶元年，詔開孝廉方正科，江蘇巡撫費淳首舉江聲，賜六品頂戴。著有《尚書集注音疏》、《艮庭文集》、《艮庭詞》等書。事蹟見《清史稿·儒林》、《清史列傳·儒林傳》。

余蕭客字古農，

【注釋】余蕭客（1732～1778，一作1729～1777），字仲林，一字古農，江蘇長洲（今蘇州）人。早歲撰《注雅別鈔》八卷，就正於惠棟，遂著弟子籍。直隸總督方觀承聘修《畿輔通志》，以目疾歸，教授鄉里，終老布衣。著有《古經解鉤沈》、《文選音義》等。事蹟見《清史稿·儒林》、《清史列傳·儒林傳》。

嘉定王鳴盛字鳳喈，

【注釋】王鳴盛（1722～1797），字鳳喈，一字禮堂，號西莊，晚號西沚，學者稱西莊先生，嘉定（今屬上海市）人。乾隆十九年進士，授翰林院編修。二十三年，擢侍講學士。二十四年，充福建鄉試正考官。尋擢內閣學士，兼禮部侍郎。因濫用驛馬，左遷光祿寺卿。丁內艱，遂不復出。居蘇州三十年，閉戶讀書，不與當事交接。著有《尚書後案》〔註7〕、《十七史商榷》、《蛾術編》〔註8〕等書。今有《嘉定王鳴盛全集》行世。事蹟見《清史稿·儒林》、《清史列傳·儒林傳》。

錢大昕字曉徵，

【注釋】錢大昕（1728～1804），字曉徵，一字辛楣，號竹汀，嘉定（今屬上海市）人。年十五，補博士弟子，有神童之目。乾隆十六年召試舉人，授內閣中書。十九年進士，選庶吉士，授翰林院編修，擢右春坊右贊善，歷官侍講學士、詹事府少詹事、廣東提學使，充山東、湖南、浙江、河南鄉試考官。乾隆四十年父母相繼亡故，丁憂歸，不出。歸田三十餘年，歷主鍾山、婁東、紫陽三書院。為學沉博，通曉經術、天文、數學、曆法，它如文字、音韻、訓詁、歷史、金石、典章，均所精通，唯不喜佛、道兩家。今有《嘉定錢大昕全集》行世。事蹟見《清史稿·儒林》、《清史列傳·儒林傳》。

弟大昭字晦之，

【注釋】錢大昭（1744～1813），字晦之，一字竹廬，號可廬，嘉定（今屬上海市）人。大昕弟。監生。嘉慶元年應孝廉方正科，賜六品頂戴。好讀書，不汲汲於榮利名，其讀書之所曰可廬，取隨寓自足義也。著有《兩漢書辨疑》、《三國志辨疑》、《後漢書補表》、《詩古訓》、《經說》、《補續漢書·藝文志》、《後漢郡國令長考》、《邇言》等書。事蹟見《清史稿·儒林》、《清史列傳·儒林傳》。

大昭從子塘字學淵，

【注釋】錢塘（1735～1790），字學淵，一字禹美，號溉亭，嘉定（今屬上海市）人。乾

〔註7〕臧庸《拜經堂文集》卷三《上王鳳喈光祿書》：自束髮受書以來，亦沉溺於俗學，而無以自振。讀《尚書後案》，初駭其博辨，心怦怦然有動，後反覆推考，始識其精確，心焉愛之。知研究經學必以漢儒為宗，漢儒之中尤必折衷於鄭氏。試操此以參考諸家之言，遇鄭氏與諸家異者，畢竟鄭氏勝之。八年以來，微有所知，以殊異於俗學者，皆閣下教也，其敢忘所自哉！

〔註8〕文廷式《純常子枝語》卷六：閱王西莊《蛾術篇》八十三卷，心得甚稀，而謬誤處不可勝乙，又出所撰《十七史商榷》之下矣。至謂顧亭林為鄙俗，謂戴東原為不知家法，皆失之輕詆。其論小學，則謂棲字始於隋，是婁壽碑亦未之檢；謂稱人才為人物始於宋，是忘魏劉邵有《人物志》也。其他類此者甚多，不必悉為之辯。

隆四十四年舉江南鄉試，明年成進士，授江寧府學教授。公暇專志著述，於音律、文字、音樂、度量、曆法等學研究甚精，大昕稱之為「群從之白眉」。著有《律呂古義》、《史記三書釋疑》、《說文聲系》、《淮南天文訓補注》、《溉亭述古錄》等書。事蹟見《清史稿·儒林》、《清史列傳·儒林傳》。

塘弟坫字獻之，

【注釋】錢坫（1741～1806），字獻之，號十蘭，又號篆秋，別署泉坫，嘉定（今屬上海市）人。乾隆三十九年（1774）副榜貢生，遊學京師，朱筠引為上客。以直隸州州判銜入巡撫畢沅幕，與洪亮吉、孫星衍諸名士切磋訓詁、地理之學，時人以為博學不如錢大昕，而專精則過之。著有《詩音表》、《九經通借字考》、《說文解字斠詮》、《史記補注》、《漢書十表注》等書。事蹟見《清史稿·儒林》、《清史列傳·儒林傳》。

大興翁方綱（字）〔號〕覃溪，

【注釋】翁方綱（1733～1818），字正三，號覃溪，晚號蘇齋，直隸大興（今屬北京）人。乾隆十七年進士，選庶吉士，授翰林院編修，二十九年督廣東學政，五十五年官內閣學士，明年督山東學政。嘉慶四年遷鴻臚卿，十二年重預鹿鳴筵宴，得旨賜三品銜，十九年重預瓊林宴，賜二品卿銜。其學無所不通，而尤邃於金石文字。著有《經義考補正》、《兩漢金石記》、《復初齋全集》等書。事蹟見《清史稿·文苑》、《清史列傳·儒林傳》、《國史館儒林傳稿·翁方綱傳》（《碑傳集三編》卷三十六）。

朱筠號笥河，

【注釋】朱筠（1729～1781），字竹君，又字美叔，號笥河，直隸大興（今屬北京）人。乾隆十九年進士，授翰林院編修。三十二年授贊善，三十三年擢侍讀學士，充日講起居注官。三十五年，充福建鄉試正考官。三十六年，提督安徽學政。三十八年，詔求遺書，奏言翰林院藏《永樂大典》內多古書，請開局校輯。以過降級，復為編修，參與編纂《四庫全書》。四十四年提督福建學政。著有《笥河集》。事蹟見《清史稿》卷六八、《國朝耆獻類徵》初編卷一二八。

獻縣紀昀諡文達，

【注釋】紀昀（1724～1805），字曉嵐，一字春帆，晚年自號白雲，諡文達，直隸獻縣（今屬河北）人。乾隆十九年進士，改庶吉士，散館授翰林院編修。三十三年，擢侍讀學士。坐事戍烏魯木齊，三十五年，釋還，復授編修。三十八年，開四庫全書館，大學士劉統勳舉為總纂。歷任侍讀學士、日講起居注官、內閣學士、禮部尚書、左都御史。嘉慶中充《高宗純皇帝實》館副總裁，擢協辦大學士，加太子太保，管國子監事。主撰《四庫全書總目》，著有《紀曉嵐文集》。事蹟見《清史稿》卷三二〇、《清史列傳》卷二八。

青浦王昶字德甫，

【注釋】王昶（1725～1806），字德甫，又字琴德，號蘭泉，晚號述庵，青浦（今屬上海市）人。乾隆十九年進士。官至刑部侍郎。以詩鳴世，與王鳴盛、錢大昕、吳泰來、曹仁虎、趙文哲、黃文蓮稱「江南七子」。著有《春融堂集》、《湖海詩傳》、《金石粹編》等書。事蹟見《清史稿》卷三〇五、《清史列傳》卷二六、阮元《誥授光祿大夫刑部右侍郎王公昶神道碑》（《揅經室集》二集卷三）、秦瀛《刑部侍郎蘭泉王公墓誌銘》（《小峴山人集》文集卷五）、清管同《資政大夫刑部右侍郎致仕王公行狀》（《因寄軒文集》初集卷八）。

會稽范家相字蘅洲，

【注釋】范家相，字左南，號蘅洲，浙江會稽（今紹興）人。乾隆十九年進士，授刑部主事，洊升郎中。三十三年，出知廣西柳州知府，僅歲餘，以疾告歸，尋卒。著有《詩瀋》、《三家詩拾遺》、《古趣亭未定稿》、《家語證偽》。事蹟見《清史列傳·儒林傳》。

仁和翟灝字晴江，

【注釋】翟灝（1736～1788），字大川，改字晴江，浙江仁和（今杭州）人。乾隆十九年進士，官金華、衢州府學教授。性簡訥，好讀書，工詩文。著有《爾雅補郭》、《四書考異》、《通俗編》、《家語發覆》、《周書考證》等。事蹟見《清史稿》卷四八一、《清史列傳·儒林傳》。

海寧周春（字）〔號〕松靄，

【注釋】周春（1729～1815），字芚兮，號松靄，晚號黍穀居士，浙江海寧人。乾隆十九年進士。官廣西岑溪縣知縣。嘉慶十五年重赴鹿鳴宴，賜加六品銜。著有《十三經音略》、《古文尚書冤詞補正》等。事蹟見《清史稿》卷四八四邵遠平傳附傳、《清史列傳》卷六八丁傑傳附傳。

秀水盛百二字（抽）〔柚〕堂，

【注釋】盛百二（1720～？），字秦川，號柚堂，浙江秀水（今嘉興）人。乾隆二十一年舉人。官山東淄川知縣。在官一年，以憂去，遂不仕。晚年久居齊魯間，主講山棗、稿城書院十數年，多所造就。所著《尚書釋天》、《問水漫錄》、《柚堂筆談》。有《柚堂全集》行世。事蹟見《疇人傳》卷四十二、《（道光）濟南府志》卷三十八、《（同治）蘇州府志》卷一百十二、王培荀輯《鄉園憶舊錄》卷三。

鎮洋畢沅字秋帆，

【注釋】畢沅（1730～1797），字湘蘅，一字秋帆，自號靈巖山人，江蘇鎮洋（今太倉）人。乾隆二十年以舉人補內閣中書，入直軍機處。二十年會試，名在第二，皇上親擢第一，授修翰林院撰，累遷至左春坊左庶子，出為甘肅鞏秦階道，歷陝西按察布政諸使，尋升任巡撫。五十三年擢湖廣總督，左遷山東巡撫。嘉慶元年，督剿白蓮教；二年七月，病卒子辰州官舍。

有旨加太子太保，賜祭葬。著有《傳經表》、《經典文字書》、《續資治通鑒》等。事蹟見《清史稿》卷三三二《列傳》、王昶《兵部尚書都察院右都御史湖廣總督贈太子太保畢公神道碑》（《春融堂集》卷五十二）、史善長所撰《弇山畢公年譜》。

仁和孫志祖字頤谷，

【注釋】孫志祖（1737～1801），字詒谷，或作頤谷，號約齋，世居餘姚，五世祖遷浙江仁和（今杭州）人。乾隆三十一年進士，分刑部，補山東司主事，由員外郎升雲南司郎中，欽差通州，坐糧廳，擢江南道監察御史，乞養父母，歸里，復少宦情，不復出，以著書為事。性情瀟澹，清修自好。中年後留心經史，必釋其疑而後已，於《文選》致力尤深。著《家語疏證》、《文選考異》。事蹟見《清史稿·儒林》、《清史列傳·儒林傳》。

興化任大椿字幼植，

【注釋】任大椿（1738～1789），字幼植，一字子田，江蘇興化人。乾隆三十四年進士，授禮部儀制司主事，薦《四庫》纂修官，歷員外郎、郎中、陝西道監察御史，未蒞任而病卒。久官京師，不謁權貴，唯閉門讀書。而覃精經術，尤熟於《爾雅》、《說文》、《廣韻》諸書。著《小學鉤沉》、《字林考逸》、《列子釋文》、《子田初集》。事蹟見《清史稿·儒林》。

曲阜孔繼涵字葓谷，

【注釋】孔繼涵（1739～1784），字體生，一字補孟，號葓谷，山東曲阜人。衍聖公毓圻父。乾隆三十六年進士，官戶部河南司主事，兼理軍需局事，充《日下舊聞》纂修官，誥授朝議大夫。以母病乞養歸。篤於學，凡天文、地理、經學、小學，數學等，無不研治。著有《九經字樣疑》、《五經文字疑》、《水經釋地》、《紅櫚書屋文稿》、《詩集》等。事蹟見《清史列傳·儒林傳》。

孔廣森（字）〔號〕㿑軒，

【注釋】孔廣森（1752～1786，一作1753～1787），字眾仲，一字撝約，號㿑軒，山東曲阜人。衍聖公傳鐸之孫。乾隆三十六年成進士，官翰林院檢討。丁內艱，陳情歸養，築儀鄭堂，讀書其間，蓋心儀鄭氏學。著有《經學卮言》、《禮學卮言》等，合稱為《㿑軒所著書》。事蹟見《清史稿·儒林》、《清史列傳·儒林傳》。

弟廣林字叢伯，

【注釋】孔廣林（1736～1814後），字叢伯，號幼髯，山東曲阜人。廩貢生，署太常寺博士。博雅好古，治經專治鄭學。又工曲學，精元劇，且及南北散套小令。著有《周禮臆測》、《儀禮臆測》等。事蹟見《清代學者像傳》第二集、《全清散曲》小傳。

餘姚邵晉涵字二雲，

【注釋】邵晉涵（1743～1796），字與桐，一字二雲，浙江餘姚人。乾隆三十六年進士，

選庶吉士，授編修，歷官廣西鄉試正考官、侍講學士，充文淵閣直閣事、日講起居注官。著有《爾雅正義》、《舊五代史考異》、《南江劄記》等。事蹟見《清史稿·儒林》、《清史列傳·儒林傳》。

歙縣金榜字輔之，

【注釋】金榜（1735～1801），字輔之，一字蘂中，號檠齋，安徽歙縣人。乾隆二十七年，召試舉人，授內閣中書。三十七年以一甲一名成進士，授翰林院修撰。嘗出為山西副考官，以父喪歸，遂不出。研究經籍，尤精「三禮」之學。著有《周易考占》、《禮箋》等。事蹟見《清史稿·儒林》、《清史列傳·儒林傳》。

程瑤田字易疇，

【注釋】程瑤田（1725～1814），字易田，又字易疇，安徽歙縣人。乾隆三十五年舉人，選太倉州校官。嘉慶元年，舉孝廉方正。學於江永，深於經術。著有《通藝錄》、《九穀考》等。今有《程瑤田全集》行世。事蹟見《清史稿·儒林》、《清史列傳·儒林傳》。

休寧戴震字東原，

【注釋】戴震（1723～1777），字東原，號慎修，一號杲溪，江南休寧（今屬安徽）人。少從婺源江慎修遊，講貫禮經制度名物及推步天象，皆洞徹其原本，既乃研精漢儒傳注及方言、說文諸書，由聲音文字以求訓詁，由訓詁以尋義理，實事求是，不偏主一家。乾隆二十七年中舉；三十八年，薦淹貫之士，充四庫館纂修。四十年，特命與殿試成進士，改翰林院庶吉士。四十二年五月，以積勞卒於官。讀書好深湛之思。著述斐然，總名《戴氏遺書》，凡三十餘種。今有《戴震全集》行世。事蹟見《清史稿·儒林》、《清史列傳·儒林傳》、段玉裁《戴東原先生年譜》。

金壇段玉裁字懋堂，

【注釋】段玉裁（1734～1815），字若膺，號懋堂，江蘇金壇人。乾隆二十五年舉人，以教習得貴州玉屏縣知縣，旋調四川，署富順及南溪縣事，又辦理化林坪站務，尋任巫山知縣。年四十六，以父老引疾歸，卜居蘇州楓橋，鍵戶不問世事者三十餘年。平生究心小學，與王念孫俱師戴震，時有段、王之學，代表乾嘉學術之最高水準。著有《說文解字注》、《古文尚書撰異》、《毛詩小學》、《周禮漢讀考》等。事蹟見《清史稿·儒林》、《清史列傳·儒林傳》、劉盼遂《段玉裁先生年譜》。

績溪胡匡衷（字）〔號〕樸齋，

【注釋】胡匡衷（1728～1801），字寅臣，號樸齋，安徽績溪人。歲貢生。候補訓導，贈承德郎，官戶部廣東司主事，累贈資政大夫。著有《儀禮釋官》、《三禮劄記》、《周禮井田圖考》、《井田出賦考》、《畿內授田考》、《鄭氏儀禮目錄校證》、《禮記官職考》、《侯國官職考》、《周

易傳義疑參》、《左傳翼服》、《論語古本證異》、《論語補箋》、《莊子集評》、《離騷集注》及《樸齋詩文集》。事蹟見《清史列傳》卷六八、錢林《文獻徵存錄》卷五。

匡衷孫培翬字竹村，

【注釋】胡培翬（1782～1849），字載平，一字載屏，號竹村，安徽績溪人。胡匡衷之孫，胡秉欽之子。嘉慶二十四年（1819）進士。官至內閣中書，轉戶部廣東司主事。後罷官歸里，主講鍾山、涇川諸書院。著有《儀禮正義》、《研六室文鈔》。事蹟見《清史稿·儒林》、《清史列傳·儒林傳》。

胡秉（更）〔虔〕（字）〔號〕春喬，

【注釋】胡秉虔，字伯敬，號春喬，安徽績溪人。嘉慶四年進士，用主事分刑部，官至甘肅丹噶爾同知。其學具有根源，尤精於訓詁音韻。著《古韻論》、《說文管見》、《周易小識》、《尚書小識》、《論語小識》、《卦本圖考》、《漢西京博士考》等。事蹟見《清史稿·儒林》、《清史列傳·儒林傳》、俞樾《胡春喬先生遺書記》。

涇縣胡承珙（字）〔號〕墨莊，

【注釋】胡承珙（1776～1832），字景孟，號丹溪，又號墨莊，安徽涇縣人。嘉慶十年進士，授翰林院編修。十五年，充廣東鄉試副考官，遷御史，轉給事中。二十四年，授福建延建邵道，尋調補臺灣道。在臺三年，乞假歸里。道光十二年卒。究心經術，精研小學。著有《毛詩後箋》、《儀禮古今文疏證》、《爾雅古義》、《小爾雅義證》、《求是堂詩文集》等。事蹟見《清史稿·儒林》、《清史列傳·儒林傳》。

溧陽周炳中字燭齋，

【注釋】周炳中（1738～1801），字理衷，號燭齋，江蘇溧陽人。著有《四書典故辨正》、《續編》。事蹟見《清續文獻通考》卷二百五十九。

寶應劉台拱字端臨，

【注釋】劉台拱（1751～1805），字端臨，號子階，江蘇寶應人。乾隆三十五年舉人，屢試禮部不第，銓授丹徒縣訓導。臺拱為學，自六書以至天文、律呂，莫不窮極奧妙。著有《劉端臨先生遺書》。事蹟見《清史稿·儒林》、《清史列傳·儒林傳》。

高郵王念孫字石臞，子引之字伯申，

【注釋】王念孫（1744～1832），字懷祖，學者稱石臞先生，江蘇高郵人。八歲讀十三經畢，旁涉史鑒。高宗南巡，以大臣子迎鑾，獻文冊，賜舉人。乾隆四十年進士，選翰林院庶吉士，散館，改工部主事。升郎中，擢陝西道御史，轉吏科給事中。嘉慶四年，仁宗親政，念孫陳剿賊六事，首劾大學士和珅，疏語援據經義，大契聖心。是年授直隸永定河道。尋授山東運河道，在任六年，調永定河道。會東河總督與山東巡撫以引黃利運異議，召入都決其是非。念

孫奏引黃入湖，不能不少淤，然暫行無害，詔許之。已而永定河水復異漲，如六年之隙，念孫自引罪，得旨休致。既罷官，日以著述自娛。著有《讀書雜志》、《廣雅疏證》。事蹟見《清史稿·儒林》、閔爾昌編《王石臞先生年譜》、劉盼遂編《（高郵）王氏父子年譜》。

王引之（1766～1834），字伯申，號曼卿，江蘇高郵人。嘉慶四年進士，授翰林院編修，歷任貴州鄉試正考官、侍講、《皇朝詞林典故》纂修官、侍講學士、侍讀學士、大理寺卿、山東學政、禮部左侍郎、浙江鄉試正考官、會試副考官、國史館總裁、經筵講官、禮部尚書、工部尚書、吏部尚書、武英殿總裁。諡文簡。以訓詁之學著稱。著有《經義述聞》、《經傳釋詞》。事蹟見《清史稿·儒林》、《清史列傳》卷三四、湯金釗《誥授光祿大夫經筵講官工部尚書加二級諡文簡伯申王公墓誌銘》。

宋綿初字守端，

【注釋】宋綿初，字守端，號甌園，江蘇高郵人。乾隆四十二年拔貢生，曾官五河、清河縣學訓導。邃深經籍，尤長於《詩》。著有《韓詩內傳徵》。事蹟見《清史稿·儒林》、《清史列傳·儒林傳》。

李惇（字）〔號〕孝臣，

【注釋】李惇（1734～1784），字成裕，號孝臣，江蘇高郵人。乾隆四十五年進士，選知縣不就，主講暨陽書院。著有《群經識小》、《左傳通釋》、《渾天圖說》等。江藩好詆訶前人，李惇謂之曰：「王子雍若不作《聖證論》以攻康成，豈非醇儒？」事蹟見《清史稿·儒林》、《國朝漢學師承記》卷七。

李賡芸（字）〔號〕許齋，

【注釋】李賡芸（1754～1817），字生甫，又字鄦齋，號書田，嘉定（今屬上海）人。乾隆五十五年進士。官至福建布政使。尋被誣以貪污，逼令自承，不肯誣服，慮遭辱，自縊而死。著有《稻香吟館集》、《炳燭編》、《漢書藝文志考誤》。事蹟見《清史稿》卷四七八、《清史列傳》卷七五。

歙縣（金）〔洪〕榜（字）〔號〕初堂，

【注釋】洪榜，字汝登，號初堂，安徽歙縣人。年十五，補邑庠生。乾隆三十三年舉人。四十一年，應天津召試第一，授內閣中書。年僅三十五而卒。粹於經學，與同郡戴震、金榜交厚。著有《初堂遺稿》、《四書韻和表》。事蹟見《清史稿·儒林》、《清史列傳·儒林傳》。

榜弟梧字桐生，

【注釋】洪梧（1750～1817），字桐生，安徽歙縣人。乾隆四十五年（1780）舉人，召試中書，乾隆五十五年（1790）考取進士，授為翰林院庶吉士，散館授編修，官至沂州（今山東臨沂）府知府。博古通今，兼工詞翰，亦邃於經學。事蹟見《國朝漢學師承記》卷六。

汪萊字孝嬰，

【注釋】汪萊（1768～1813），字孝嬰，號衡齋，安徽歙縣人。年十五補博士弟子。嘉慶十二年以優貢生，選石埭縣訓導。十八年應省試，得疾歸，卒於官。深於經學，尤善曆算，通中西之術。與焦循、李銳考論天文算法，時稱「談天三友」。著有《說文聲類》、《十三經注疏正誤》、《衡齋遺書》等。事蹟見《清史稿》卷五○七。

凌廷堪字次仲，

【注釋】凌廷堪（1755～1809），字次仲，號仲子，安徽歙縣人。乾隆四十六年遊揚州，慕其鄉江永、戴震之學。四十八年至京師，始多交遊。五十四年應鄉試中式，五十五年成進士，官寧國府教授。於六書、曆算及古今疆域之沿革、職官之異同皆有研究，尤長於考辨。著有《禮經釋例》、《校禮堂文集》、《燕樂考原》等。事蹟見《清史稿·儒林》、《清史列傳·儒林傳》。

汪龍字蟄泉，

【注釋】汪龍（1742～1823），字叔辰，蟄泉，安徽歙縣人。乾隆五十一年舉人，揀選知縣。著有《毛詩異義》、《毛詩申成》。事蹟見胡培翬《汪叔辰先生別傳》（《研六室文鈔》卷十）。

興化顧九苞字文子，

【注釋】顧九苞，字文子，興化人。博聞強記，長於《毛詩》、「三禮」。母任子田之祖姑，通經達史。文子之學，母之教也。乾隆四十六年辛丑成進士，未幾卒。子鳳毛。事蹟見《文獻徵存錄》卷七、《國朝漢學師承記》卷七。

嘉定金曰追（字）〔號〕璞園，

【注釋】金曰追（1737～1780），字對揚，號璞園，江蘇嘉定（今屬上海）人。諸生。師事王鳴盛。閉門校書，不求聞達，十三經皆有校本，而《儀禮》尤精。著有《十三經考異》、《儀禮經注疏正訛》、《經說》。阮元奉詔校勘《儀禮石經》，多採其說。曹元弼《禮經學》流別第七：「其為校勘者：盧氏文弨有《儀禮詳校》，金氏曰追有《儀禮經注疏正訛》。而阮氏元遍校《十三經注疏》，於《儀禮》尤詳，集諸本異同，以唐石經宋嚴州本注景德本疏為主，綜覈諸家，校勘以阮氏為宗，解詁以胡氏為備。但阮書有校讎而無發正，胡書《士》、《昏》及《鄉飲》以下四篇未成，餘亦大純，不免小疵。元弼不揆檮昧，贊而辨之，作《禮經校釋》。」事蹟見《清史稿·儒林》、《練川名人畫像續編》。

歸安丁傑（字）〔號〕小雅，

【注釋】丁傑（1738～1807），原名錦鴻，字小山，一字升衢，號小雅，浙江歸安（今吳興）人。乾隆四十六年進士，官寧波府學教授。張之洞謂於諸校勘學家中，「戴、盧、丁、顧（廣圻）為最」（《書目答問》）。著有《周易鄭注後定》、《大戴禮記繹》、《小酉山房文集》等。事蹟見《清史稿·儒林》、《清史列傳·儒林傳》。

海寧周廣業（字）〔號〕耕崖，

【注釋】周廣業（1730～1798），字勤補，號耕崖，浙江海寧人。乾隆四十八年舉人。終身教徒授業，且教且學。其學根柢六經，以子史百家為枝葉。少時即通訓詁，辨音切。深研古學，尤邃於經。著有《孟子四考》、《經史避名匯考》、《蓬廬詩文鈔》等。事蹟見《清史列傳・儒林傳・翟灝傳》附傳。

錢塘梁玉繩字曜北，

【注釋】梁玉繩（1744～1819），字曜北，號諫庵，浙江錢塘（今杭州）人。同書嗣子，家世貴顯，玉繩不志富貴，自號清白士。增貢生。九試九黜，年未四十，即棄舉子業，潛心著述。與弟履繩以學問相勉，相互切磋，時有二難之目。尤精乙部書，與同時杭世駿、錢大昕、盧文弨諸人遊，相與切磋。著有《瞥記》、《清白士集》、《史記志疑》、《古今人表考》等。事蹟見《清史稿・儒林》、《清史列傳・儒林傳》。

弟履繩字處素，

【注釋】梁履繩（1748～1793），字處素，號夬庵，浙江錢塘（今杭州）人。乾隆五十三年舉人。再試進士不第，遂不求仕進。生性淡泊，溫良忠厚。於諸經中尤精《左傳》，嘗鐫小印文曰「臣有《左傳》癖」。著有《左通補釋》、《澹足軒集》等。事蹟見《清史稿・儒林》、《清史列傳・儒林傳》。

偃師武億字虛谷，

【注釋】武億（1745～1799），字虛谷，一字小石，號授堂，自號半石山人，河南偃師人。乾隆四十五年進士，授山東博山縣知縣，創范泉書院。和坤密遣番役以蹤跡王倫為名橫行州縣，乃悉執之，被劾罷職。博通經籍，蘊蓄宏富，考證諸作皆審核精詳。著有《群經義證》、《經讀考異》、《金石三跋》、《金石文字續跋》、《偃師金石記》、《安陽金石錄》、《三禮義證》等。事蹟見《清史稿・儒林傳》、《清史列傳・儒林傳》、江藩《漢學師承記》卷四。

江都汪中字容甫，

【注釋】汪中（1744～1794），字容甫，其先歙人，後遷揚州，遂占籍江都。少孤，性至孝，奉母以居，天資高邁，好嫚罵，人多忌而惡之。為諸生十餘年，屢試於鄉，不售。乾隆四十二年拔貢生。以母老不赴朝考，絕意仕進。稟性耿直，疾惡如仇，尤其能不固時俗，敢於標新立異，當世目為狂徒；故一生坎坷，懷才不遇。所服膺者，崑山顧寧人、德清胡朏明、宣城梅定九、太原閻百詩、元和惠定宇、休寧戴東原。著有《述學內外篇》、《大戴禮記正誤》、《經義知新記》等。事蹟見《清史稿・儒林》、《清史列傳・儒林傳》。

子喜孫字孟慈，

【注釋】汪喜孫（1786～1847），字孟慈，號荀叔，後更名喜荀，江蘇揚州人。汪中之子，

少長，能讀父書，溺志於學。嘉慶十二年舉人，援例為內閣中書，開戶部員外郎。乙巳，補河南懷慶府知府。著有《大戴禮記補》、《且住庵詩文稿》、《汪孟慈文集》。事蹟見《清史列傳·儒林傳》。

長洲程際（泰）〔盛〕字煥若，

【注釋】程際盛（1739～1796），字煥若，號東冶，江蘇長洲（今蘇州）人。乾隆四十五年成進士，授內閣中書，累官至湖廣道監察御史。由舍人遊歷蘭臺，奉職三十餘年，退食而歸，惟以汲古窮經為務，尤深研鄭玄之學。著有《說文古語考》、《禮記古訓考》、《周禮故書考》、《儀禮古文今文考》、《駢字分箋》、《續方言補》、《清河偶鈔》、《清河偶鈔》、《稻香樓集》等。事蹟見《清史列傳·儒林傳》、《國朝耆獻類徵》卷一三七。

（海）〔濟〕寧許鴻磐字漸逵，

【注釋】許鴻磐（1757～1837），字漸逵，號雲嶠，別號雪帆、六觀樓主人，山東濟寧人。乾隆四十六年進士。歷官指揮，安徽府同知，泗州知州。著有《讀史方輿考證》、《六觀樓文集》、《尚書劄記》等。事蹟見《清史列傳·儒林傳》。《國朝漢學師承記》卷六：「又有濟寧進士許君鴻磐，字漸逵者，安徽候補同知，深於輿地之學。亡友凌君次仲亟稱之。後見所著《雪帆雜著》一冊，皆辨駁地理之說，不在胐明、祖禹之下。其論內地及外裔山川，瞭如指掌，蓋四方經緯洞徹胸中，故不為皮傅之言也。在京師，與戴君金溪談其《雪帆雜著》，金溪曰：『許君曾官指揮，當時以俗吏目之，失許君矣。』」

陽湖孫星衍字伯淵，

【注釋】孫星衍（1753～1818），字伯淵，一字淵如，號徵隱，江蘇陽湖（今武進）人。乾隆五十二年（1787）進士，授翰林院編修，改刑部主事，出為山東兗沂曹濟道，兼管黃河兵備道、山東督糧道，權山東布政使，清廉有績。去官後先後主講揚州安定書院、紹興戢山書院。一生劬學，好藏書，勤於著述，精於校刊。著有《尚書今古文注疏》、《周易集解》、《平津館金石粹編》等。事蹟見《清史稿·儒林》、《清史列傳·儒林傳》、張紹南《孫淵如先生年譜》。

洪亮吉字稚存，

【注釋】洪亮吉（1746～1809），字稚存，號北江，晚號更生，江蘇陽湖（今武進）人。乾隆五十五年（1790）進士，授翰林院編修，充國史館纂修官。在京供職外，曾出任貴州學政。嘉慶四年八月，經成親王轉上《極言時政啟》千言，痛陳時弊，遭落職發戍伊犁。翌年賜還東返，歸居里門，以著述、遊歷遣其餘生。著有《六書轉注錄》、《比雅》、《卷施閣集》等。事蹟見《清史稿》卷三五六、《清史列傳·儒林傳》、呂培《洪北江先生年譜》。

儀徵許珩字楚生，

【注釋】許珩，字楚生，江蘇儀徵人。許謙子。著有《周禮注疏獻疑》、《周禮經注節鈔》。

事蹟見《國朝漢學師承記》卷七。

阮元諡文達，

【注釋】阮元（1754～1849），字伯元，號芸臺，晚自號頤性老人，江蘇儀徵人。乾隆五十四年進士，選庶吉士，授編修，擢少詹事，歷官山東、浙江學政，兵、禮、戶部侍郎，浙江、江西巡撫，湖廣、兩廣、雲貴總督，道光朝拜體仁閣大學士，致仕，加太傅，諡文達。平生愛才好士，重視教育，在粵辦學海堂，在浙創詁經精舍，造就甚眾。主持文壇數十年，學者奉為泰斗。博學貫通，精窮經誼。撰《十三經校勘記》、《經籍籑詁》、《皇清經解》、《疇人傳》，刊當代名宿著述數十家為《文選樓叢書》，自著曰《揅經室集》。事蹟見《清史稿》卷三六四、《清史列傳》卷三六、《疇人傳三編》卷三。

劉文淇字孟瞻，

【注釋】劉文淇（1789～1854），字孟瞻，江蘇儀徵人。嘉慶二十四年優貢生。官候選訓導。少時家貧，舅父凌曙親授之學。及長，以博通經史聞，與寶應劉寶楠有「揚州二劉」之目。道光中，嘗與寶楠、梅植之、包慎言、柳興恩、陳立同赴省試，相約各治一經，為之疏證，文淇抓鬮得《左傳》。為學實事求是，精研群經，尤長《左傳》。輯《左傳舊注疏證》一書，先取賈、服、鄭三君之注，疏通證明。草創四十年，長編已具，然後依次排比成書，為《左氏舊注疏證》，成《左傳舊疏考正》。又有《青溪舊屋文集》。事蹟見《清史稿·儒林》、《清史列傳·儒林傳》。

子毓崧字伯山，

【注釋】劉毓崧（1818～1867），字伯山，一字松崖，江蘇儀徵人。道光二十年舉優貢生。從父劉文淇受經，治《左氏》纘述先業，成《春秋左氏傳大義》。校書取材廣博，採用活校方法，訂訛補闕，於《王船山遺書》及《漢書》用力最勤。又曾替杜文瀾編輯《古謠諺》一百卷。著有《史乘》、《諸子通義》、《經傳通義》、《通義堂文集》等。事蹟見《清史稿·儒林》。

曲阜桂馥（字）〔號〕未谷，

【注釋】桂馥（1736～1805，一說卒於1802），字冬卉，又字天香，號未谷，山東曲阜人。乾隆五十五年進士，選雲南永平知縣。嘉慶十年卒於任。為學尚實，尤邃於《說文》之學。著有《說文義證》、《晚學集》、《札樸》。事蹟見《清史稿·儒林》、《清史列傳·儒林傳》、《國朝先正事略》卷三十六、莊一拂《古典戲曲存目匯考》。

甘泉鍾褱字敔崖，

【注釋】鍾褱（1761～1805），字保其（一作保岐），一字敔崖（一作敔厓），江蘇甘泉（今江都）人。嘉慶甲子優貢生。與阮元、焦循相友善，共研經學，且夕討論，務求於是。鍾氏淡然無欲，一以讀書為樂，生平篤實，敦善行，交遊中稱為君子。著有《考古錄》、《漢儒考》等。

事蹟見《國朝漢學師承記》卷七。

焦循字里堂，

【注釋】焦循（1763～1820），字里堂，一作理堂，晚號里堂老人，江蘇甘泉（今江都）人。嘉慶六年舉人。一應會試不第，遂絕意仕途，構雕菰樓，讀書著述其中，不入城市者十餘年。性恬淡寡欲，不幹仕祿。於書無所不窺，邃於經史、曆算、聲音、訓詁，尤精於《易》。著有《易通釋》、《孟子正義》、《雕菰樓集》等。事蹟見《清史稿・儒林》、《清史列傳・儒林傳》、王永祥《焦里堂先生年譜》。

江陰趙曦明字敬夫，

【注釋】趙曦明（1705～1787），字敬夫，號畂江山人，江陰人。諸生。博覽強識，佐盧抱經校勘群籍，世稱精審。著有《顏氏家訓注》、《讀書一得》等。事蹟見盧文弨《畂江山人傳》。

烏程嚴可均（字）〔號〕鐵橋，

【注釋】嚴可均（1762～1843），字景文，號鐵橋，浙江烏程（今吳興）人。嘉慶五年舉人，官建德教諭。引疾歸，以著書為事。著有《唐石經校文》、《說文校議》、《石經總纂》、《鐵橋漫稿》等，輯《全上古三代秦漢三國六朝全文》。事蹟見《清史稿・儒林》、《清史列傳・儒林傳》。

凌堃（字）〔號〕厚堂，

【注釋】凌堃（1795～1861），字仲訥，號厚堂，自號德輿子，浙江烏程人。道光十一年舉人。與黟縣俞孝廉正燮友，並長推步算術，高材續學，侯官林文忠公嘗目以國士，著撰等身。其最致力者為《學春秋理辨》五十餘卷，未寫定。咸豐十一年，罵賊死。又著《周易翼》。事蹟見諸可寶《疇人傳三編》卷三。

桐城馬宗槤（字）〔號〕魯陳，

【注釋】馬宗槤（？～1802），一作宗璉，字器之，號魯陳，安徽桐城人。嘉慶六年進士，官東流縣教諭。少從舅父姚鼐學為詩古文詞，有聲於時。後從邵晉涵、王念孫遊，遂精通訓詁、地理之學。嘗以治經學必先通訓詁，而載籍極博，未有匯成一編者，乃偕孫星衍、阮元、朱錫庚分韻編錄，未竟。體例為阮元《經籍籑詁》所仍。著有《春秋左氏補注》、《毛鄭詩詁訓考證》、《周禮鄭注疏證》、《穀梁傳疏證》、《說文字義廣證》、《戰國策地理考》。事蹟見《清史稿・儒林》、《清史列傳・儒林傳》。

馬瑞辰字文登，

【注釋】馬瑞辰（1782～1853），字獻生，號元伯，桐城人。馬宗璉子。嘉慶十年進士，選翰林院庶吉士，官工部都水司郎中。歷主江西白鹿、山東繹山、安徽廬陽書院。鄉居數十年，以著述自娛。聞亂，命二子團練鄉兵。家人以其老，避之山中。咸豐二年，桐城陷，仲子

死焉。賊兵搜山，圍其宅，見一老人倨上坐，拽之起，怒詰為誰，植立大言曰：「吾前工部員外郎馬某也！」勸之降，不屈，罵且厲，遂遇害。少傳父業，為訓詁之學。著有《毛詩傳箋通釋》。事蹟見馬其昶《贈道銜原任工部員外郎馬公墓表》（《抱潤軒文集》卷六）。

畢〔以〕珣（字）〔號〕九水，

【注釋】畢以珣，改名以田，又名亨，字恬溪，號九水，山東文登人。嘉慶十二年舉人。道光六年，以大挑知縣，分發江西，署安義縣，後補崇義縣。以積勞卒於官，年且八十。生平愛即墨勞山九水之勝，因名所居曰九水山房。戴震弟子，長於樸學。楊以增嘗謂孫星衍生平著述多出其手。著有《九水山房文存》。事蹟見《清史稿・儒林》、《清史列傳・儒林傳》。

歸安姚文田諡文僖，

【注釋】姚文田（1758～1827），字秋農，號社芧，別號經田、梅漪老人，浙江歸安（今吳興）人。嘉慶四年以一甲第一人成進士，授翰林院修撰，官至禮部尚書。著有《春秋經傳朔閏表》、《說文聲系》、《說文校議》、《求是齋自訂稿》、《邃雅堂集》。事蹟見《清史稿》卷三七四、《清史列傳》卷三四《大臣傳次編》九。

棲霞郝懿行字蘭皋，

【注釋】郝懿行（1757～1825），字恂九，號蘭皋，山東棲霞人。嘉慶四年進士，授戶部主事。二十五年，補江南司主事。好談論經義，於《爾雅》用力最久。著有《爾雅義疏》、《曬書堂集》。事蹟見《清史稿・儒林》、《清史列傳・儒林傳》、許維遹《郝蘭皋夫婦年譜》。

武進張惠言字皋文，

【注釋】張惠言（1761～1802），字皋文，江蘇武進人。嘉慶四年進士，改庶吉士，授翰林院編修，充實錄館纂修官、武英殿協修官，辛酉散館授編修，卒於官。其學要歸六經，尤深《易》、《儀禮》。著有《周易虞氏義》、《虞氏易言》、《周易鄭氏義》、《易緯略義》、《易圖條辨》、《諧聲譜》、《茗柯文》、《茗柯詞》等。事蹟見《清史稿・儒林》、《清史列傳・儒林傳》。

侯官陳壽祺字恭甫，

【注釋】陳壽祺（1771～1834），字恭甫，號左海，晚號隱屏山人，福建閩縣人。嘉慶四年進士，改庶吉士，授編修。歷充廣東、河南副考官，會試同考官。十四年，奔喪歸，不復出仕，主講泉州清源、鼇峰兩書院凡二十一年，卒於家。陳壽祺書院凡二十一年，卒於家。著有《五經異義疏證》、《尚書大傳箋》、《禮記鄭讀考》、《左海經辨》、《左海文集》、《絳跗堂詩集》。事蹟見《清史稿・儒林》、《清史列傳・儒林傳》。

子喬樅（字）〔號〕（橫）〔樸〕園，

【注釋】陳喬樅（1809～1869），字樹滋，號樸園，福建侯官人。道光五年舉人。曾七赴京試不第。二十四年以舉人大挑分發江西，歷官分宜、弋陽、德化、南城諸縣，署袁州、臨江、

等府知府。以經術飭吏，居官有聲。同治八年卒於撫州官舍。著有《禮堂經說》、《齊詩翼氏學疏證》、《詩緯集證》、《詩經四家異文考》、《毛詩鄭箋改字說》、《禮堂遺集》等。事蹟見《清史稿·儒林》、《清史列傳·儒林傳》。

武威張澍（字）〔號〕介白，

【注釋】張澍（1781～1847），字介侯，一字時霖，號介白，甘肅武威人。嘉慶四年進士。官江西瀘溪縣知縣。後主講蘭州，晚歲定居於西安，銳意於著述及輯佚，尤致意於關隴文獻。性亢直，病惡如仇。著有《養素堂集》、《詩小序翼》、《疊韻譜》、《姓氏五書》等。事蹟見《清史稿·文苑》、《清史列傳·文苑傳》、馮國瑞《張介侯先生年譜》。

歙縣朱珔（字）〔號〕蘭坡，

【注釋】朱珔（1769～1850），字玉存，一字玉成，號蘭坡，安徽涇縣人。嘉慶七年進士，選翰林院庶吉士，散館授編修，擢至侍讀。與修《明鑒》，坐承纂官累，降編修。道光元年直上書房，屢受嘉獎，升右春坊右贊善，告養歸。歷主鍾山、正誼、紫陽書院。學博才贍，早官禁近，晚主吳中壇坫。著有《說文假借義證》、《經文廣異》、《文選集釋》、《小萬卷齋詩文集》等。輯有《國朝古文匯鈔》、《詁經文鈔》。事蹟見《清史稿·儒林》、《清史列傳·儒林傳》。清李元度《天岳山館文鈔》卷十二有《右春坊右贊善前翰林院侍講朱蘭坡先生傳》。

平湖周用錫字晉園，

【注釋】周用錫，字晉園，浙江平湖人。生活於乾嘉時期。著有《尚書證義》二十八卷。所作《百花圖》題識曰：「乾隆辛酉六月天貺節擬王酉室筆。周用錫。」乾隆辛酉為 1741 年。焦循《孟子正義》書末參考文獻提及其人。李賡芸《稻香吟館集》詩稿卷六《王竹坡通守鳳生假平湖少司寇小峴先生訪之遊弄珠樓賦斷句八章中及鄙人通守以石刻拓贈因亦賦六章將以呈司寇並柬通守》：「鴛鴦湖畔送還迎，多謝當湖舊雨情。」自注：「余此次往來，黃太公菊坪、張孝廉撝庵、周明經晉園、錢吉士毅庵、馮秀才湛園俱至嘉，未相晤。」

李鍾泗字濱石，

【注釋】李鍾泗（1771～1809），字濱石，江蘇甘泉（今江都）人。嘉慶六年舉人。明年下第歸，丁母憂，服除，入京師，揀選知縣。歲己巳，卒於京邸。精《左氏春秋》，撰《規規過》，抑劉伸杜，焦循服其精博。著《鶴陰書屋集》。事蹟見《清史稿·儒林》、江藩《國朝漢學師承記》卷七、李元度《國朝先正事略》卷三十五。焦循《雕菰集》卷二十三有《揀選知縣李君濱石事狀》。

寶應朱彬，

【注釋】朱彬（1753～1834），字郁甫，一字武曹，江蘇寶應人。乾隆六十年舉人。幼有至行。自少至老，好學不厭。承其鄉王懋竑經法，與外兄劉台拱互相切磋，每有所得，輒以書

札往來辨難，必求其是而後已。於訓詁聲音文字之學用力尤深。著有《經傳考證》、《禮記訓纂》、《游道堂詩文集》。事蹟見《清史稿·儒林》、《清史列傳·儒林傳》。朱為弼撰《贈吏部尚書郁甫朱公墓誌銘》（載《碑傳集補》卷三十九）。

劉玉麐，

【注釋】劉玉麐（1738～1797），字又徐，號瓃齋，又號春圃，江蘇寶應人。乾隆四十二年拔貢，以直隸州州判分發廣西。歷官鬱林州州判，象州、龍門、北流等縣知縣。嘉慶二年，貴州興義府苗民起事，延及泗城。玉麐襄理軍需，病瘴，沒於百色舟中。博通經史，尤精考據。著有《瓃齋遺稿》、《爾雅校議》、《爾雅補注殘本》等。事蹟見《清史列傳·儒林傳》、阮元《淮海英靈續集》庚集卷二。

劉寶楠，

【注釋】劉寶楠（1791～1855），字楚楨，號念樓，又號秋槎，江蘇寶應人。履恂子。道光二十年進士，歷官直隸文安、元氏、三河等縣知縣。長於經學。初治《毛詩》、《鄭禮》，後攻《論語》。著有《論語正義》、《釋谷》、《漢石例》、《念樓集》等。事蹟見《清史稿·儒林》、《清史列傳·儒林傳》。戴望《謫麐堂遺集》文二有《故三河縣知縣劉君事狀》。

嘉興李貽德（字）〔號〕次白，

【注釋】李貽德（1783～1832），字天貽（一作天彝），號次白，又號杏村、淨緣居士，浙江嘉興人。嘉慶二十三年舉人。屢試進士不中。道光十二年壬辰恩科，又入試，報罷。卒於京師。邃於經史，尤善小學，孫淵如劇賞之。孫氏晚年所著書（如《周禮剩義》、《左傳集解》），多得貽德之助。著有《春秋左氏解賈服注輯述》、《詩考異》、《詩經名物考》、《十七史考異》、《攬青閣詩鈔》、《夢春廬詞》。事蹟見《清史列傳》卷六九、《清史稿》卷四八一、潘衍桐《兩浙輶軒續錄》卷二十九。錢儀吉《衎石齋記事稿》卷十有《李次白墓誌銘》。

海鹽崔應榴，

【注釋】崔應榴（1749～1815），字秋谷，號星洲，浙江海鹽人。增生。應榴少穎悟，究心四部之學，老而彌篤。著有《吾亦廬稿》、《殷水遺聞》、《橫山紀略》、《歲時藻玉》、《廣孝編》、《廣慈編》等書。事蹟見潘衍桐《兩浙輶軒續錄》卷十三、《（民國）杭州府志》卷一百七十。

陽湖劉逢祿字申受，

【注釋】劉逢祿（1776～1829），字申受，號申甫，又號思誤居士，江蘇武進人。祖綸，大學士。外王父莊存與、舅莊述祖並以經術名世，逢祿盡傳其學。嘉慶十九年進士，改翰林院庶吉士，散館授禮部主事。道光四年，補儀制司主事。於禮部十餘年未遷，卒於官。為學務通大義，不專章句。曾授龔自珍《公羊春秋》之學，自珍《己亥雜詩》有「東南絕學在毗陵」之

句。著有《公羊春秋何氏釋例》、《申何難鄭》、《劉禮部集》等。事蹟見《清史稿·儒林》、《清史列傳·儒林傳》。戴望《謫麐堂遺集》文一有《故禮部儀制司主事劉先生行狀》，劉逢祿《劉禮部集》卷十一有其子劉承寬撰《先府君行述》。

長洲宋翔鳳字於庭，

【注釋】宋翔鳳（1776，一作 1779～1860），字虞庭，一字於庭，江蘇長洲（今蘇州）人。亦莊述祖之甥。嘉慶五年舉人，官湖南寶慶府周知。翔鳳通訓詁名物，志在西漢家法、微言大義，得莊氏之真傳。著有《周易考異》、《論語說義》、《論語鄭注》、《大學古義說》、《孟子趙注補正》、《尚書說》、《尚書譜》、《小爾雅訓纂》、《五經要義》、《五經通義》、《過庭錄》等。事蹟見《清史稿·儒林》、《清史列傳·儒林傳》。

陳奐（字）〔號〕碩甫，

【注釋】陳奐（1786～1863），字倬雲，號碩甫，晚號南園老人，江蘇長洲人。咸豐元年舉孝廉方正。著有《詩毛氏傳疏》、《毛詩音》、《義類》、《鄭氏箋考徵》、《詩語助義》、《宋本集韻校勘記》、《三百堂文集》等。事蹟見《清史稿·儒林》、《（同治）蘇州府志》卷八十九。

吳縣沈欽韓字文起，

【注釋】沈欽韓（1775～1831），字文起，號小宛，江蘇吳縣人。嘉慶十二年舉人，道光三年選授安徽寧國府訓導。著有《漢書疏證》、《後漢書疏證》、《三國志補注》、《水經注疏證》、《昌黎集補注》、《荊公文集注》、《孫文志疑》、《蘇詩查注補正》、《石湖詩集注》、《幼學堂詩集》、《文集》。事蹟見《清史稿·儒林》、《清史列傳·儒林傳》。

丹徒柳興宗字（寶）〔賓〕叔，

【注釋】柳興宗（1793～1878，一作 1795～1880），又名興恩，字賓叔，江蘇丹徒人。道光十二年舉人。受業於阮元。著有《穀梁大義述》、《周易卦氣輔》、《虞氏逸象考》、《毛詩注疏糾補》、《續王應麟詩地考》、《群經異義》、《劉向年譜》、《儀禮釋宮考辨》、《宿壹齋詩文集》等。事蹟見《清史稿·儒林》、《清史列傳·儒林傳》。

海州許桂林字月南，

【注釋】許桂林（1779～1821），字同叔，號月南，江蘇海州（今連雲港）人。嘉慶二十一年舉人。好學深思，至性醇粹，躬行踐履，博綜群書，以詁經為事，於諸經皆有發明。尤篤信《穀梁》之學。著有《春秋穀梁傳時日月書法釋例》、《易確》、《毛詩後箋》、《春秋三傳地名考證》、《漢世別本禮記長義》、《大學中庸講義》、《四書因論》、《許氏說音》、《算牖》、《宣西通》、《太玄後知》、《擢對》、《參同契金堤大義》。事蹟見《清史稿·儒林》、《清史列傳·儒林傳》。

仁和趙坦字寬夫，

【注釋】趙坦（1765～1828），字寬夫，號石侶，又號保瓁居士，浙江仁和（今屬杭州）

人。道光元年舉人，奏給六品頂帶。入詁經精舍，為著籍弟子。著有《周易鄭注引義》、《春秋異文箋》、《石經考》、《寶甓齋劄記》、《寶甓齋文錄》等。事蹟見《清史列傳》卷六九、《（民國）杭州府志》卷一三八。

臨海洪頤煊（字）〔號〕筠軒，

【注釋】洪頤煊（1765～1833），字旌賢，號筠軒，晚自號倦舫老人，浙江臨海人。苦志力學，與兄坤煊、弟震煊合稱「三洪」。嘉慶六年拔貢生。入貲為直隸州州判，署廣東新興縣事。適阮元督粵，知頤煊學優，非吏才，延致幕府，相與諮諏經史。著有《禮經宮室答問》、《禮記宮室答問》、《孝經鄭注補證》、《孔子三朝記》、《管子義證》、《漢志水道疏證》、《諸史考異》、《校正竹書紀年》、《平津館讀碑記‧續記‧再續‧三續》、《讀書叢錄》、《台州劄記》、《筠軒詩文集》，輯有《經典集林》、《劉向五經通義》。事蹟見《清史稿‧文苑》、《清史列傳‧儒林傳》。

弟震煊（字）〔號〕樲堂，

【注釋】洪震煊（1770～1815），字百里，號樲堂，浙江臨海人。阮元修《經籍籑詁》、《十三經校勘記》，皆任其役。精於研究天文、地理。著有《夏小正疏義》、《附釋音異字記》、《石鼓文考異》。性孤介，嘗曰：「讀書貴自得，何以名為！」是以撰述頗寡。事蹟見《清史稿》卷四八六。

金鶚（字）〔號〕誠齋，

【注釋】金鶚（1771～1819），字風薦，號誠齋，浙江臨海人。年十七補弟子員。阮元撫浙，建詁經精舍，延孫星衍主講席，金鶚與洪頤煊、震煊同肄業其中。嘉慶二十一年（1816）優貢生。二十四年，客死京師。博聞強識，精「三禮」之學。受知於山陽汪廷珍。著有《求古錄禮說》、《四書正義》，輯《論語鄉黨注》。事蹟見《清史稿‧儒林》、《清史列傳‧儒林傳》。

宋世犖（字）〔號〕確山，

【注釋】宋世犖（1765～1821），字卣勳，號確山，浙江臨海人。乾隆五十三年舉人，以教習官陝西扶風知縣。罷歸，居家研求經訓，熟於諧聲假借之例。著有《周禮故書疏證》、《儀禮古今文疏證》、《紅杏軒詩鈔》等。嘗刊鄉先進著作為《台州叢書》，僅成甲乙兩集而歿。事蹟見《清史稿‧儒林》、《清史列傳‧儒林傳》。

太平戚學標（字）〔號〕鶴泉，

【注釋】戚學標（1742～1825），字翰芳，號鶴泉，別號南墅居士，浙江太平（今溫嶺）人。幼從天台齊召南遊，及館曲阜孔氏，師友極一時之盛。乾隆四十六年進士，歷官河南涉縣、林縣知縣，以忤上官罷，後改寧波府學教授，不久辭歸，著述以終。治學長於考證，於《說文》、《毛詩》研究有成。著有《漢學諧聲》、《說文補考又考》、《毛詩證讀》、《讀詩或問》、《詩聲辨定陰陽譜》、《四書偶談》、《內外篇》、《字易》、《景文堂集》、《鶴泉文鈔》等。事蹟見《清史稿‧儒林》、《清史列傳‧儒林傳》。

江都凌曙字曉樓，

【注釋】凌曙（1775～1829），字曉樓，一字子升，江蘇江都（今揚州）人。國子監生。年二十為童子師，問學於包世臣。世臣曰：「治經必守家法，專法一家，以立其基，則諸家漸通。」曙乃稽典禮，考古訓，為《四書典故核》六卷。既治鄭氏學，得其要領。又從沈欽韓問疑義，益貫串精審。後聞武進劉逢祿論何氏《公羊春秋》而好之。及入都，為阮元校輯《經郛》，盡見魏晉以來諸家《春秋》之說。著有《春秋公羊禮疏》、《公羊禮說》、《春秋公羊問答》、《春秋繁露注》等。事蹟見《清史稿·儒林》、《清史列傳·儒林傳》。

涇縣胡世琦字玉樵，

【注釋】胡世琦（1775～1829），字瑋臣，號玉樵，安徽涇縣人。嘉慶十九年進士，改翰林院庶吉士。散館，以知縣用，得山東之費縣。後復歷攝平原、即墨、沂水，尋補曹縣。究緣負氣不肯事上官，又勇於任事，犯同僚忌，復掛吏議失職，始浩然決意引退。著有《小爾雅義證》、《三家詩輯》、《學論》、《立經堂詩鈔》等。包世臣《藝舟雙楫》卷四《清故文學薛君之碑》稱同邑胡世琦玉樵墨守鄭氏，有綴殘補缺之勤云。事蹟見《（道光）濟南府志》卷三二。

黟縣俞正燮字理初，

【注釋】俞正燮（1775～1840），字理初，安徽黟縣人。道光元年舉人。年二十餘，負其所業，北走兗州謁孫星衍。時星衍為伏生建立博士，復訪求左氏後裔。正燮因作《丘明子孫姓氏論》、《左山考》、《左墓考》，星衍多據以折衷群議，由是名聲大起。正燮讀書，置巨冊數十，分題疏記，積歲月乃排比為文，斷以己意。著有《癸巳類稿》、《癸巳存稿》等。其他尚著有《說文部緯校補》、《校補海國紀文》等。又有《欽定左傳讀本》、《續行水金鑒》皆助他人所編，不署己名。其學主於求是，其文典重。事蹟見《清史稿·文苑》、《清史列傳·儒林傳》、《（光緒）重修安徽通志》卷二百十九。

長興臧壽恭（字）〔號〕梅溪，

【注釋】臧壽恭（1788～1846），原名耀，字眉卿，號梅溪，浙江長興人。嘉慶丁卯舉人。長於《春秋》之學，尤負史才。著有《春秋左氏古義》、《天步證驗》、《南史事略》。事蹟見諸可寶《疇人傳三編》卷二、《兩浙輶軒續錄》卷二四。

烏程周中孚字信之，

【注釋】周中孚（1768～1831），字信之，號鄭堂，浙江烏縣人。嘉慶十五年（1810）拔貢。後入崇文書院與詁經精舍，為阮元、孫星衍門下高第。稍長，見《四庫書提要》，謂為學之途徑在是，於是遍求諸史藝文志，考自漢迄唐存佚各書，以備搜輯古籍。阮元《定香亭筆談》稱：「烏程周中孚博聞強記，而文筆甚拙；其弟聯奎能詩文，而疏於經術。然亦可謂『二難』矣。」著有《鄭堂讀書記》、《鄭堂劄記》、《孝經集解》、《逸周書注補正》、《顧職方年譜》、《子

書考》、《金石識小錄》等。事蹟見戴望《外王父周先生述》（《謫麐堂遺集》文二）。

元和李銳字尚之，

【注釋】李銳（1768，一作1769～1817），字尚之，號四香，江蘇元和（今蘇州）人。生員。受業於錢大昕。後入阮元、張敦仁幕，整理古代數學典籍，與焦循、汪萊、李潢等交最密。曾參與《疇人傳》的編寫工作，並校釋《測圓海鏡》、《益古演段》、《緝古算經》、《數書九章》、《九章算術》、《孫子算經》、《張丘建算經》、《楊輝算法》、《四元玉鑒》等古代算學名著。曾從顧千里借得《九章算經》，晝夜窮探不息，乃知天元一術與借根方異，著論暢郭守敬、李冶之旨，兼補宣城梅氏所未備。著有《周易虞氏略例》等，以《李氏遺書》行世。事蹟見《清史稿》卷五○七、《疇人傳》卷五十、錢林《文獻徵存錄》卷三。

德清徐（春源）〔養原〕，

【注釋】徐養原（1758～1825），字新田，號飴庵，浙江德清人。嘉慶六年（1801）副貢生。為詁經精舍高材生，出阮元門下。阮元校勘《十三經注疏》，養原任《尚書》、《儀禮》，錯簡視他經為多，而所校特精，為他人所不及。著有《儀禮今古文異同疏證》、《周官故書考》、《論語魯讀考》、《頑石廬經說》等。國家圖書館善本部藏有《徐飴盦先生遺書》稿本十冊。事蹟見《疇人傳三編》卷二、《兩浙輶軒續錄》卷二十。

桐城方觀旭，

【注釋】方觀旭，安徽桐城（一作浙江仁和）人。嘉慶十六年（1811）進士。官廣西武緣縣知縣。著有《論語偶記》（收入《皇清經解》）。事蹟見《（民國）杭州府志》卷一一三。

寶應劉履恂，

【注釋】劉履恂（1738～1795），字迪九，號鳧鄉，江蘇寶應人。寶楠之父。年十八補揚州附學生，試高等，補廩膳生中式，乾隆五十一年舉人，累赴禮部試不第，大挑二等，錄用教諭，改國子監典簿，旋以疾卒於京師。著有《秋槎劄記》、《義跡山房詩稿》。事蹟見阮元《淮海英靈集》乙集卷一。

嘉定陳瑑，

【注釋】陳瑑，字聘侯，號恬生，一號小蓮，自署六九學人，嘉定人。道光二十四年舉人。卒年五十九。長於訓詁、曆算。著《說文舉例》、《說文引經考證》、《說文引經互異說》、《群經屬句舉例》、《國語翼解》、《六九齋撰述稿》。事蹟見《疇人傳三編》卷六。

嘉應李黼平字子黼，

【注釋】李黼平（1770～1832），字貞甫，又字繡子，號貞子，又號花庵、著光庵，廣東嘉應州（今梅縣）人。嘉慶十年進士，改翰林院庶吉士。假歸，主講越華書院。戊辰入都，散館，出為江蘇昭文縣知縣。以虧空挪用落職，繫獄八年。阮元延入節署，授諸公子經，會開學

海堂，以經史詩賦課士。後主講東莞寶安書院。著有《易刊誤》、《文選異義》、《讀杜韓筆記》、《繡子集》等。事蹟見《清史歸續集》四卷。事蹟見《清史稿》卷四八二本傳、《清史列傳》卷六九本傳、《（光緒）廣州府志》卷一一一。

嘉興李富孫字（杏）〔香〕子，

【注釋】李富孫（1764～1843），字既汸，號薌沚，一號香子，晚號校經叟，浙江嘉興人。嘉慶六年拔貢生。富孫學有原本，與伯兄超孫、從弟遇孫有「後三李」之目。長遊四方，從盧文昭、錢大昕、王昶、孫星衍等問學。阮元為浙江巡撫時，肄業於詁經精舍。其學受阮元啟迪頗多，尤深於經學，兼長金石文字，能詩古文詞。著有《李氏易解剩義》、《李氏集解校異》、《七經異文釋》等，以《校經廎全集》行世。事蹟見《清史稿·儒林》、《清史列傳·儒林傳》及《校經叟自訂年譜》。

馮登府（字）〔號〕柳東，

【注釋】馮登府（1783～1841，一作1780～1840），字雲伯，號柳東，自號小長盧舊史，浙江嘉興人。嘉慶二十五年進士，改翰林院庶吉士，散館授江西將樂縣知縣。不久以親病辭官，服闋，官寧波府教授。告歸，得咯血疾，及聞英人陷寧波，病劇而卒。生平嗜書勤學，著述等身。著有《三家詩異文疏證》、《三家詩遺說翼證》、《論語異文考證》、《十三經詁答問》、《石經補考》、《金石綜例》、《石經閣文集》等。事蹟見《清史列傳·儒林傳》、史銓《馮柳東先生年譜》。

嘉（定）〔善〕鍾文烝字伯，

【注釋】鍾文烝（1818～1877），字殿子，號子勤，浙江嘉善人。道光二十六年舉人，候選知縣。於學無所不通，尤精《春秋》。著有《春秋穀梁經傳補注》、《論語序詳正》。事蹟見《清史稿·儒林》、《清史列傳·儒林傳》、《嘉善縣志》第三十五編。

甘泉薛傳均字子韻，

【注釋】薛傳均（1788～1829），字子韻，江蘇甘泉人。嘉慶十二年諸生。十赴鄉試，皆報罷。早肄業於梅花書院。博覽群籍，強記精識，就福建學政陳用光聘，用光見所著書，恨相見晚，旋以疾卒於汀州試院。於《十三經注疏》功力最深，大端尤在小學，於許慎《說文》一書，鉤稽貫串，洞其義而熟其辭。著有《說文答問疏證》、《文選古字通疏證》。事蹟見《清史稿·儒林》、《清史列傳·儒林傳》。

張宗泰字登封，

【注釋】張宗泰（1750～1832），字魯岩，一字登封，號筠岩，江蘇甘泉（今揚州）人。乾隆五十四年，由廩膳生選拔貢生，明年朝考二等葉名，交部以知縣用。己意願就教職，引見時准改，選授泗州天長縣復設教諭。後遷盧州合肥縣教諭。著有《周官禮經注正誤》、《孟

子七篇諸侯年表》、《爾雅注疏本正誤》、《竹書紀年校補》、《質疑刪存》。阮元贈聯云：「力學不隨流俗轉，著書須及老年成。」事蹟見薛壽《張登封先生家傳》、徐世昌《晚晴簃詩匯》卷一一九。

番禺侯康字君（謨）〔模〕，

【注釋】侯康（1798～1837），原名廷楷，字君模，廣東番禺人。道光十五年舉人。會試歸，發病，逾年卒。幼孤，喜讀史家。及長，精研注疏，湛深經術。仿裴松之注《三國志》例注史，為《後漢書補注續》、《三國志補注》。補《後漢》、《三國藝文志》，各成經、史、子四卷。又著《春秋古經說》、《穀梁禮證》、《說文假借例舉》。事蹟見《清史稿・儒林》、《清史列傳・儒林傳》、《（光緒）廣州府志》卷一三一。

邵陽魏源字默深，

【注釋】魏源（1794～1857），字默深，湖南邵陽金潭（今屬隆回）人。道光二十四年（1844）成進士。先後從胡承珙問漢學，從姚學塽問宋學，受公羊學於劉逢祿。治今文經學，主通經致用。著有《聖武記》、《海國圖志》、《書古微》、《詩古微》、《元史新編》、《古微堂詩文集》等，嶽麓書社編有《魏源全集》。事蹟見《清史稿・儒林》、《清史列傳・儒林傳》、李瑚《魏源詩文繫年》。

遵義鄭珍字子尹是也。

【注釋】鄭珍（1806～1864），字子尹，號柴翁，又號巢經巢主，貴州遵義人。道光十七年（1837）舉人，以大挑二等選荔波縣訓導。咸豐五年，苗民起義，攻荔波，知縣蔣嘉穀病，鄭珍率兵拒戰。次年歸隱子午山。十一年主講湘川書院。同治二年大學士祁寯藻薦於朝，特旨以知縣分發江蘇補用，卒不出。治經宗漢，析理尊宋。著有《說文逸字》、《說文新附考》、《汗簡箋正》、《巢經巢經說》、《說隸》等。事蹟見《清史稿・儒林》、《清史列傳・儒林傳》、趙愷《鄭子尹先生年譜》（《巢經巢全集》附錄）、凌惕安《鄭子尹年譜》（商務印書館 1941 年版）。

其漢、宋兼採、確有心得者：餘姚黃宗羲號南雷，

【注釋】黃宗羲（1610～1695），字太沖，號南雷，浙江餘姚人。學者稱梨洲先生。宗羲之學，出於劉宗周，聞誠意慎獨之說，縝密平實。嘗謂明人講學，襲語錄之糟粕，不以六經為根柢，束書而從事於遊談。故問學者必先窮經，經術所以經世，不為迂儒，必兼讀史。讀史不多，無以證理之變化。多而不求於心，則為俗學。故上下古今，穿穴群言，自天官、地志、九流百家之教，無不精研。生平著作多至 63 種 1320 卷，今人編為《黃宗羲全集》。事蹟見《清史列傳・儒林傳》、錢實甫《黃宗羲傳》，清人黃炳量、近人謝國楨均有《黃梨洲年譜》。

弟宗炎字晦木，

【注釋】黃宗炎（1616～1686），字晦木，世稱立溪先生，又稱鷓鴣先生，浙江餘姚人。

黃宗羲弟。明崇禎中，以明經貢太學。明亡，與宗族弟子共組織「世忠營」抗清。與兄宗羲、弟宗會俱從劉宗周遊，學術大略與宗羲等。著有《周易象辭》、《尋門餘論》、《圖書辨惑》、《六書會通》。事蹟見《清史稿・儒林》、《清史列傳・儒林傳》。

衡陽王夫之字船山，

【注釋】王夫之（1619～1692），字而農，號薑齋，學者稱船山先生，湖南衡陽人。崇禎壬午舉人。明亡二時曾在衡山舉兵抗清，敗走肇慶。經瞿式耜薦為南明桂王朝行人司行人，繼續抗清。瞿氏殉難後，王夫之知事不可為，隱遁湘西一帶，四十年間潛心著述以終。歸衡陽之石船山，築土室曰觀生居。著有《周易稗疏》、《尚書稗疏》、《詩廣傳》等，以《船山全集》行世。論學以漢儒為門戶，強調學問應經世致用。事蹟見《清史稿》卷四八〇、《清史列傳》卷六六、王之春《王夫之年譜》。

桐城錢澄之字飲光，

【注釋】錢澄之（1612～1693），字飲光，原名秉燈，字幼光，自號田間老人，安徽桐城人。明末諸生。南明唐王時，授彰州府推官，桂王時授禮部儀制司主事。永曆三年，考授翰林院庶吉士，知制誥。曾在吳江起兵抗清，又因避南明黨禍，先後出亡吳、越、閩、粵，削髮為僧，改名幻光。後還俗歸隱故鄉，又改名澄之，不再出仕。錢澄之博學多才，詩文尤負重名。著有《田間詩學》、《田間易學》、《莊屈合詁》等。事蹟見《清史稿・遺逸》、《清史列傳・儒林傳》、錢揚祿《田間府君年譜》。

徐璈字六（襄）〔禳〕，

【注釋】徐璈（1779～1841），字六禳，安徽桐城人。嘉慶十九年進士，由戶部主事改知縣，歷浙江壽昌、山西陽城。著有《詩經廣詁》、《牖景錄》、《河防類要》、《黃山紀勝》、《樗亭詩文集》。事蹟見《（光緒）重修安徽通志》卷二百十八。

吳江朱鶴齡字長孺，

【注釋】朱鶴齡（1606～1683），字長孺，號愚庵，江蘇吳江人。晚明諸生，入清不仕，屏居著述。晨夕一編，行不識路途，坐不知寒暑。長於箋疏之學。撰《毛詩通義》、《尚書埤傳》、《讀左日鈔》、《春秋集說》、《愚庵小集》。事蹟見《清史稿・儒林》、《清史列傳・儒林傳》。

沈彤字果堂，

【注釋】沈彤（1688～1752），字冠雲，號果堂，江蘇吳江人。諸生。自少力學，以窮經為事。初從何焯學，繼遊張伯行、楊名時之門。與編「三禮」及《一統志》。書成，授九品官。以親老歸養。晚年居家，授徒自給，著述不輟。治學長於「三禮」。及卒，門人私諡文孝先生。著有《周官祿田考》、《尚書小疏》、《春秋左傳小疏》、《果堂集》等。事蹟見《清史稿・儒林》、《清史列傳・儒林傳》、惠棟《沈君彤墓誌銘》、沈廷芳《徵士文孝沈先生墓誌銘》。

陳景雲字少章，

【注釋】陳景雲（1670～1747），字少章，私諡文道先生，江蘇吳縣人。少從何焯遊，博通經史，淹貫群籍，長於考訂。康熙二十五年，湯斌撫吳試士拔第一。父喪，服除，補吳江縣學生。性孤介，遊京師，試不售。年甫四十，以母老，遂不復出。藩邸及大吏以禮敦聘，俱不赴。窮老杜門，手不釋卷。著有《綱目訂誤》、《通鑒胡注舉正》、《讀書紀聞》、《兩漢訂誤》、《紀元要略》、《韓集點勘》等。其子黃中輯為《文道十種》。事蹟見《清史稿・文苑》、《清史列傳・文苑傳》、《（同治）蘇州府志》卷八八。

張尚瑗（字）〔號〕損持，

【注釋】張尚瑗（1656～1731），字弘蘧，號損持，江蘇吳江人。康熙二十七年進士，選庶吉士，改興國知縣。罷官後曾主豫章書院講席，不再出仕。初，從朱鶴齡講《春秋》之學，朱氏作《讀左日鈔》，尚瑗亦究心《春秋三傳》及《國語》、《國策》，於注解多所補正。生平以書卷為行廚，出入必載與俱，學博識強，一時鮮匹。著有《三傳折諸》、《石里文集》等。事蹟見《（同治）蘇州府志》卷一〇八。

鄞縣萬斯大字充宗，

【注釋】萬斯大（1633～1683），字充宗，晚號跛翁，浙江鄞縣（今屬寧波）人。萬泰第六子。生逢喪亂，不事科舉業，授徒自給，讀書之外無他事。嘗攜幼子萬經，館於武林，慨然以窮經自任。萬斯大自康熙六年偕同學十餘人就學於黃宗羲，曾在寧波創建講經會。斯大治經，以為非通諸經不能通一經，非悟傳注之失，則不能通經；非以經釋經，則亦無由悟傳注之失。其為學尤精《春秋》、「三禮」。著有《學春秋隨筆》、《學禮質疑》、《儀禮商》、《禮記偶箋》、《周官辨非》等。事蹟見《清史稿・儒林》、《清史列傳・儒林傳》、萬經《先考充宗府君行狀》、鄭梁《跛翁傳》。

弟斯同字季野，

【注釋】萬斯同（1638～1702），字季野，號石園，浙江鄞縣（今屬寧波）人。萬泰第八子。康熙十七年舉博學鴻儒，力辭不就。卒後門人私諡曰貞文。從黃宗羲遊，得聞蕺山劉氏學說，以慎獨為宗，以讀書勵名節，與同志相劘切，月有會講，博通諸史，尤熟明代掌故。著有《補歷代史表》、《儒林宗派》、《石經考》、《群書疑辨》等。事蹟見《清史稿・文苑》、《清史列傳・儒林傳》。

斯大子經字九沙，

【注釋】萬經（1659～1741），字授一，別字九沙，斯大子，浙江鄞縣（今屬寧波）人。康熙四十二年成進士，選翰林院庶吉士，散館授編修。五十年充山西鄉試副考官，五十三年提督貴州學政。傳父叔及兄言之學。著有《分隸偶存》。事蹟見《清史稿》。

全祖望字謝山，

【注釋】全祖望（1705～1755），字紹衣，號謝山，自署鮚埼亭長，浙江鄞縣（今屬寧波）人。乾隆元年進士，選翰林院庶吉士，散館，以知縣候選，遂不出。主蕺山、端溪書院講席。生平服膺黃宗羲，宗羲表章明季忠節諸人，祖望益廣修枋社掌故、桑海遺聞以益之，詳盡而核實，可當續史。宗羲《宋元學案》甫創草稿，祖望博採諸書為之補輯，編成百卷。又七校《水經注》，三箋《困學紀聞》，皆足見其汲古之深。又為《經史問答》。晚年定文稿，刪為《鮚埼亭文集》。事蹟見《清史稿·儒林》、《清史列傳·儒林傳》、劉光漢《全祖望傳》、董秉純《全謝山年譜》、蔣天樞《全謝山先生年譜》。

崑山徐乾學（字）〔號〕健庵，

【注釋】徐乾學（1631～1694），字原一，號健庵，江蘇崑山人。顧炎武之甥。康熙九年一甲三名進士，授翰林院編修。歷任禮部侍郎、左都御史、內閣學士、刑部尚書，居朝以獎掖士林為己任。奉敕編纂《明史》、《大清一統志》、《大清會典》，搜集唐、宋、元、明「宋學系」經解之書，彙編為《通志堂經解》。著有《讀禮通考》、《資治通鑑後編》等。事蹟見《清史稿》卷二七七、《清史列傳·大臣傳》。

嘉定陸元輔字翼王，

【注釋】陸元輔（1617～1691），字翼王，號菊隱，嘉定（今屬上海）人。著《十三經注疏類鈔》、《續經籍考》、《菊隱文集》。事蹟見《（乾隆）江南通志》卷一六四。

秀水徐嘉炎字勝力，

【注釋】徐嘉炎（1631～1703），字勝力，號華隱，初名炎，浙江秀水（今嘉興）人。康熙己未召試鴻博，授翰林院檢討。累擢內閣學士，兼禮部侍郎，充三朝國史及《會典》、《一統志》副總裁。著有《抱經齋集》二十卷。事蹟見《清史稿》卷四八九、《清史列傳·文苑傳》。

吳縣惠周惕字符龍，士奇父，

【注釋】惠周惕（1641～1697），原名恕，字而行，後改今名，字元龍，一字符龍，號研溪，自號紅豆主人，江蘇吳縣人。少傳家學，又從徐枋、汪琬遊，工詩古文詞。既壯，遍遊四方，廣交名士，朱彝尊亟稱之，文名益著。康熙三十年成進士，選庶吉士，因不習國書，改密雲知縣，卒於官。著有《易傳》、《春秋問》、《三禮問》、《詩說》及《研溪先生集》。事蹟見《清史稿·儒林》、《清史列傳·儒林傳》。

大興（王）〔黃〕叔琳（字）〔號〕昆圃，

【注釋】黃叔琳（1672～1756），字宏獻，號昆圃，學者稱北平先生，順天大興（今屬北京）人。康熙三十年進士，授翰林院編修。雍正元年，以刑部侍郎典試江南。遷吏部左侍郎，出撫兩浙。乾隆十六年，重赴瓊林宴。一生篤學，通經義，勤著述。著有《硯北易鈔》、《詩經

通說》、《周禮節訓》、《夏小正注》、《宋元春秋解提要》、《硯北雜錄》、《硯北叢錄》、《文心雕龍輯注》、《史通訓詁補》等。事蹟見《清史稿》卷二九〇、《清史列傳》卷一四《大臣畫一傳檔正編》十一、顧鎮《黃昆圃先生年譜》。

桐城方苞（字）〔號〕望溪，

【注釋】方苞（1668～1749），字鳳九，號靈皋，晚號望溪，安徽桐城人。康熙三十八年舉人。四十五年會試中式成進士，以母病未與殿試。五十年，因戴名世《南山集》案株連入獄。赦出後隸漢軍旗籍，入直南書房。六十一年，充武英殿修書總裁。雍正時，仍歸漢籍，累官翰林院侍講學士、內閣學士兼禮部侍郎。乾隆元年，再入南書房，累擢禮部侍郎，為文穎館、經史館、三禮館總裁。四年，落職，仍修三禮。後辭歸。為學宗程、朱，尤究心《春秋》、「三禮」。其為文，嚴於義法，一以闡明義理為主，而旁及於人情物態，為古文正宗，號「桐城派」。事蹟見《清史稿》卷二九〇、《清史列傳》卷一九。

泰州陳厚耀字泗源，

【注釋】陳厚耀（1648～1722），字泗源，號曙峰，江蘇泰州人。康熙四十五年進士。初官蘇州府教授，未逾年召入南書房，旋授中書科中書、翰林院編修，晉國子監司業，轉左諭德。五十七年充會試同考官，明年以老疾致仕。以漢、宋兼採經學名家，所治博綜眾說，自有心得。厚耀以天算之法治《春秋》，嘗補杜預《長曆》為《春秋長曆》，又撰《春秋戰國異辭》、《通表》、《摭遺》、《春秋世族譜》、《續增新法比例》。事蹟見《清史稿·儒林》、《清史列傳·儒林傳》。

錢塘吳廷華字中林，

【注釋】吳廷華（1682～1755），初名蘭芳，字中林，號東壁，浙江仁和人。康熙五十三年（1714）舉人。乾隆初嘗薦修「三禮」。著有《儀禮章句》、《周禮疑義》、《儀禮疑義》、《禮記疑義》、《九經韻證》、《曲臺小錄》、《東壁書莊集》。事蹟見《（民國）杭州府志》卷一百三十八。

光山胡煦諡文良，

【注釋】胡煦（1655～1736），字滄曉，號紫弦，河南光山人。康熙五十一年進士，改庶吉士，授檢討。雍正初，擢禮部侍郎。九年褫歸，乾隆元年復官，後以其子季堂恩數贈尚書，諡文良。唐鑒《學案小識》卷十二稱其持論酌於漢學、宋學之間，與朱子頗有異同。著有《周易函書約存》、《卜法詳考》、《葆璞堂詩集》。事蹟見《清史稿》卷二百九十。

寶應王懋竑（字）〔號〕白田，

【注釋】王懋竑（1668～1741），字與中，號白田，江蘇寶應人。康熙五十七年進士，在吏部乞就教職，授安慶府學教授。雍正元年，特召直內庭，改翰林院編修，在上書房行走。二

年，以母憂去官，明年入都謝恩畢，遂以老病辭歸，杜門著書，不聞外事。懋竑性恬淡，少嘗謂友人曰：「老屋三間，破書萬卷，平生志願足矣。」精研朱子之學，身實力行。校定《朱子年譜》，大旨在辨為學次序，以攻姚江之說。又著《白田草堂集》、《白田雜著》。事蹟見《清史稿·儒林》、《清史列傳·儒林傳》。

無錫顧棟高字震滄，

【注釋】顧棟高（1679～1759），字復初，一字震滄，號左畬，江蘇無錫人。康熙六十年進士，授內閣中書。雍正時，以奏對越次罷官，不復出山。乾隆二十二年，高宗南巡召見行在，加祭酒銜。越二年，卒於家。生平以窮經為事，尤精研《詩》、《書》、《春秋》，曾得高宗御賜「傳經耆碩」四字匾額。所學合宋、元、明諸儒門徑而一之，援新安以合金溪，為調停之說。著有《春秋大事表》、《春秋輿圖解》、《毛詩類釋》、《毛詩訂詁》、《大儒粹語》等，發明經義，頗為謹嚴。其《尚書質疑》，多據臆斷。事蹟見《清史稿·儒林》、《清史列傳·儒林傳》。

蔡德晉字仁錫，

【注釋】蔡德晉，字仁錫，江蘇無錫人。雍正四年舉人，乾隆初授國子監學正，遷工部司務。德晉嘗謂橫渠以禮教人，最得孔門博約之旨，故其律身甚嚴。其論「三禮」，多前人所未發。著有《禮經本義》、《禮傳本義》、《通禮》等。事蹟見《清史稿·儒林》、《國朝先正事略》。

常熟陳祖範字亦韓，

【注釋】陳祖範（1675～1754），字亦韓，號見復，江蘇常熟人。雍正元年舉人，乾隆十六年薦舉經學，以年老不任職，賜司業銜。歷主紫陽、雲龍、敬敷、安定諸書院講席垂三十年。能文工詩，尤以經學名家。其學漢、宋兼採，博綜眾說，務求心得，尤恥剽襲成言以為己有。著有《經咫》、《見覆文集》、《詩集》、《掌錄》。事蹟見《清史稿·儒林》、《清史列傳·儒林傳》、顧鎮《司業陳先生傳》。

宜興任啟運（字）〔號〕釣臺，

【注釋】任啟運（1670～1744），字翼聖，號釣臺，江蘇宜興人。雍正十一年進士，授翰林院檢討。高宗即位，兼日講起居注官，歷任侍講學士、都察院左僉都御史、三禮館副總裁官、宗人府府丞。啟運學宗朱子。著有《尚書內外篇章句》、《尚書約注》、《肆獻祼饋食禮》、《周易洗心》、《四書約指》、《孝經章句》、《夏小正注》、《竹書紀年考》、《逸書補》、《孟子時事考》、《清芬樓文集》等。事蹟見《清史稿·儒林》、《清史列傳·儒林傳》。

婺源江永字慎修，

【注釋】江永（1681～1762），字慎修，安徽婺源人。年二十一，為縣學生。三十四，補廩膳生。六十二歲成歲貢生。好學深思，博通古今，而於「三禮」功力尤深。著有《禮書綱目》、《周禮疑義舉要》、《儀禮釋例》、《禮記訓義擇言》、《深衣考誤》、《律呂闡微》、《律呂新論》、《春

秋地理考實》、《鄉黨圖考》、《讀書隨筆》、《古韻標準》、《四聲切韻表》、《音學辨微》、《河洛精蘊》、《推步法解》、《七政衍》、《金水二星發微》、《冬至權度》、《恒氣注曆辨》、《歲實消長辨》、《曆學補論》、《中西合法擬草》、《近思錄集注》等。事蹟見《清史稿·儒林》、《清史列傳·儒林傳》。

汪紱（字）〔號〕雙池，

【注釋】汪紱（1692～1759），初名烜，字燦人，號雙池，安徽婺源（今屬江西）人。諸生。自六經下逮樂律、天文、地輿、陣法、術數，無不究暢，而一以宋五子之學為歸。著有《易經詮義》、《尚書詮義》、《詩經詮義》、《四書詮義》、《詩韻析》、《春秋集傳》、《禮記章句》、《禮記或問》、《參讀禮志疑》、《樂經律呂通解》、《樂經或問》、《孝經章句》等。事蹟見《清史稿·儒林》、《清史列傳·儒林傳》。

通州王坦字吉途，

【注釋】王坦，字吉途，南通州（今屬江蘇南通）人。撰《琴旨》三卷，有《四庫全書》本。

當塗徐文靖（字）〔號〕位山，

【注釋】徐文靖（1667～1756），字容尊，一字禹尊，號位山，安徽當塗人。乾隆十七年薦舉經學，特授翰林院檢討。考據經史，講求實用。著有《經言拾遺》、《禹貢會箋》〔註9〕、《竹書紀年統箋》、《天下山河兩戒考》〔註10〕、《管城碩記》、《皇極經世考》、《天文考異》、《志寧堂稿》等。事蹟見《清史稿·文苑》、《清史列傳·儒林傳》、錢林《文獻徵存錄》卷五、阮元《儒林傳稿》卷三。

上元程廷祚（字）〔號〕綿莊，

【注釋】程廷祚（1691～1767），字啟生，號綿莊，晚號清溪居士，江南上元（今江蘇南京）人。諸生。乾隆元年應博學鴻詞落選，從此不應鄉舉，閉門窮經。著有《易通》、《大易擇言》、《尚書通議》、《晚書訂疑》、《青溪詩說》、《春秋識小錄》、《禮說》、《魯論說》、《禘祫辨誤》、《青溪詩文集》等。法式善《槐廳載筆》卷八稱其尤能研深《易》理。凌揚藻《蠡勺編》

〔註9〕朱一新《無邪堂答問》卷三：問：《禹貢會箋》說頗簡略，其得失若何？諸儒說《禹貢》之書及古今地理之學，求詳示。《水經注》若何治法？旁參者何書為要？答：徐氏《會箋》簡而甚疏，其依胡氏《錐指》以立義者，與近時桂氏文燦之書體例略同，其偶改胡氏者，多有韠漏。《錐指》體大思精，錯誤亦須時有，不足為病也。

〔註10〕阮元《文選樓藏書記》卷二：《天下山河兩界考》十四卷，國朝徐文靖輯。當塗人。刊本。是書詳考南北北南河兩戒山河分野之次。前八卷係專取《唐書·天文志》為之注釋，後六卷係參取隋、宋三史加以補訂。卷首給列二十四圖。

卷三五「治《易》當主象數」條稱其治《易》，乃專主義理，而力排象數。事蹟見《清史稿·儒林》、《清史列傳·儒林傳》。

太康車文字彬若，

【注釋】車文，字彬若，河南太康人。

金匱吳鼐（字）〔號〕岱岩，

【注釋】吳鼐（1696～1747），字大年，號岱岩、拙庵、容齋，江南金匱（今江蘇無錫）人。乾隆元年進士，官工部主事。著有《易象約言》、《周易大衍辨》、《三正考》。事蹟見諸可寶《疇人傳三編》卷一，稱《三正考》援據亦博。

弟鼎字尊彝，

【注釋】吳鼎（1700～1768），字尊彝，號易堂，江南金匱（今江蘇無錫）人。乾隆九年舉人，官至翰林院侍講。著有《易例舉要》、《易堂問目》、《十家易象集說》。其《東莞學案》，則專攻陳建《學蔀通辨》而作。事蹟見《清史稿·儒林傳》、《文獻徵存錄》卷五。

仁和趙佑（字）〔號〕鹿泉，

【注釋】趙佑（1727～1800），字啟人，號鹿泉，浙江仁和（今杭州）人。乾隆十七年進士，改翰林院庶吉士，散館授編修。累任京畿、湖廣、江南諸道御史、戶科給事中、福建道御史、工科給事中、鴻臚寺少卿、光祿寺少卿、通政司參議，太常寺少祿寺少卿、通政司參議，太常寺少卿、大理事少卿、太僕寺卿、山東學政、太常寺卿、大理寺卿、江西學政、學政、工部侍郎、吏部侍郎，順天學政、都察院左都御史等職。著有《尚書質疑》、《尚書異讀考》、《詩細》、《毛詩草木鳥獸蟲魚疏校正》、《春秋三傳雜案》、《讀春秋存稿》、《四書溫故錄》、《清獻堂集》。事蹟見《清史列傳》卷二八、穆彰阿《（嘉慶）大清一統志》。

常熟顧鎮（字）〔號〕古湫，

【注釋】顧鎮（1720～1792），字備九，號古湫，又號虞東，江蘇常熟人。乾隆十九年進士，官至宗人府主事。以年老乞歸，主講金臺、白鹿、鍾山書院。深於《詩》、《禮》。著有《虞東學詩》、《虞東詩文集》。事蹟見《清史列傳·儒林傳》、《（同治）蘇州府志》。

德清許宗彥（字）〔號〕周生，

【注釋】許宗彥（1768～1818），字積卿，號周生，浙江德清人。嘉慶四年進士，授兵部主事，就官兩月，以親老遽引疾歸。居杭州，杜門著書為事。於經史皆有考究，兼善文字訓詁。著有《禮論》、《治論》、《鑒止水齋集》。事蹟見《清史稿·儒林》、《清史列傳·儒林傳》、葉德均《再生緣續作者許宗彥、梁德繩夫婦年譜》。

定海黃式三字薇香，

【注釋】黃式三（1789～1862），字薇香，浙江定海人。道光十二年歲貢生。嘗赴鄉試，

母暴疾卒於家，誓不再應試。博綜群言，尤長於「三禮」。著有《易釋》、《論語後案》、《書啟蒙》、《詩叢說》、《詩序說通》、《詩傳箋考》、《春秋釋》、《周季編略》、《儆居集》。事蹟見《清史稿·儒林》、《清史列傳·儒林傳》。

番禺陳澧字蘭甫是也。

【注釋】陳澧（1810～1882），字蘭甫，號東塾，廣東番禺人。少時入粵秀書院肄業。嘗從張維屏問詩法，復問經學於侯康。道光十二年（1832）舉人。六應會試不第，大挑選授河源縣訓導，旋告歸。選知縣，不仕，畢生致力於學。掌廣東學海堂長數十年，晚為菊坡精舍山長。著有《聲律通考》、《切韻考》、《漢儒通義》、《東塾讀書記》、《說文聲表》、《水經注提綱》、《水經注西南諸水考》、《三統術詳說》、《弧三角平視法》、《琴律譜》、《申範》、《摹印述》、《東塾集》。事蹟見《清史稿》、《疇人傳四編》等。事蹟見《清史稿》卷四八二、《清史列傳》卷六九、汪宗衍《陳東塾先生年譜稿》及黃國聲等《陳澧先生年譜》。

治經學必先治小學，以上諸老皆然。而小學之尤深者：顧炎武，臧琳，臧鏞堂，江永，江聲，江沅（字子蘭，聲孫），

【注釋】江沅（1767～1838），字子蘭，號鐵君，江蘇吳縣人。江聲之孫。最精《說文》，段玉裁作《說文解字注》，多所商榷。著有《染香庵集》、《說文釋義》、《說文解字音韻表》等。事蹟見《清史列傳》卷六八、《（同治）蘇州府志》卷八四。

朱筠，翟灝，錢大昕，錢坫，錢繹（大昕弟子，字小廬），

【注釋】錢繹（1770～1855），字子樂，號小廬居士，江蘇嘉定（今上海）人，錢大昕從子。少承家學，與其兄東垣、弟侗潛研經史、金石，俱有成就，時人稱為「三鳳」（《清史稿·錢大昭傳》）。居鄉不仕，以著述終老。著有《十三經斷句考》、《說文解字讀若考》及《闕疑考》、《九經補韻考正》、《釋大》、《釋小》、《釋曲》、《訓詁類纂》等。其弟錢侗箋疏《方言》，繹補其未盡，刪其重複，詳其未及，辨其未安，完成《方言箋疏》十三卷。

錢侗，

【注釋】錢侗（1778～1815），字同人，號趙堂，江蘇嘉定（今屬上海）人。大昭之子。嘉慶十五年舉人，充文穎館校錄，議敘知縣。精於曆算之學，亦能究其原本。大昕撰《宋遼金元四史朔閏考》，未竟而卒，侗證以群書、金石文字，增輯一千三百餘條。日夕檢閱推算，幾忘寢食，卒因是感疾而歿。事蹟見《清史稿·儒林》、《清史列傳·儒林傳》。

畢沅，謝啟昆，

【注釋】謝啟昆（1737～1802），字蘊山，號蘇潭，江西南康府（今星子）人。乾隆二十六年（1761）進士，選翰林院庶吉士，授編修，出任江蘇鎮江知府，遷浙江按察使、山西布政使，官至廣西巡撫。為翁方綱入室弟子，篤信師說。著有《樹經堂集》、《西魏書》、《小學考》、

《廣西通志》、《粵西金石志》等。事蹟見《清史稿》卷三五九、《清史列傳》卷三一。

任大椿，濟南劉淇，

【注釋】劉淇，字武仲（一作式仲），一字龍田、衛園，號南泉，碻山（今屬河南）人，寓居濟寧。著有《周易通說》、《禹貢說》、《助字辨略》、《衛園集》等。《清史稿》卷四八四、《清史列傳》卷二七一有傳，附見阿什坦之下。

山陽張弨，

【注釋】張弨（1624～？），字力臣，號亟齋，江蘇山陽（今海安）人。博學嗜古，尤究心金石之文，後以聾廢，而考證彌勤。著有《昭陵六駿贊辨》、《瘞鶴銘辨》。丁晏輯其詩聞為《張力臣遺集》。事蹟見《清史列傳・儒林傳》。

吳玉（晉）〔搢〕，

【注釋】吳玉搢（1698～1773），字藉五，號山夫，晚號頓研，或稱鈍根，江蘇山陽人。廩貢生，官鳳陽府訓導。篤古嗜金石，精於考據。著有《山陽志遺》、《金石存》、《說文引經考》、《六書述部敘考》、《別雅》等。事蹟見段朝端《吳山夫先生年譜》、江藩《國朝漢學師承記》卷一。

吳江潘耒，

【注釋】潘耒（1646～1708），字次耕，號稼堂，晚號止止居士，江蘇吳江人。康熙十八年，以布衣舉博學鴻儒，授翰林院檢討，參與修纂《明史》，尋充日講起居注官。二十三年降調，遂歸。四十二年起復，越三年將有薦起，謝止，不復出。受業於顧炎武之門，顧炎武身後為刻《亭林遺書》及《日知錄》。著有《遂初堂集》、《類音》等。事蹟見《清史稿・文苑》、《清史列傳・儒林傳》。

興化任兆麟，

【注釋】任兆麟，原名廷麟，字文田，號心齋，江蘇興化人。與族兄大椿、振基有「三任」之目。嘉慶元年舉孝廉方正，以侍養歸。幼承家學，博聞敦行，復從褚寅亮、彭紹升遊。創立蓮涇精舍，立教規，課授生徒。著有《毛詩通說》、《聲音表》、《綱目通論》、《歷代通論》、《絃歌古樂譜》、《簫譜》、《有竹居集》等。事蹟見《清史列傳・儒林傳》。

安邑宋鑒，

【注釋】宋鑒（1727～1790），字元衡，號半塘，安邑（今山西運城）人。乾隆十三年進士。授浙江常山縣知縣三年，調鄞縣。蒞鄞七年，以廉能升廣東南雄府通判，署連州，又署澳門同知。湛深經術，尤精小學。著有《尚書考辨》（在《山右叢書》中）、《尚書今古文考辨》、《說文解字疏》（未見傳本）、《易見》、《尚書匯鈔》、《漢書地理考》等。事蹟見江藩《國朝漢學師承記》卷一。

邵晉涵，戴震，段玉裁，仁和朱文藻，

【注釋】朱文藻（1735～1806），字映漘，號朗齋，浙江仁和（今杭州）人。乾隆時諸生。精六書，通史學。曾佐校《四庫全書》。著有《碧溪草堂詩文集》、《碧溪詩話》、《碧溪叢鈔》、《東軒隨錄》、《東城小志》、《東皋小志》、《青烏考原》、《金箔考》、《苔譜》、《萍譜》、《續禮記集說》、《說文繫傳考異》等。事蹟見《清史列傳》卷七二、《國朝耆獻類徵》初編卷四二○。

吳穎芳，

【注釋】吳穎芳（1702～1781），字西林，自號臨江鄉人，浙江仁和（今杭州）人。年十五，赴童子試，為隸所呵辱，自是終身不復仕進。一意讀書，博覽群籍。著有《說文理董》、《金石文釋》、《臨江鄉人詩》等。事蹟見《清史列傳》卷七一。

胡秉虔，陽湖莊炘，

【注釋】莊炘（1735～1818），字景炎，號虛庵，江蘇武進人。乾隆三十三年中順天鄉試副榜貢生，出大興朱筠之門。乾隆五十五年至五十九年，先後任咸寧縣知縣、興安府漢陰通判、乾州直隸州知州、興安府知府。深於聲音訓詁之學，校刻《淮南子》，為之注。著有《寶繪堂集》、《小濠梁吟草》、《師尚齋詩集》等。事蹟見《清史列傳》卷七二、《國朝耆獻類徵》初編卷二四○、李元度《國朝先正事略》卷三五。

王念孫，王引之，洪榜，洪梧，程際盛，龍溪李威，

【注釋】李威，字畏吾，又字述堂，號鳳岡，福建龍溪人。乾隆四十三年進士。著有《說文解字定本》、《嶺雲軒筆記》、《嶺雲軒瑣記》、《嶺雲軒瑣記續選》等。

諸暨葉敬，孫星衍，阮元，桂馥，洪亮吉，嚴可均，吳縣鈕（玉樹）〔樹玉〕，龍巖魏茂林，

【注釋】魏茂林（1772～？），字賓門，號笛生，晚號蘭懷老人，福建龍巖人。嘉慶十四年進士。官至通永河道道臺。晚年客居江蘇泰州，專心編纂《駢雅訓纂》，至道光十二年始告成書。另有《覃雅廣腋》、《天部類腋》、《有不為齋文稿》，均已亡佚。事蹟見《（光緒）廣州府志》卷四五、《龍巖縣志》。

興化顧鳳毛，

【注釋】顧鳳毛（1762～1788），字超宗，江蘇興化人。著有《楚辭韻考》、《入聲韻考》、《毛詩韻考》、《毛詩集解》、《董子求雨考》、《三代田制考》等。

歙縣程敦，

【注釋】程敦，字彝齋，安徽歙縣人。著有《秦漢瓦當文字》。武億《授堂文鈔》卷二有是書跋尾，稱：「歙程君彝齋著《秦漢瓦當文字記》一卷，由同時數君子所搜緝，恐其眾之易於亡佚，乃各錄所從，並附以舊聞，其說多可依。然程君於八風壽存當謂八字筆劃疏少，故與風

字合為一，見古人繆篆分布之妙。歲戊申冬十有一月某日。」

　　戚學標，王熙，姚文田，郝懿行，胡世琦，薛傳均，秀水（湖）〔胡〕重，

　　【注釋】胡重，字菊圃，浙江秀水人。著有《說文字原韻表》。

　　胡祥麟，

　　【注釋】胡祥麟（？～1823），字仁圃，浙江秀水人。嘉慶十八年（1813）舉人。著《虞氏易消息圖說》，另有《胡祥麟手稿》，抄本藏北京師範大學圖書館。少游吳江陸耀幕，講求實學。性硬直，自名其齋曰省過。錢泰吉目為諍友。

　　嚴元照，

　　【注釋】嚴元照（1773～1817），字修能，號久能，浙江歸安（今吳興）人。嘉慶四年，阮元巡撫浙江，立詁經精舍，招之往。其治經務實學，尤熟於小學。性個儻，工詩詞。著有《爾雅匡名》、《悔庵學文》、《娛親雅言》等。事蹟見《清史稿》卷四八二、《清史列傳》卷六九、《國朝耆獻類徵》卷四二二。

　　海寧錢馥，

　　【注釋】錢馥（1754～1796），字廣伯，號綠窗，浙江海寧人。善校書，曾校正《字鑒》、《汗簡》、《廣韻》等，著有《小學庵遺書》。阮元《定香亭筆談》卷二：「海寧錢馥，布衣也，精於六書小學，年四十矣，余欲以弟子員，屈之不就，試旋卒。其友邵右庵志純拾其餘論，為書一卷。右庵，余所舉孝廉方正士也，古文有法。秦小峴觀察深於古文，於右庵有深契焉。」事蹟見阮元《兩浙輶軒錄》卷三四。

　　陳璨，鄭珍，鄞縣沈道寬，

　　【注釋】沈道寬（1772～1853），字栗仲，直隸大興（今屬北京）籍，浙江鄞縣（今寧波）人。嘉慶二十五年（1820）進士，以知縣分發湖南，歷知寧鄉、道州、茶陵、酃縣、耒陽、桃源諸縣，所至有惠政。後以事去官，卒於泰州。著有《六書穭秔》、《論語比》、《話山草堂遺集》等。事蹟見《（光緒）順天府志》卷一○三。

　　苗夔是也。

　　【注釋】苗夔（1783～1857），字先路，一字仙麓（一作仙露），直隸肅寧（今屬河北）人。道光十一年優貢生。不好制舉之文，嗜六書形聲之學。著有《苗氏說文四種》，即《說文聲訂》、《說文聲讀表》、《說文建首字讀》、《毛詩均訂》。章太炎《太炎文錄》卷一《說林下》稱：「苗夔稍知聲音，亦膚淺，無心得。」事蹟見《清史稿·儒林》。

近儒說經得失第十七

　　予既錄治經諸儒，以明國朝經學之盛；乃復就諸儒著述之行世者，略分軒輊〔一〕，俾學者知所率從〔二〕。

【注釋】

〔一〕軒輊：車前高後低叫軒，前低後高叫輊。引申為高低、輕重、優劣。

〔二〕率從：順從；遵循。

國朝治《易》諸老，亦有攻王弼之注、擊陳摶之圖者，如黃宗羲之《易學象數論》〔一〕，雖辟陳摶〔二〕、康節〔三〕之學，而以納甲〔四〕、動爻為假象〔五〕，又稱輔嗣注簡當無浮詞，失之。

【注釋】

〔一〕黃宗羲《易學象數論自序》云：「《易》廣大無所不備，自九流百家借之以行其說，而《易》之本義反晦。世儒過視象數，以為絕學，故為所欺。今一一疏通之，知其於《易》本了無干涉，而後反求程《傳》，亦廓清之一端。」又稱「王輔嗣注簡當而無浮義」，而病朱子添入康節「先天」之學，為「添一障」。蓋《易》至京房、焦延壽而流為方術，至陳摶而岐入道家。學者失其初旨，彌推衍而輚轕彌增。宗羲病其末派之支離，糾其本原之依託。宏綱巨目，辯論精詳，與胡渭《易圖明辨》，均可謂有功《易》道者。

〔二〕陳摶（871～989），字圖南，亳州真源人。事蹟見《宋史》本傳。陳摶之圖，即太極圖。

〔三〕邵雍（1011～1077），字堯夫，謚號康節，范陽（今河北涿州）人。著有《皇極經世》、《觀物內外篇》等。

〔四〕納甲：謂天干分納於八卦。即乾納甲壬，坤納乙癸，震納庚，巽納辛，坎納戊，離納己，艮納丙，兌納丁。相傳出於《京氏易傳》，後代卜筮家以干支與卦爻，五行、五方相配，本此。沈括《夢溪筆談·象數一》：「《易》有納甲之法，未知起於何時，予嘗考之，可以推見天地胎育之理。乾納甲壬，坤納乙癸者，上下包之也，震巽坎離艮兌，納庚辛戊巳丙丁者，六子生於乾坤之包中，如物之處胎甲者。」惲敬《答姚秋農書》：「漢人納甲之說，以月之升降方位配八卦，雖可比附，乃術家之一端，假《易》以傳，不知卦氣之自然。」

〔五〕假象：原文作「偽象」。黃宗羲《易學象數論》卷三《原象》：「聖人以象示人，有八卦之象，六畫之象，象形之象，爻位之象，反對之象，方位之象，互體之象，七者而象窮矣。後儒之為偽象者，納甲也，動爻也，卦變也，先天也。四者雜而七者晦矣。吾觀聖人之繫辭，六爻必有總象，以為之綱紀，而後一爻有一爻之分象，以為之脈絡。學《易》者詳分象而略總象，則象先之旨亦晦矣。」

黃宗炎之《周易象（數）〔辭〕》〔一〕、《圖書辨惑》〔二〕，亦力闢宋人圖書之說。

【注釋】

〔一〕《周易象辭》二十一卷，黃宗炎撰。其說《易》力闢陳摶之學，故其解釋爻象，一以義理為主，如釋《坤·彖》曰：「乾既大矣，坤能配乎！乾而與之齊，是乾之大，坤亦至焉，故曰『至哉』，蓋乾以元施，而坤受之，即為坤之元，非別有元也。」其義為前人所未發，而於承天時行之旨，無成有終之道，皆分明融洽。他如解豫六二「介於石」，謂「處地之中，得土之堅」，取象極為精確。（《四庫全書總目》卷六）

〔二〕《圖書辨惑》一卷，黃宗炎撰。是書專為辨定圖書而作。初，陳摶推闡《易》理，衍為諸圖，其圖本準《易》而生，故以卦、爻反覆研求，無不符合。傳者務神其說，遂歸其圖於伏羲，謂《易》反由圖而作，又因《繫辭》河圖、洛書之文，取大衍算數作五十五點之圖，以當河圖，取《乾鑿度》太乙行九宮法，造四十五點之圖，以當洛書。其陰陽奇偶，亦一一與《易》相應。傳者益神其說，又真以為龍馬、神龜之所負，謂伏羲由此而有先天之圖。實則唐以前書絕無一字之符驗，而突出於北宋之初。元陳應潤作《爻變義蘊》，始指先天諸圖為道家假借《易》理以為修煉之術。吳澄、歸有光諸人亦相繼排擊，各有論述。毛奇齡作《圖書原舛編》，黃宗羲作《易學象數論》，黃宗炎作《圖書辨惑》，爭之尤力。然皆各據所見，抵其罅隙，尚未能窮溯本末，一一抉所自來。謂此書卷一辨河圖洛書，卷二辨五行九宮，卷三辨《周易參同》、先天太極，卷四辨《龍圖》、《易數鉤隱圖》，卷五辨《啟蒙》圖書，卷六，卷七、辨先天古易，卷八辨後天之學，卷九辨卦變，卷十辨象數流弊，皆引據舊文，互相參證，以鉗依託者之口，使學者知圖書之說，雖言之有故，執之成理，乃修煉、術數二家旁分《易》學之支流，而非作《易》之根柢，視所作《禹貢錐指》尤為有功於經學矣。《圖書辨惑》謂陳摶之圖書乃道家養生之術。（《四庫全書總目》卷六）

然不宗漢學，皆非篤信之儒。毛奇齡《仲氏易》〔一〕、《推易始末》〔二〕、《春秋占筮書》〔三〕、《易小帖》〔四〕四書，頗宗舊旨，不雜蕪詞，然以交易為伏羲之《易》，「反易」、「對易」之外又增「移易」，為文王、周公之《易》。牽合附會，不顧義理，務求勝詞。

【注釋】

〔一〕《仲氏易》，毛奇齡撰。大旨謂：「《易》兼五義：一曰『變易』。一曰『交易』，是為伏羲之《易》，猶前人之所知。一曰『反易』，謂相其順逆，審其向背而反見之，如《屯》轉為《蒙》、《咸》轉為《恆》之類。一曰『對易』，謂比其陰陽，絜其剛柔而對觀之，如上經《需》、《訟》與下經《晉》、《明夷》對，上經《同人》、《大有》與下經《夬》、《姤》對之類，一曰『移易』，謂審其分聚，計其往來而推移上下之，如《泰》為陰陽類聚之卦，移三爻為上爻，三陽往而上陰來，則為《損》；《否》為陰陽類聚之卦，移四爻為初爻，四陽來而初陰往，則為《益》之類。是為文王、周公之《易》，實漢晉以來所未知，故以序卦為用『反易』，以分篇為用『對易』，以演《易·繫辭》為用『移易』。（《四庫全書總目》卷六）

〔二〕《推易始末》，毛奇齡撰。取漢、唐、宋以來言《易》之及於卦變者，別加綜覈，以為是書。其名「推易」，蓋本《繫辭傳》「剛柔相推」一語，仍《仲氏易》「移易」義也。大旨謂朱子《本義》雖載《卦變圖》於卷首，而止以為孔子之《易》，未著其為文、周之《易》，因上稽干寶、荀爽、虞翻諸家，凡有卦變、卦綜之說，與宋以後相生、反對諸圖，具列於卷，而以《推易》、《折衷》之圖繫於後。（《四庫全書總目》卷六）

〔三〕《春秋占筮書》，毛奇齡撰。自漢以來，言占筮者不一家，而取象玩占，存於世而可驗者，莫先於《春秋傳》。奇齡既於所著《仲氏易》、《推易始末》諸書發明其義，因復舉《春秋內、外傳》中，凡有得於筮占者，匯記成書。《易》本卜筮之書，聖人推究天下之理，而即數以立象，後人推究《周易》之象，而即數以明理。羲、文、周、孔之本旨如是而已。厥後象、數、理歧為三家，而數又歧為數派。孟喜、焦贛、京房以下，其法不可殫舉，而《易》於是乎愈雜。奇齡因《春秋》諸占以推三代之筮法，可謂能探其本，而足闢諸家之喙者矣。（《四庫全書總目》卷六）

〔四〕《易小帖》，毛奇齡撰。凡一百四十三條，皆講《易》之雜說，與《仲氏易》相為引申。其書徵引前人之訓詁以糾近代說《易》之失，於王弼、陳摶二派攻擊尤力。其間雖不免有強詞漫衍、以博濟辨之處，而自明以來，申明漢儒之學，使儒者不敢以空言說經，實奇齡開其先路。其論《子夏易傳》及《連山》、《歸藏》，尤為詳覈。（《四庫全書總目》卷六）

凡此諸書，皆不取。惟胡渭《易圖明辨》，惠士奇《易說》〔一〕，惠定宇《易

漢學》〔二〕、《易例》〔三〕、《周易本義辯證》〔四〕，洪榜《易述贊》，張惠言《周易虞氏學》、《虞氏消息》〔五〕，顧炎武《易音》〔六〕為善。

【注釋】

〔一〕惠士奇《易說》：雜釋卦爻，專宗漢學，以象為主。然有意矯王弼以來空言說經之弊，故徵引極博，而不免稍失之雜。（《四庫全書總目》卷六）

〔二〕惠定宇《易漢學》：追考漢儒《易》學，掇拾緒論，以見大凡，凡《孟長卿易》二卷，《虞仲翔易》一卷，《京君明易》二卷，《鄭康成易》一卷，《荀慈明易》一卷，其末一卷則惠棟發明漢《易》之理，以辨正「河圖」、「洛書」、「先天」、「太極」之學。其以虞翻次孟喜者，以翻別傳自稱「五世傳孟氏《易》」；以鄭玄次京房者，以《後漢書》稱玄通京氏《易》也。荀爽別為一卷，則費氏《易》之流派矣。（《四庫全書總目》卷六）

〔三〕《易例》：是書皆考究漢儒之傳，以發明《易》之本例，凡九十類，其中有錄無書者十三類，原跋稱為未成之本。（惠）棟欲鎔鑄舊說，作為《易例》，先創草本，採摭漢儒《易》說，隨手題識，筆之於冊，以儲作論之材。（《四庫全書總目》卷六）

〔四〕《周易本義辯證》五卷，惠棟撰。翁方綱《復初齋文集》卷三十四《題惠定宇像後》：「愚十六年前題惠松厓小像云：『紫陽舊說證如新，不獨功臣又爭臣。』蓋因惠氏《周易本義辯證》一書為讀《本義》者足資考訂云爾。惠氏於諸經，硜硜守師法，其所著諸書具在也。至其《禘說》、《明堂大道錄》則泥於鄭說而過甚者。」（《續修四庫全書》第 1455 冊）

〔五〕張惠言《周易虞氏學》九卷、《虞氏消息》二卷。自序曰：「自漢武帝時，劉向校書，考《易》說，以為諸《易》家皆祖田何、楊叔、丁將軍，大義略同，惟京氏為異。而孟喜受《易》家陰陽，其說《易》本於氣，而後以人事明之。八卦六十四象，四正七十二候，變通消息，諸儒祖述之，莫能具。當漢之季年，扶鳳馬融作《易傳》，授鄭康成作《易注》。而荊州牧劉表、會稽太守王朗、穎川荀爽、南陽宋忠皆以《易》名家，各有所述，唯翻傳孟氏學，既作《易注》，奏上之獻帝。翻之言《易》，以陰陽消息六爻，發揮旁通升降上下，歸於乾元用九而天下治。依物取類，貫穿比附，始若瑣碎，及其沉深解剝，離根散葉，暢茂條理，遂於大道，後儒罕能通之。自魏王弼以虛空之言解《易》，唐立之學官，而漢世諸儒之說微，獨資州李鼎祚作《周易集解》，頗採古《易》家言，而翻注為多。其後古書盡亡，而宋道士陳摶以意造為《龍圖》，其徒劉牧以為

《易》之《河圖》、《洛書》也，河南邵雍又為先天、後天之圖，宋之說《易》者翕然宗之，以至於今，牢不可拔，而《易》陰陽之大義，蓋盡晦矣。大清有天下元和徵士惠棟始考古義孟、京、荀、鄭、虞氏，作《易漢學》又自為辭釋曰《周易述》然掇拾於亡廢之後，左右採獲，十無二三，其所述大氏宗禰虞氏，而未能盡通，則旁徵他說以合之。蓋從唐、五代、宋、元、明朽壞散乳千有餘年，區區修補收拾，欲一旦而其道復明，斯固難也。翻之學既邃，又具見馬、鄭、荀、宋氏書，考其是否，故其義為精。又古書亡，而漢、魏師說可見者十餘家，然唯鄭、荀、虞三家略有梗概可指說，而虞尤較備。然則求七十子之微言，田何、楊叔、丁將軍之傳者，捨虞氏之注，其何所自焉？故求其條貫，明其統例，釋其疑滯，信其亡闕，為《虞氏義》九卷，又表其大旨，為《消息》二卷。」

〔六〕顧炎武《易音》：其書即《周易》以求古音。上卷為《彖辭》、《爻辭》，中卷為《彖傳》、《象傳》，下卷為《繫辭》、《文言》、《說卦》、《雜卦》。其音往往與《詩》不同，又或往往不韻。故炎武所注，凡與《詩》音不同者，皆以為偶用方音；而不韻者，則闕焉。考《春秋傳》所載《繇詞》，無不有韻，說者以為《連山》、《歸藏》之文。然漢儒所傳。不過《周易》，而《史記》載大橫之兆，其《繇》亦然。意卜筮家別有其書，如焦贛《易林》之類，非《易》之本書。而《易》之本書，則如周秦諸子之書，或韻、或不韻，本無定體。其韻或雜方音，亦不能盡求其讀。故《彖辭》、《爻辭》不韻者多，韻者亦間有；《十翼》則韻者固多，而不韻者亦錯出其間，非如《詩》三百篇協詠歌，被管絃，非韻不可以成章也。炎武於不可韻者，如《乾》之九二、九四，中隔一爻，謂義相承則韻亦相承之類，未免穿鑿。又如六十四卦《彖辭》，惟四卦有韻，殆出偶合。標以為例，亦未免附會。然其考核精確者，則於古音亦多有裨，固可存為旁證焉。（《四庫全書總目》卷四十二）

國朝閻氏、惠氏出，而偽古文寖微，馬、鄭之學復顯，其餘注《尚書》者十有餘家，然不知偽古文、偽孔傳者，概無足取。毛西河、胡朏明雖知古文之偽，而一作《冤詞》〔一〕，一作《洪範正論》〔二〕，《正論》闢漢學五行、災異之說，而不知夏侯始昌〔三〕之《洪範五行傳》亦出伏生，皆誤也。惟閻若璩《古文尚書疏證》〔四〕、胡渭《禹貢錐指》〔五〕、惠定宇《古文尚書考》〔六〕、宋鑒《尚書考辨》、王鳴盛《尚書後案》〔七〕、江艮庭〔八〕《尚書集注音疏》、《尚書經師表系》、段玉裁《尚書撰異》〔九〕為善。〔十〕

【注釋】

〔一〕《冤詞》，即《古文尚書冤詞》，八卷，毛奇齡撰。《古文尚書》自吳棫、朱子以來皆疑其偽，及閻若璩作《古文尚書疏證》，毛奇齡又力辨以為真。知孔安國傳中有安國以後地名，必不可掩，於是別遁其辭，摭《隋書·經籍志》之文，以為梅賾所上者乃孔《傳》而非《古文尚書》，其《古文尚書》本傳習人間，而賈、馬諸儒未之見。其目一曰總論，二曰《今文尚書》，三曰《古文尚書》，四曰古文之冤始於朱氏，五曰古文之冤成吳氏，六曰《書》篇題之冤，七曰《書序》之冤，八曰《書小序》之冤，九曰《書》詞之冤，十曰《書》字之冤。考《隋書·經籍志》云：「晉世秘府存有《古文尚書》經文，今無有傳者。及永嘉之亂，歐陽、大小夏侯《尚書》並亡。至東晉，豫章內史梅賾始得安國之傳奏之。」其敘述偶未分明，故為奇齡所假借。然《隋志》作於《尚書正義》之後，其時古文方盛行而云無有傳者，知東晉古文非指今本。且先云古文不傳，而後云始得安國之傳，知今本古文與安國《傳》俱出，非即東晉之古文，奇齡安得離析其文以就己說乎！至若璩所引馬融《書序》云逸十六篇，絕無師說，又引鄭玄所注十六篇之名為《舜典》、《汨作》、《九共》、《大禹謨》、《益稷》、《五子之歌》、《胤征》、《湯誥》、《咸有一德》、《典寶》、《伊訓》、《肆命》、《原命》、《武成》、《旅獒》、《冏命》，明與古文二十五篇截然不同，奇齡不以今本不合馬、鄭為偽作古文之徵，反以馬、鄭不合今本為未見古文之徵，亦頗巧為顛倒。然考《偽孔傳序》，未及獻者，乃其傳，若其經，則史云安國獻之，故《藝文志》著錄。賈逵嘗校理秘書，不應不見。又司馬遷為安國弟子，劉歆嘗校《七略》，班固亦為蘭臺令史，典校藝文，而遷《史記·儒林傳》云孔氏有《古文尚書》，安國以今文讀之，逸書得多十餘篇，歆《移太常博士書》稱魯恭王壞孔子宅，得古文於壞壁之中，逸書十六篇，班固《漢書·藝文志》亦稱以考二十九篇，得多十六篇，則孔壁古文有十六篇，無二十五篇，鑿鑿顯證，安得以晉人所上之古文合之孔壁歟！且奇齡所藉口者，不過以《隋志》稱馬、鄭所注二十九篇，乃杜林西州古文，非孔壁古文，不知杜林所傳實孔氏之本，故馬、鄭等去其無師說者十六篇，正得二十九篇。《經典釋文》所引，尚可復驗，徒以修《隋志》時梅賾之書已行，故《志》據後出偽本，謂其不盡孔氏之書。奇齡捨《史記·漢書》不據，而據唐人之誤說，豈長孫無忌等所見反確於司馬遷、班固、劉歆乎！（《四庫全書總目》卷十二）

〔二〕《洪範正論》五卷，胡渭撰。大旨以禹之治水平於九疇，故首言鯀堙洪水，繼

言禹乃嗣興，終言天乃錫禹，則《洪範》為體，而《禹貢》為用，互相推闡，其義乃彰。然主於發明奉若天道之理，非鄭樵「《禹貢》、《洪》範相為表裏」之說，惟以九州次序分配五行者比也。（《四庫全書總目》卷十二）

〔三〕夏侯始昌：孝武時，夏侯始昌通「五經」，善推《五行傳》，以傳族子夏侯勝，下及許商，皆以教所賢弟子。其傳與劉向同，唯劉歆傳獨異。（《漢書》卷二七中之上）

〔四〕《古文尚書疏證》八卷，閻若璩撰。《古文尚書》較今文多十六篇，晉、魏以來絕無師說，故左氏所引，杜預皆注曰《逸書》。東晉之初，其書始出，乃增多二十五篇。初猶與今文並立，自陸德明據以作《釋文》，孔穎達據以作《正義》，遂與伏生二十九篇混合為一。未言古文之偽，自吳棫始有異議，朱子亦稍稍疑之。吳澄諸人本朱子之說，相繼抉摘，其偽益彰，然亦未能條分縷析，以抉其罅漏。明梅鷟始參考諸書，證其剽剟，而見聞較狹，搜採未周。至若璩乃引經據古，一一陳其矛盾之故，古文之偽乃大明。（《四庫全書總目》卷十二）

〔五〕《禹貢錐指》二十卷，胡渭撰。原本標題二十卷，實共為二十六卷。其圖凡四十有七，如《禹貢》河初徙再徙，及漢、唐、宋、元、明河圖，尤考究精密。書中體例，亞經文一字為集解，又亞一字為辯證。歷代義疏及方志輿圖搜採殆遍，於九州分域、山水脈絡、古今同異之故，一一討論詳明。宋以來傅寅、程大昌、毛晃而下，注《禹貢》者數十家，精覈典贍，此為冠矣。（《四庫全書總目》卷十二）

〔六〕《古文尚書考》二卷，惠定宇撰。辨鄭康成所傳之二十四篇為孔壁真古文，東晉晚出之二十五篇為偽。（《清史稿》卷四八一）

〔七〕《尚書後案》三十卷，王鳴盛撰，專述鄭康成之學，若《鄭注》亡逸，採馬、王注補之。《孔傳》雖出東晉，其訓詁猶有傳授，間一取焉。又謂東晉所獻之《太誓》偽，而唐人所斥之《太誓》非偽，故附書今文《太誓》一篇，存古之功，自謂不減惠氏《周易述》也。（《清史稿》卷四八一）

〔八〕江艮庭即江聲。年三十五，師事同郡通儒惠棟，得讀所著《古文尚書考》及閻若璩《古文尚書疏證》，乃知古文及孔《傳》皆晉時人偽，作於是集漢儒之說，以注二十九篇，漢注不備，則旁考他書。精研古訓，成《尚書集注音疏》十二卷。經文注疏，皆以古篆書之。疑偽古文者，始於宋之吳才老，朱子以後，吳草廬、郝京山、梅鷟皆不能得其要領。至本朝閻、惠兩徵君所著之書，乃能發其作偽之跡。若刊正經文，疏明古注，則皆未之及，及江聲出而集其大成。江

聲晚年因性不諧俗，動與時違，取《周易》艮背之義，自號艮庭，學者稱為艮
庭先生。江藩少從古農先生學，先生沒後，江藩泛濫諸子百家，如涉大海，茫
無涯涘。艮庭先生教之讀七經、三史及許氏《說文》，乃從先生受惠氏《易》，
讀書有疑義，質之先生，指畫口授，每至漏四下猶講論不已，可謂誨人不倦者
矣。事蹟見《國朝漢學師承記》卷二。

〔九〕段玉裁以諸經惟《尚書》離厄最甚，古文幾亡，賈逵分別古今，劉陶是正文
字，其書皆不存，乃廣搜補闕，正晉、唐之妄改，存周、漢之駁文，著《古文
尚書撰異》三十二卷。（《清史稿·儒林》）

〔十〕方東樹《漢學商兌》卷下：按偽孔古文書，至閻、惠諸家書出，舉世皆知已有
定論。晉鄭沖所得五傳以授梅賾，乃奏上，列於學官。梁、隋間諸儒為作《義
疏》，唐孔氏本之作《正義》，唐代大行，今所傳是也。然如「若藥弗瞑眩」，
則謂因於《孟子》，「人心惟危」二句則據《荀子》，以為出於道經，是亦強為
周內，以全抹殺之耳。至於馬、鄭之注存於他書者，王氏所輯《後案》，具有
成書。以愚觀之，豈必能得二帝三王之意乎？第以為存古書可也。

　　國朝治《詩》諸老，莫不黜朱子而宗毛、鄭。然朱鶴齡之《通義》〔一〕，雖
力駁廢《序》之非，而又採歐陽修、蘇轍、呂祖謙之說，蓋好博而不純者也。
鶴齡與陳啟源商榷《毛詩》〔二〕，啟源著《稽古編》三十卷，惠定宇亟稱之。其
書宗毛、鄭，訓詁聲音以《爾雅》為主，草木蟲魚以陸《疏》為則，可謂專門
名家矣。然其解「西方美人」，則盛稱佛教東流始於周代，至謂孔子抑藐三皇
而獨聖西方；解「捕魚諸器」，謂廣殺物命，絕不知怪，非大覺緣異〔註11〕之
文，莫能救之，妄下斷語，謂庖犧必不作網罟，殊為誕怪。顧震滄之《毛詩類
釋》〔三〕亦多鑿空之言，非專門之學。惟惠周惕《詩說》〔四〕、戴震《毛鄭詩考
正》〔五〕、顧炎武《詩本音》〔六〕、錢坫《詩音表》〔七〕、陳奐《毛詩疏》〔八〕、馬
瑞辰《毛詩傳箋通釋》〔九〕為善。

【注釋】

〔一〕朱鶴齡之《通義》，即《詩經通義》，十二卷。是書專主《小序》，而力駁廢序
之非。所採諸家，於漢用毛、鄭，唐用孔穎達，宋用歐陽修、蘇轍、呂祖謙、
嚴粲，國朝用陳啟源。其釋音明用陳第，國朝用顧炎武。其凡例九條，及考定
鄭氏《詩譜》，皆具有條理。惟鶴齡學問淹洽，往往嗜博好奇，愛不能割。故

〔註11〕廣文本刊語云：「異」疑當作「果」。

引據繁富而傷於蕪雜者有之，亦所謂武庫之兵，利鈍互陳者也。（《四庫全書總目》卷十六）

〔二〕鶴齡與陳啟源商榷《毛詩》：鶴齡與陳啟源同里，據其自序，此書蓋與啟源商榷而成。又稱啟源《毛詩稽古編》專崇古義，此書則參停於今古之間，稍稍不同。然《稽古編》中，屢稱「已見《通義》，茲不具論」，則二書固相足而成也。鶴齡作《毛詩通義》，啟源實與之參正。然《通義》兼權眾說；啟源此編，則訓詁一準諸《爾雅》，篇義一準諸《小序》，而詮釋經旨則一準諸毛《傳》，而鄭《箋》佐之，其名物則多以陸璣《疏》為主。題曰「毛詩」，明所宗也，曰「稽古編」，明為唐以前專門之學也。所辨正者，惟朱子《集傳》為多，歐陽修《詩本義》、呂祖謙《讀詩記》次之，嚴粲《詩緝》又次之，所掊擊者，惟劉瑾《詩集傳通釋》為甚，輔廣《詩童子問》次之。其餘偶然一及，率從略焉。至於附錄中「西方美人」一條，牽及雜說，盛稱佛教東流始於周代，至謂孔子抑三王，卑五帝，貌三皇，獨歸聖於西方。捕魚諸器一條，稱廣殺物命，恬不知怪，非大覺緣果之文，莫能救之。至謂庖羲必不作網罟，是則於經義之外，橫滋異學，非惟宋儒無此說，即漢儒亦豈有是論哉？白璧之瑕，固不必為之曲諱矣。（《四庫全書總目》卷十六）

〔三〕《毛詩類釋》二十一卷，顧震滄撰。「禘及大享明堂」一條，「司徒司空司馬」一條，皆與序文不相應，未喻何故。其「邶墉衛」一條，為顧炎武說。「崧高」一條，為閻若璩說。「漆沮」一條，為許謙說。「公劉用子正」一條，為毛亨說。「古甲用革」一條，為陳祥道說。「麻有二種」一條，為蔡卞說。「桑扈二種」一條，為陸佃說。「丘甸不出車馬」一條，為李廉說。惟「君子陽陽」一條，以《楚茨》之文證《小序》，自出新意耳。然諸家說詩中，名物多泛濫以炫博，此書則採錄舊說，頗為謹嚴。又往往因以發明經義，與但徵故實，體同類書者有殊，於說詩亦不為無裨也。（《四庫全書總目》卷十六）

〔四〕《詩說》三卷，惠周惕撰。是書於毛《傳》、鄭《箋》、《朱傳》無所專主，多自以己意考證。其大旨謂大、小雅以音別，不以政別；謂正雅、變雅美刺錯陳，不必分《六月》以上為正，《六月》以下為變；文王以下為正，《民勞》以下為變；謂二南二十六篇皆疑為房中之樂，不必泥其所指何人；謂周、召之公，鄭《箋》誤以為文王。謂天子諸侯均得有頌；《魯頌》非僭，其言皆有依據。（《四庫全書總目》卷十六）

〔五〕《毛鄭詩考正》四卷，戴震撰。《鄭堂讀書記》卷八：「是書於毛傳、鄭箋無所

專主，多自以己意考證，或兼摘傳箋考正之，或專摘一家考正之，或止摘經文考正之，大都俱本古訓古義，推求其是而仍以輔翼傳箋為主。」

〔六〕《詩本音》，顧炎武撰。其書主陳第《詩》無叶韻之說，不與吳棫《補音》爭，而亦全不用棫之例。但即本經所用之音互相參考，證以他書，明古音原作是讀，非由遷就，故曰「本音」。每詩皆全列經文，而注其音於下。今韻合者，注曰：「《廣韻》某部。」與今音異者，即注曰：「古音某。」大抵密於陳第，而疏於江永，故永作《古韻標準》，駁正此書者頗多。然合者十九，不合者十一。南宋以來，隨意叶讀之謬論，至此始一一廓清，厥功甚巨。當以永書輔此書，不能以永書廢此書也。(《四庫全書總目》卷四十二)

〔七〕《詩音表》一卷，錢坫撰。《鄭堂讀書記》卷十四稱十蘭精研六書，於假借、轉注尤探窔奧，因為《詩》音，創作是表。凡入聲第一、出聲第二、送聲第三、收聲第四、影喻通出聲第五、曉喻通送聲第六、曉影通收聲第七、影喻同聲第八、本類第九、來首聲第十、來歸聲第十一，各為一篇，並為一帙。其論古音正變方語異同，頗為簡要，由其說可以讀經，可以讀秦漢騷賦，否則必至於謬悠紊錯，求其說而不得，又將亂文字之偏旁、訓詁之交第矣。前有自述，後有乾隆丁酉徐書受跋。有《音韻學叢書》本、《錢氏四種》本。

〔八〕《毛詩疏》，一作《詩毛詩傳疏》，三十卷，陳奐撰。剖析同異，訂證闕訛，有功於毛氏，然學者亦病其失之膠固。陳奐嘗言大毛公《詁訓傳》言簡意該，遂殫精竭慮，專攻毛《傳》。以毛《傳》一切禮數名物，自漢以來無人稱引，韜晦不彰，乃博徵古書，發明其義。大抵用西漢以前舊說，而與東漢人說《詩》者不苟同。又以毛氏之學，源出荀子，而善承毛氏者，惟鄭仲師、許叔重兩家，故於《周禮注》、《說文解字》多所取說，又著《鄭氏箋考徵》一卷、《釋毛詩音》四卷、《毛詩說》一卷、《毛詩傳義類》一卷。

〔九〕馬瑞辰嘗謂：「《詩》自齊、魯、韓三家既亡，說《詩》者以《毛詩》為最古。據《鄭志》答張逸云：『注《詩》宗毛為主，毛義隱略，則更表明。』是鄭君大旨，本以述毛，其箋《詩》改讀，非盡易《傳》。而《正義》或誤以為毛、鄭異義。鄭君先從張恭祖受韓，凡《箋》訓異毛者，多本韓說。其答張逸亦云：『如有不同，即下己意。』而《正義》又或誤合傳、箋為一。《毛詩》周古文，其經字多假借，類皆本於雙聲、疊韻，而《正義》或有未達。」於是乃撰《毛詩傳箋通釋》三十二卷，以三家辨其異同，以全經明其義例，以古音、古義證其訛互，以雙聲、疊韻別其通借。篤守家法，義據通深。

　　國朝治「三禮」者，萬斯大、蔡德晉、盛百二諸人皆致力甚深，然或取古
注，或參妄說，吾不取焉。方苞輩更無足道。其善者：沈彤《周官祿田考》〔一〕、
惠定宇《禘祫〔二〕說》、江永《周禮疑義舉要》〔三〕、戴震《考工記圖》〔四〕、任
大椿《弁服釋例》〔五〕、錢坫《車制考》〔六〕、張爾岐《儀禮鄭注句讀》〔七〕、《監
本正誤》、《石經正誤》、沈彤《儀禮小疏》〔八〕、江永《儀禮釋官譜增注》、胡培
翬《儀禮正義》〔九〕、金曰追《儀禮正訛》〔十〕、褚寅亮《儀禮管見》〔十一〕、張
惠言《儀禮圖》〔十二〕、凌廷堪《禮經釋例》〔十三〕、黃宗羲《深衣考》〔十四〕、惠
定宇《明堂大道錄》〔十五〕、江永《禮記訓義擇言》〔十六〕、《深衣考誤》〔十七〕、
任大椿《深衣釋例》〔十八〕、惠士奇《禮說》〔十九〕、江永《禮書綱目》〔二十〕、金
榜《禮箋》〔二一〕。

【注釋】

〔一〕《周官祿田考》三卷，沈彤撰。自歐陽修有《周禮》官多田少，祿且不給之疑，
　　　後人多從其說。即有辨者，不過以攝官為詞。沈彤詳究周制，以與之辨，因撰
　　　是書，分《官爵數》、《公田數》、《祿田數》三篇。凡田、爵、祿之數不見於經
　　　者，或求諸注；不見於注者，則據經起例，推闡旁通，補經所無，乃適如經
　　　之所有。其說精密淹通，於鄭、賈注疏以後，可云特出。（《四庫全書總目》卷
　　　十九）

〔二〕禘祫：古代帝王祭祀始祖的一種隆重儀禮。或禘祫分稱而別義，或禘祫合稱
　　　而義同，歷代經傳，說解不一。章太炎以為：「禘祫之言，訩訩爭論既二千年。
　　　若以禘、祫同為殷祭，祫名大事，禘名有事，是為禘小於祫，何大祭之云？故
　　　知周之廟祭有大嘗、大烝，有秋嘗、冬烝。禘祫者大嘗、大烝之異語。」詳
　　　《國故論衡·明解故下》。《後漢書·章帝紀》：「其四時禘祫於光武之堂。」李
　　　賢注引《續漢書》：「五年再殷祭，三年一祫，五年一禘。」錢大昕《廿二史考
　　　異·魏書三·禮志二》：「而天子諸侯享廟之祭、禘祫之禮盡亡。」

〔三〕《周禮疑義舉要》七卷，江永撰。《四庫全書總目》卷十九稱是書融會鄭注，參
　　　以新說，於經義多所闡發。其解《考工記》二卷，尤為精覈云云。

〔四〕《考工記圖》二卷，戴震撰。東原以《考工記》非精究少廣旁要，斷不能推其
　　　制度，以盡文之奧曲，因取經文及鄭氏注分列於前，各為之圖，以翼贊鄭學，
　　　擇其正論，補所未逮。前後俱有自序，又有紀曉嵐後序。（《鄭堂讀書記》卷
　　　三）

〔五〕《弁服釋例》八卷，任大椿撰。考釋弁服所用之例，分爵弁服、韋弁服、皮弁

服、朝弁服、玄端等門，共一百四十餘事。阮元《揅經室集》一集卷十一《任子田侍御弁服釋例序》：「丁未、戊申間，元在京師見任侍御，相問難為尤多。侍御卒後，所著《弁服釋例》，傳之弟子山陽汪祭酒瑟庵廷珍、蕭山王進士畹馨紹蘭。從祭酒手錄以歸。其兄進士谷塍宗炎亦邃於經，為吳會宿儒，乃手校訛舛，寫以付梓，問序於元。元謂侍御早年以詞學名世，繼乃專研經史，與修四庫書，書之提要多出其手。茲袟釋弁服，所用之例，以五禮區之，凡百四十餘事，綜覽經疏史志，發微訂訛，燦然經緯畢著矣。」今按：《鄭堂讀書記》卷六抄襲此序。

〔六〕《車制考》一卷，錢坫撰。《鄭堂讀書記》卷五十五稱群書言車制者甚夥，而尚未有合，而考之歸於一是者。十蘭因創為之，仿《爾雅》之文，為之提綱，而繫其說於下，如李如圭《儀禮釋宮》之例，而援引之富，考證之精，則非李氏所可幾及也。凡輪第一，蓋第二，輿第三，輈第四，馬第五，器第六，各為一篇，合為一帙，視阮雲臺《車製圖解》專就《考工記》經文解釋者，此則較為賅博矣。

〔七〕《儀禮鄭注句讀》，張爾岐撰。《四庫提要》稱是書全錄《儀禮》鄭康成注，摘取賈公彥疏，而略以己意斷之。因其文古奧難通，故並為之句讀。至於字句同異，考證尤詳。

〔八〕《儀禮小疏》一卷，沈彤撰。《四庫全書總目》卷二十稱是書取《儀禮》、《士冠禮》、《士昏禮》、《公食大夫禮》、《喪服》、《士喪禮》五篇，為之疏箋，各數十條。每篇後又各為監本刊誤。卷末附《左右異尚考》一篇，考證頗為精覈。《鄭堂讀書記》卷四：《四庫全書》著錄作十一卷，是本不分卷數，只分十一篇，凡「士冠禮疏一」、「士冠禮箋二」、「士冠禮鄭注監本刊誤三」、「士昏禮疏四」、「士昏禮鄭注監本刊誤五」、「公食大夫禮疏六」、「喪服疏七」、「士喪禮疏八」、「士喪禮箋九」、「士喪禮鄭注監本刊誤十」、「左右異尚考十一」。而總目之曰《儀禮小疏》。有疏，復有箋者，箋所以補疏之未及也。大抵援據淹通，考證精覈，中多訂正萬充宗《儀禮商》之訛。

〔九〕《儀禮正義》四十卷，胡培翬撰。培翬涵濡先澤，又學於歙凌廷堪，邃精「三禮」。既為《儀禮正義》，其旨見《與順德羅惇衍書》，曰：「培翬撰《正義》，約有四例：一曰疏經以補注，二曰通疏以申注，三曰匯各家之說以附注，四曰採他說以訂注，書凡四十卷。至賈氏公彥之疏，或解經而違經旨，或申注而失注意，不可無辨。」《士昏禮》、《鄉飲酒禮》、《鄉射禮》、《燕禮》、《大射

儀》五篇未卒業而歿。門人江寧楊大堉從學《禮》，為補成之。(《清史稿》卷四八二)

〔十〕金曰追深於《九經正義》，每有疑訛，隨條輒錄，先成《儀禮注疏正偽》十七卷。阮元奉詔校勘《儀禮石經》，多採其說。

〔十一〕《儀禮管見》十七卷，褚寅亮撰。此書摘錄《儀禮注疏》中之經文及鄭玄《注》、賈公彥《疏》中可疑或難懂之處，採集諸家之說，加以辨析。敖繼公《集說》多巧竄經文，陰就己說。此書於敖氏洞見其癥結，驅豁其雰霧。書末附有「笙詩有聲無詞辨」、「拜下解」、「旅酬考」、「宮室廣修考」四篇論文。有《皇清經解續編》本。

〔十二〕《儀禮圖》六卷，《讀儀禮記》二卷，張惠言撰。是書以治《儀禮》者當先明宮室，故兼採唐、宋、元及清朝諸儒之義，斷以經注，首述宮室圖，而後依圖比事，案而讀之，又詳考吉凶冠服之制，圖所不盡者，復為之表以明之。(《鄭堂讀書記》卷四)

〔十三〕《禮經釋例》十三卷，凌廷堪撰。廷堪之學，尤專禮學，謂：「禮儀委曲繁重，必須會通其例。如鄉飲酒、鄉射、燕禮、大射不同，而其為獻酢酬旅、酬無算爵之例則同；聘禮、覲禮不同，而其為郊勞執玉、行享庭實之例則同，特牲饋食、少牢饋食不同，而其為尸飯主人初獻、主婦亞獻、賓長三獻、祭畢飲酒之例則同。」乃區為八例，以明同中之異，異中之同：曰通例，曰飲食例，曰賓客例，曰射例，曰變例，曰祭例，曰器服例，曰雜例。《禮經》第十一篇，自漢以來說者雖多，由不明尊尊之旨，故罕得經意，乃為《封建尊尊服制考》一篇，附於變例之後。

〔十四〕黃宗羲《深衣考》：是書前列己說，後附《深衣》經文，並列朱子、吳澄、朱右、黃潤玉、王廷相五家圖說，而各闢其謬。其說大抵排斥前人，務生新義。如謂衣二幅，各二尺二寸，屈之為前後四幅，自掖而下殺之，各留一尺二寸，加衽二幅。內衽連於前右之衣，外衽連於前左之衣。亦各一尺二寸。其要縫與裳同七尺二寸，蓋衣每一幅屬裳狹頭二幅也，今以其說推之，前後四幅下屬裳八幅外，右衽及內左衽亦各下屬裳二幅，則裳之屬乎外右衽者，勢必掩前右裳。裳之屬乎內左衽者，勢必受掩於前左裳。故其圖止畫裳四幅。蓋其後四幅統於前圖，其內掩之四幅，則不能畫也。考深衣之裳十二幅，前後各六，自漢、唐諸儒沿為定說。宗羲忽改創四幅之圖，殊為臆撰……宗羲經學淹貫，著述多有可傳，而此書則變亂舊詁，多所乖謬。(《四庫全書總目》卷二十一)

〔十五〕《明堂大道錄》八卷、《禘說》二卷，惠棟撰。《湖海文傳》卷二十三有諸錦《明堂大道錄序》，稱著述莫難於經，「三禮」尤難之難也。二書辨四廟、七廟之制。凡先秦古書、宋雕未誤之本，靡不鉤賾索隱，抉心執權，貫串奧博精深。

〔十六〕《禮記訓義擇言》八卷，江永撰。是書自《檀弓》至《雜記》，於注家異同之說，擇其一是，為之折衷，然持論多為精覈。《四庫全書總目》卷二十一稱是書自《檀弓》至《雜記》，於注家異同之說，擇其一是，為之折衷。與陳澔注頗有出入，然持論多為精覈。

〔十七〕《深衣考誤》一卷，江永撰。深衣之制，眾說糾紛。江永據《玉藻》「深衣三袪，縫齊倍要，衽當旁」云：「如裳前後當中者，為襟為裾，皆不名衽。惟當旁而斜殺者乃名衽。」今以永說求之訓詁諸書，雖有合有不合，而衷諸經文，其義最當。其說亦考證精覈，勝前人多矣。（《四庫全書總目》卷二十一）

〔十八〕《深衣釋例》三卷，任大椿撰。又撰《弁服釋例》八卷。

〔十九〕惠士奇《禮說》：是編不載《周禮》經文，惟依經文次序編之。凡《天官》二卷，《地官》三卷，《春官》四卷，《夏官》二卷，《秋官》二卷，《考工記》一卷。此書於古音、古字皆為之分別疏通，使無疑似，復援引諸史百家之文，或以證明周制，或以參考鄭氏所引之漢制，以遞求周制，而各闡其製作之深意。在近時說禮之家，持論最有根柢。（《四庫全書總目》卷二十）

〔二十〕江永《禮書綱目》：其書雖仿《儀禮經傳通解》之例，而參考群經，洞悉條理，實多能補所未及。（《四庫全書總目》卷二十二）

〔二一〕金榜師事江永、友戴震，著《禮箋》十卷，刺取其大者數十事為三卷，寄朱珪，珪序之，以為詞精義核。榜治《禮》最尊康成，然博稽而精思，慎求而能斷。嘗援《鄭志》答趙商云：「不信亦非，悉信亦非。」「斯言也，敢以為治經之大法。故鄭義所未衷者必糾正之，於鄭氏家法不敢誣也。」

國朝為《公羊》之學者，阮君伯元、孔君廣森最深，凌曙次之，其餘不名家法者不取。《穀梁》之學，鍾文烝頗有得。《左氏》則吳江朱氏〔一〕、無錫顧氏皆為之，而鶴齡雜取邵寶、王樵之說，不採賈、服；震滄《大事表》〔二〕雖精，然實以馬宛斯之書為藍本，且不知著書之體，有不必表者亦表之，是其短也。

【注釋】

〔一〕吳江朱氏指朱鶴齡，無錫顧氏指顧棟高。

〔二〕震滄《大事表》，即《春秋大事表》。是書以《春秋》列國諸事比而為表，曰時

令、曰朔閏、曰長曆拾遺、曰疆域、曰爵姓存滅、曰列國地理犬牙相錯、曰都
邑、曰山川、曰險要、曰官制、曰姓氏、曰世系、曰刑賞、曰田賦、曰吉禮、
曰凶禮、曰賓禮、曰軍禮、曰嘉禮、曰王跡拾遺、曰魯政下逮、曰晉中軍、曰
楚令尹、曰宋執政、曰鄭執政、曰爭盟、曰交兵、曰城築、曰四裔、曰天文、
曰五行、曰「三傳」異同、曰闕文、曰吞滅、曰亂賊、曰兵謀、曰引據、曰杜
注正訛、曰人物、曰列女。其《險要表》後附以地形口號，《五禮表》後附以
五禮源流口號。《輿圖》則用朱字、墨字以分別古、今地名。《附錄》則皆諸表
序並表中所未及者。又為《辯論》以訂舊說之訛，凡百三十一篇。考宋程公說
作《春秋分紀》，以傳文類聚區分，極為精密，刊版久佚，抄本流傳亦罕。棟
高蓋未見其書，故體例之間，往往互相出入。又表之為體，昉於周譜，旁行斜
上，經緯成文，使參錯者歸於條貫。若其首尾一事，可以循次而書者，原可無
庸立表，棟高事事表之，亦未免繁碎。至參以七言歌括，於著書之體亦乖。然
條理詳明，考證典核，較公說書實為過之。其《辯論》諸篇，皆引據博洽，議
論精確，多發前人所未發，亦非公說所可及。其《朔閏》一表，用杜預「隱公
元年正月起辛巳朔」之說，與陳厚耀所推《長曆》退一閏者不合。蓋厚耀之
書，棟高亦未之見，故稍有異同云。（《四庫全書總目》卷二十九）

其善者：孔廣森《公羊通義》〔一〕、凌曙《公羊禮疏》〔二〕、鍾文烝《穀梁
補注》〔三〕、侯康《穀梁禮徵》〔四〕、顧炎武《左傳杜解補正》〔五〕、馬驌《左傳
事緯》〔六〕並附錄、陳厚耀《春秋長曆》〔七〕、《春秋世族譜》〔八〕、惠定宇《左
傳補注》〔九〕、沈彤《左傳小疏》〔十〕、江永《春秋地理考實》〔十一〕、惠士奇《春
秋說》〔十二〕。

【注釋】

〔一〕孔廣森所學在《公羊春秋》，嘗以《左氏》舊學湮於征南，《穀梁》本義汨於武
子。王祖遊謂何休志通《公羊》，往往為《公羊》疢疾。其餘啖助、趙匡之徒，
又橫生義例，無當於經，唯趙汸最為近正。何氏體大思精，然不無承訛率臆。
於是旁通諸家，兼採《左》、《穀》，擇善而從。著《春秋公羊通義》十一卷，
《序》一卷。凡諸經籍義有可通於《公羊》者，多著錄之。

〔二〕《公羊禮疏》十一卷，凌曙撰。深念《春秋》之義存於《公羊》，又病宋、元
以來學者空言無補，惟實事求是，庶幾近之，而事之切實無過於禮。又著
《公羊禮說》一卷。事蹟見包世臣《小倦遊閣集》卷二七《清故國子監生凌君
墓表》。

〔三〕《穀梁經傳補注》二十四卷，鍾文烝撰。文烝字子勤，嘉善人。於學無所不通，而其全力尤在《春秋》。沉潛反覆三十餘年，網羅眾家，折衷一是，撰成此書。其未經人道者，自比於梅鷟之辨偽書、陳第之談古韻，略引其緒，以待後賢。文烝兼究宋、元諸儒書，書中若釋禘祫、祖禰諡法以及心志不通、仁不勝道以道、受命等，皆能提要挈綱，實事求是。(《清史稿》卷四八二)

〔四〕侯康《穀梁禮證》，未成之書，詳見陳澧《東塾集》卷三《穀梁禮證序》。

【附錄】

徐珂《清稗類鈔·經術類》「經有六證」條：

葉奐彬深於經學，嘗謂經有六證，可以經證經，以史證經，以子證經，以漢人文賦證經，以《說文解字》證經，以漢碑證經。今錄其證經之言如下。

一、以經證經。如以《禮》證《易》，則有張惠言《虞氏易禮》。以《春秋》證《易》，則有毛奇齡《春秋占筮書》。以《春秋》證《禮》，則有宋張大亨《春秋五禮例宗》。以《公羊》證《禮》，則有凌曙《公羊禮疏》、《公羊禮說》，陳奐《公羊逸禮考徵》。以《穀梁》證《禮》，則有侯康《穀梁禮徵》。以《禮》證《詩》，則有包世榮《毛詩禮徵》。以《公羊》證《論語》，則有劉逢祿《論語述何》。昔人云，不通群經，不能治一經，此解經第一要義也。

一、以史證經。司馬遷受經於孔安國，故言漢學者，推為古文家，不盡然也。《史記》一書，《五帝本紀》、《夏本紀》、《殷本紀》、《周本紀》可以證《尚書》，春秋列國《世家》可以證《尚書》，亦可證《左傳》，《孔子世家》、《仲尼弟子列傳》可以證《論語》，《荀孟列傳》可以證《孟子》。自餘前漢諸人，其列傳中引用經文，多與今本殊異，繆佑孫有《兩漢書引經考》，最為詳洽，可以參觀。《史》、《漢》以外，則《三國志》、《南北史》，不獨經師遺說時有異同，即其授受源流，亦足以資考索。至《國語》、《國策》、《逸周書》，本屬經類，或與《春秋》相表裏，或與《尚書》相貫通，雖純駁不同，而參考必備，《四庫全書》均入於史部雜史，非知三書源流者也。

一、以子證經。諸子皆六藝之支流，其學多出於七十子。周、秦、兩漢九流分馳，諸儒往往摭其書之遺言，以發明諸經之古學，今試舉其書論之。如京氏《易傳》〔《隋書·經籍志·五行家》京《易占》即此書也。〕為孟喜《易》義，焦贛《易林》〔翟雲升考定為崔篆撰。〕為京房《易》義，《韓詩外傳》為《韓詩》義，班固《列女傳》為《魯詩》義，《韓非子》、《淮南子》為《春秋左氏》義，《白虎通德論》為《春秋》禮義，《荀子》、蔡邕《獨斷》為《禮》義，此其彰明較著者。至《墨子》有《古尚書》，有《百國春秋》，《管子》有《周禮》遺法，《淮南子》有九師《易》義，是又在讀者之善為溝通，而無用其比較已。

一、以漢人文賦證經。王逸《離騷注》、《蔡中郎集》有《魯詩》義，阮元輯《三家詩》，

陳壽祺《三家遺說考》，已詳舉靡遺。其他《兩漢書》中諸人封事、文賦，或釋經有異義，或引經有異文，大抵諸儒各治一經，無不貫徹源流，搜採遺佚。其書見於前續兩《經解》中者，可以按目求之。即小有出入異同，亦無損其全書之例。乾、嘉兩朝，江、浙間諸經師，不得不推為經苑之功臣矣。

一、以《說文解字》證經。許為古文學而兼採眾家之言，故其書同一引經，往往先後異字，解義亦不相同。陳瑑《說文引經考證》、吳玉搢《說文引經考》、柳榮宗《說文引經考異》，皆有專書，可取而細繹之也。

一、以漢碑證經。漢儒治經，最重師說，凡流傳碑本，其引經與他本異者，家法皆各殊。皮錫瑞有《漢碑引經考》一書，疏證詳明，真偉作也。

〔五〕顧炎武《左傳杜解補正》，是書以杜預《左傳集解》時有闕失，賈逵、服虔之注、樂遜之《春秋序義》今又不傳，於是博稽載籍，作為此書。至邵寶《左觿》等書，苟有合者，亦皆採輯。昔隋劉炫作《杜解規過》，其書不傳，惟散見孔穎達《正義》中。然孔《疏》之例，務主一家，故凡炫所規，皆遭排斥，一字一句無不劉曲而杜直，未協至公。炎武甚重杜《解》，而又能彌縫其闕失。可謂掃除門戶，能持是非之平矣。（《四庫全書總目》卷二十九）

〔六〕《左傳事緯》十二卷，馬驌撰。是書取《左傳》事類分為百有八篇，篇加論斷。首載晉杜預、唐孔穎達《序論》及自《作丘明小傳》一卷，《辨例》三卷，《圖表》一卷，《覽左隨筆》一卷，《名氏譜》一卷，《左傳字奇》一卷，合《事緯》為二十卷。內《地輿》有說無圖，蓋未成也。（《四庫全書總目》卷二十九）

〔七〕《春秋長曆》，陳厚耀撰。是書補杜預《長曆》而作。原本不分卷帙，今約略篇頁，釐為十卷。其凡有四：一曰「曆證」，二曰「古曆」，三曰「曆編」，四曰「曆存」。厚耀明於曆法，故所推較杜預為密。蓋非惟補其闕佚，並能正其訛舛，於考證之學極為有裨，治《春秋》者固不可少此編。（《四庫全書總目》卷二十九）

〔八〕《春秋世族譜》一卷，陳厚耀撰。此書搜採頗為該洽。近時顧棟高作《春秋大事表》，有《世系表》二卷，其義例與此相近，而考證互有異同。如周卿大夫之周公忌父、召莊公諸人，此書徵引不及顧本之備，又脫漏王叔氏世系不載，亦為遜於顧本。然顧氏於有世系者敘次較詳，其無可考者概闕而不錄，此書則於經傳所載之人，只稱官爵及字者，悉臚採無遺，實為顧本所未及。讀《春秋》者以此二書互相考證，則《春秋》氏族之學幾乎備矣。（《四庫全書總目》卷二十九）

〔九〕《左傳補注》六卷，惠定宇撰。是書皆授引舊訓，以補杜預《左傳集解》之遺，本所作《九經古義》之一。（《四庫全書總目》卷二十九）

〔十〕《春秋左氏傳小疏》一卷，沈彤撰。是編以趙汸、顧炎武所補《左傳杜注》為未盡，更為訂正，其中得失互見。（《四庫全書總目》卷二十九）

〔十一〕《春秋地理考實》四卷，江永撰。是編所列《春秋》山川、國邑、地名，悉從經傳之次。凡杜預以下舊說已得者仍之，其未得者始加辯證，皆確指今為何地，俾學者按現在之輿圖，即可以驗當時列國之疆域及會盟、侵伐之跡，悉得其方向道里。意主簡明，不事旁摭遠引，故名曰「考實」。於名同地異，注家牽合混淆者，辯證尤詳。其訂訛補闕，多有可取，雖卷帙不及高士奇《春秋左傳地名考》之富，而精覈則較勝之矣。（《四庫全書總目》卷二十九）

〔十二〕《半農春秋說》十五卷，惠士奇撰。是書以禮為綱，而緯以《春秋》之事，比類相從，約取「三傳」附於下，亦間以《史記》諸書佐之。大抵事實多據《左氏》，而論斷多採《公》、《穀》。每條之下多附辨諸儒之說，每類之後又各以己意為總論。大致出於宋張大亨《春秋五禮例宗》、沈棐《春秋比事》，而不立門目，不設凡例，其引據證佐則尤較二家為典核。（《四庫全書總目》卷二十九）

《論語》、《孟子》、《大學》〔一〕、《中庸》，至宋而後大行。國朝作注者：閻若璩《四書釋地》、《續》、《又續》、《三續》、《釋地餘論》〔二〕、江永《鄉黨圖考》〔三〕、戴震《孟子字義疏證》〔四〕、焦循《孟子正義》〔五〕、宋翔鳳《孟子趙注補正》〔六〕，皆善。

【注釋】

〔一〕《大學》：清江永《群經補義》卷四「大學」條：「《大學》成於曾子之門人，疑亦是子思所作。曾子門人之高者，無過子思，次則樂正子春、公明儀。《大學》、《中庸》相表裏，要非子思不能作。」

【附錄】

錢大昕《潛研堂集》文集卷二《大學論上》：昔孔子告曾子「一以貫之」之道，後世尊之，以曾氏為得孔子之傳。《禮記·大學》一篇，漢、唐諸儒皆不詳何人所作，朱子疑其出自曾氏，第於古無所考，學者猶疑信參半。然予讀《大學》書，與「忠恕」、「一以貫之」之旨，何其若合符節也。孔子曰：「其身正，不令而行；其身不正，雖令不從。」又曰：「苟正其身矣，於從政乎何有？不能正其身，如正人何！」孟子曰：「天下之本在國，國之本在家，家之本在身。」

又曰：「愛人不親反其仁，治人不治反其智，禮人不答反其敬。行有不答者，皆反求諸己，其身正而天下歸之。」古之治天下國家者，未有不先治其身者也。身之不治而求治於民，所謂「其所令反其所好而民不從」者也，非忠恕之道也。天子以至庶人，其分不同而各有其身，即各致其修身之功，故不曰治天下，而曰明明德於天下。德者，人之所同有也。以一人治天下，不若使天下各自治其身，故曰「與國人交」，天子之視庶人，猶友朋也，忠恕之至也。天子修其身於上，庶人修其身於下，不敢尊己而卑人，不敢責人而寬己，不以己之所難者強諸人，不以己之所惡者加諸人。夫然，故施之於家，而親愛賤惡畏敬哀矜敖惰無闕也；施之於國與天下，而上下前後左右無拂也。五寸之矩，盡天下之方；一人之身，盡天下之情。絜矩之道，即修身之道也。由身推之而至於家，由家推之而至於國，由國推之而至於天下，吾道一以貫之而已矣，忠恕而已矣。《大學》之功，始於致知格物，物有本末，格物者，格此物也；致知者，知本之謂也。自忠恕之道不講，而治與道分，本亂而求末之治，所由與唐虞三代之治異矣。

　　清唐仲冕《陶山文錄》卷三《大學論》：「《大學》一書，曾子一貫之傳。中有『曾子曰』者，猶孟子自作七篇而有『孟子曰』也。其書本一篇，無經與傳，亦無綱領條目之分。明明德、親民、止至善，總以誠意為主。致知、格物、誠意之先事格物，即於春誦夏弦秋學禮冬讀書日用彝倫之事，由粗入精，而較然於好好色惡惡臭之真，本末始終，先後之義，即知本而為知之至也。所謂云云者，自申其說，行文之眉目也。格致外功在未入大學，已習其內功，則必歸之誠意。意非慎獨不誠，特稱曾子曰，以明道脈相傳之心法。慎獨則明親之全體，止至善之實境，各造其極，夫是之謂知本，由是而正心、修身、齊家、治國、平天下，循序漸進，悉由誠意以明明德於天下也。格物者，矩也，物格知至，而後能絜之以親民，亦即恕也。不誠無物，一篇之中，一氣貫注，其惟誠意慎獨乎？非特無格致，傳並不云所謂誠意在先致其知者，亦不云所謂正其心在先誠其意者，可曉然於《大學》之真諦矣。《中庸》承戒懼慎獨之端、忠恕一貫之要，而闡發誠明，至於上天之繹，孟子承以義為利，不以利為利之戒，首闢言利之害，而得集義養氣之功，各因時而立教，而豈有殊乎《大學》之宗旨哉！」

〔二〕《四書釋地》一卷、《四書釋地續》一卷、《四書釋地又續》二卷、《四書釋地三續》二卷，閻若璩撰。是編因解《四書》者昧於地理，往往致乖經義，遂撰《釋地》一卷，凡五十七條。復摭所未盡為《釋地續》一卷，因牽連而及人名凡八十條。復因地理、人名而及物類、訓詁、典制，得一百六十三條，謂之《又續》，其他解釋經義者又得一百二十六條，謂之《三續》。總以《釋地》為名，從其朔也。大抵事必求其根柢，言必求其依據，旁參互證，多所貫通。四百二十一條之中，可據者十之七八。（《四庫全書總目》卷三十六）

〔三〕《鄉黨圖考》十卷，江永撰。是書取經傳中制度名物有涉於《鄉黨》者，分為

九類：曰圖譜，曰聖蹟，曰朝聘，曰宮室，曰衣服，曰飲食，曰器用，曰容貌，曰雜典。考核最為精密。其中若深衣、車制及宮室制度，尤為專門，非諸家之所及。(《四庫全書總目》卷三十六)

〔四〕《孟子字義疏證》三卷，戴震撰。《清史稿》卷四八一稱當時讀者不能通其義，惟洪榜以為功不在禹下，撰戴震《行狀》，朱筠見之，曰：「可不必載，戴氏可傳者不在此。」洪榜乃上書辯論。江藩在吳下見其書，歎曰：「洪君可謂衛道之儒矣。」《鄭堂讀書記》卷十三：東原因今人無論正邪，盡以意見名之曰理，而禍斯民，故作是書以正人心。上卷理十五條，中卷天道四條、性九條，下卷才三條、道四條、仁義禮智二條、誠二條、權五條，而以答彭尺木紹升書附之。前有自序一篇，述其書用《孟子》字義為目之故，而用韓子求觀聖人之道必自孟子始之語為歸宿，其隱然以道自任，上接孟子意可見矣。近儒之講心性者，不知反而求之「六經「、《論》、《孟》，而尚以宋、明人語錄是從焉，即當以是書為先路之導可也。

〔五〕《孟子正義》三十卷，焦循撰。《鄭堂讀書記》卷十二稱理堂以古之精通《易》理、深得羲文周孔之指者，莫如孟子；生孟子後，而能深知其學者，莫如趙氏。惜偽疏舛駁乖舛，文義鄙俚，未能發明其萬一。於是傳採經史傳注，以及本朝通人之書，凡有關於孟子者一一纂出，次為長編，復討論群書，刪煩補缺，採成是疏。

〔六〕《孟子趙注補正》六卷，宋翔鳳撰。成於道光二十年。大旨補正趙岐《孟子章句》，博徵《詩經》、《尚書》、《說文》、《廣韻》等書，考證名物制度、地名、史實等，於趙注之失多所匡正。

【附錄】

俞樾《春在堂隨筆》卷三：江浙之開書局也，余曾有續刻《皇清經解》之議，因博訪通人，搜羅眾籍，戴子高望以書目一紙見示，採擷略備，乃當事諸君子莫有從余議者。余窮老且病，此志終不果矣。而子高所詒書目猶在篋中，因錄於此，竢後之君子。《周易》則有若莊氏存與之《彖傳論》、《象傳論》、《繫辭傳論》、《說卦傳論》、《卦氣解》、《八卦觀象解》、張氏惠言之《虞氏易》(言虞氏易事)、劉氏申受之《虞氏易言》、《補易虞氏五述》、李氏銳之《周易虞氏略例》、胡氏祥麐之《虞氏易消息圖說》、姚氏配中之《周易姚氏學》；《尚書》則有若莊氏存與之《尚書既見》、《〔尚〕書說》、莊氏述祖之《尚書考證》、《尚書記》、劉氏申受之《書序述聞》、宋氏於廷之《書譜》、龔氏自珍之《尚書序大義》、《尚書馬氏家法》、《大誓答問》、魏氏源之《書古微》、周氏用錫之《尚書證義》、焦氏循之《禹貢鄭注釋》、朱氏右曾之《逸周書補注》；《詩》則有若

莊氏存與之《毛詩說》、莊氏述祖之《毛詩考證》、《周頌口義》、汪氏龍之《毛詩異義》、陳氏奐之《詩毛氏傳疏》、《毛詩說音義類》、胡氏承珙之《毛詩後箋》、馬氏瑞辰之《毛詩傳箋通釋》、朱氏右曾之《詩地理考實》、魏氏源之《詩古微》；《儀禮》則有若褚氏寅亮之《儀禮管見》、張氏惠言之《儀禮圖》、胡氏承珙之《儀禮古今文疏義》、胡氏培翬之《儀禮正義》、《儀禮宮室定制考》、吳氏卓信之《喪禮經傳約》、吳氏嘉賓之《喪服會通》、董氏蠡舟之《釋祀》、徐氏養原之《儀禮古今文疏證》、《飲食考》、鄭氏珍之《禮經小記》；《周官》則有若莊氏存與之《周官記》、《周官說》、莊氏綬甲之《周官禮鄭氏注箋》、莊氏有可之《周官指掌》、沈氏夢蘭之《周官學》、《溝洫圖說》、徐氏養原之《周禮故書考》、鄭氏珍之《輪輿私箋》、錢氏坫之《車制考》；《禮記》則有若王氏聘珍之《大戴禮記解詁》、莊氏述祖之《夏時說義》、《夏時等例》、《夏小正文句音釋》、劉氏申受之《夏時經傳箋》、黃氏模之《夏小正分箋》、《夏小正異義》、魏氏源之《曾子章句》、《子思子章句》、金氏鶚之《禮說》；《春秋》則有若龔氏自珍之《春秋決事比》、魏氏源之《春秋公羊古微》、柳氏興宗之《穀梁大義述》、洪氏亮吉之《春秋左傳詁》、梁氏處素之《左通補釋》、臧氏壽恭之《春秋左氏古義》、朱氏右曾之《春秋左氏傳疏》、董氏斯垣之《國語正義》、黃氏模之《國語補韋》、汪氏遠孫之《國語古注輯存》、《國語韋注補正》、《國語明道本考異》；《論語》則有若江氏聲之《論語竢質》、程氏廷祚之《論語說》、錢氏坫之《論語後錄》、宋氏於廷之《論語發微》、徐氏養原之《論語魯讀考》、包氏慎言之《論語溫故錄》；《孟子》則有若宋氏於廷之《孟子趙注補正》；《孝經》則有若周氏仲孚之《孝經集解》；《爾雅》則有若戴氏鋆之《爾雅郭注補正》、丁氏傳之《爾雅敘篇》、錢氏坫之《爾雅釋地以下四篇注》；小學則有若鈕氏樹玉之《說文段氏注訂》、桂氏馥之《說文義證》、王氏筠之《說文解字句讀》、嚴氏可均之《說文翼》。以上共九十四種。此外若毛氏奇齡之《尚書廣聽錄》、《舜典補亡》、《孝經問》、《四書改錯》、《聖門釋非錄》，阮氏學海堂本未刻，宜補刻。劉氏逢祿之《公羊何氏釋例》、《公羊何氏解詁箋》，學海堂本多脫誤，宜重刻。又阮刻體例未免雜亂，續刻者宜以經歸經，而別為《經義文鈔》一書附後，以採輯諸家文集及說部書中之有涉經義者。均子高說。

　　《孝經》惟阮福《義疏》〔一〕有據。

【注釋】

〔一〕《孝經義疏補》十卷，阮福撰。阮福（1802～？），字賜卿，號喜齋，江蘇儀徵人。阮元第三子。候選郎中。《鄭堂讀書記》卷一：「雲臺師所注《曾子》十篇，與《孝經》相表裏，因命喜齋撰是書，全載注疏音義原文，而以《曾子》十篇中凡可以發明《孝經》，可以見孔、曾授受大義者，悉分補於各章各句之下。既博且精，得未曾有。雖曰補疏，而實與疏全經者無異矣。即此可見家學淵源有自矣。書成於道光己丑，自為之序。」

《爾雅》：邵氏《正義》〔一〕、郝氏《義疏》〔二〕皆博大。

【注釋】

〔一〕《爾雅正義》，邵晉涵撰。邵氏自序說：「《爾雅》為『五經』之管轄，而世所傳本文字異同，不免訛舛，郭注亦多脫落，俗說流行，古義浸晦。爰據唐石經暨宋槧本及諸書所徵引者，審定經文，增校郭注，仿唐人正義。」是書以郭氏為主，兼採諸家分疏於下，凡郭注不詳明者，又考三家《詩》、馬融、鄭玄之《易》注、《書》注及諸經、先秦諸子、漢人撰注之書，與郭注相為證明，採證廣博，已斷多可信。凡「聲近之字，義存乎聲」，旁推交通，申明其說，闡揚古訓，辨認古文。凡草木蟲魚鳥獸之名，詳其形狀之殊，辨諸家沿襲之誤，未得實見者，擇從舊說，徵引近古為證，不作臆創之說。清朝治《爾雅》者，當以此書及郝懿行《爾雅疏證》、王念孫《廣雅疏證》最為精博，而邵氏此書則用工最為久勤。錢大昭歎其書之精博，不特與邢疏優劣判若天淵，即較之唐人《詩》、《禮》正義也有過之而無不及。此書搜輯較廣，然於聲音訓詁之原尚多壅閡，鮮有發明。

〔二〕《爾雅義疏》，郝懿行撰。二十卷（一本十九卷）。始撰於嘉慶四年，八年草成初稿《爾雅略義》，道光二年始為定本。每類標目之下，各有解題，闡明《爾雅》義例。每字之下，先列本字，轉注假借，依次以聲同、近、通、轉四科相聯繫，以聲音串訓詁。主張「凡聲同、聲近、聲轉之字，其義多存乎聲」。考釋名物，注重目驗。廣徵博引，明辨是非。然著者於音學不精，頗有失誤。王念孫《義疏刊誤》、沈錫祚《義疏校補》力加駁正，羅振玉輯為《爾雅郝注刊誤》一書。黃侃有手批本，亦多所匡正。道光六年《皇清經解》本及三十年陸建瀛刊單行本均為刪節本。同治四年《郝氏遺書》本為足本，1982 年上海古籍出版社據以影印。

其釋群經總義者：朱彝尊《經義考》〔一〕、翁方綱《經義考補正》〔二〕、吳陳琰《五經古今文考》〔三〕、馮登府《十三經詁答問》〔四〕、陳澧《東塾讀書記》，其餘盡薈萃於《皇清經解》中，此盡阮氏伯元所輯，為說經家一大統宗，學者不可不讀。〔五〕

【注釋】

〔一〕《經義考》，朱彝尊撰。是編統考歷朝經義之目，分例曰存、曰闕、曰佚、曰未見。凡御注敕撰一卷，《易》七十卷，《書》二十六卷，《詩》二十二卷，《周禮》

十卷，《儀禮》八卷，《禮記》二十五卷，通禮四卷，樂一卷，《春秋》四十三卷，《論語》十一卷，《孝經》九卷，《孟子》六卷，《爾雅》二卷，群經十三卷，「四書」八卷，逸經三卷，毖緯五卷，擬經十三卷，承師五卷，宣講、立學共一卷，刊石五卷，書壁、鏤版、著錄各一卷，通說四卷，家學、自述各一卷。其宣講、立學、家學、自述三卷，皆有錄無書，蓋撰輯未竟也。每一書前列撰人姓氏、書名、卷數，其卷數有異同者，則注某書作幾卷。次列存、佚、闕、未見字。次列原書序、跋、諸儒論說，及其人之爵里。（《四庫全書總目》卷八五）

〔二〕翁方綱讀群經，有《書》、《禮》、《論語》、《孟子附記》，並為《經義考補正》十二卷。尤精金石之學，所著《兩漢金石記》，剖析毫芒，參以《說文》、《正義》，考證至精。

〔三〕《五經古今文考》，吳陳琬撰。陳琬字寶崖，錢塘（今浙江杭州）人。又有《春秋三傳異同考》、《曠園雜志》。

〔四〕《十三經詁答問》六卷，馮登府撰。是書為講學家言，以問答形式疏解經義。全書不列目，卷一為《易經》、《書經》，卷二為《詩經》，卷三為《春秋》、《儀禮》、《周禮》、《大戴禮》，卷四為《大學》、《中庸》、《論語》，卷五為《孟子》，卷六為《孝經》、《爾雅》。書成於錢大昕《潛研堂集答問》之後，較之卻不及錢氏。然書中也有可取，每一解說，徵引無多，證尤簡明，可備一家之言。

《兩浙輶軒續錄》卷二十九：「馮登府，字雲伯，號柳東，又號勺園，嘉興人。嘉慶庚辰進士，官寧波教授。著《拜竹詩堪詩存》。《府志》：登府劬書媚學，著述等身，阮宮保元、徐侍郎士芬、李宮贊泰交皆文字至交。詩宗金風亭長，坐詠勺園，寒釭暑簟，或吟轡所至，兼喜倚聲，尤熟掌故。中年遊閩，修《鹽法志》、《福建通志》，名震海嶠間。」潘衍桐《緝雅堂詩話》：「柳東詩宗錫鬯，曾搜錄曝書亭未刻稿為外集。所著經學書已刊入《學海堂經解》。《十三經詁答問》近有刻本，頗涉破碎。」錢泰吉《曝書雜記》卷二：「竹垞翁嘗欲輯《隸釋》、《隸續》所載碑刻，以補潘、王兩家所未及。近人多有用此意輯金石補例者，吾友馮柳東登府《金石綜例》四卷為詳。柳東於石經文字疏證最密，有《石經補考》十二卷，更為《三家詩異文疏證》六卷、《補遺》二卷，皆刻於四明學舍，以印本寄余。近著《十三經詁答問》十卷、《三家詩異義遺說》二十卷，尚未授梓。自謂詁經頗有潛研、謝山所未及。柳東著述不倦，而詁訓之學尤為專門。」

〔五〕方東樹《漢學商兑》卷下：於經義總則有顧炎武《九經誤字》、惠棟《九經古義》、江永《群經補義》、臧琳《經義雜記》、余蕭客《古經解鉤沉》、劉台拱《經傳小記》、王引之《經義述聞》、武億《經讀考異》、《義證》。以上皆據江藩《國朝經師經義》著錄所謂專門漢學者也。其實，諸家所著，每經不下數十種，有刊行而不為江氏所採者，有刊行而江氏未見者，有刊行在江氏著錄之後者，有僅傳其目而竟未成書者（如錢大昭《可廬著述》僅刊書名及序例，而實無成書），新名林立，卷帙盈千，充牣藝林，要其中實有超絕冠代，江河萬古，自不可廢。究之，主張宗旨既偏，則邪說謬言實亦不少苟。或擇之不精，則疑誤來學，眼目匪細，固不敢輕以相假，而弗慎取而明辨之也。